国家中等职业教育改革发展示范学校鲁台职业教育交流对接特色课程规划系列

商 业 基 础

主　编　郑金萍　孙中升
副主编　裴雅青　谢永强

中国财富出版社

图书在版编目（CIP）数据

商业基础／郑金萍，孙中升主编 . —北京：中国财富出版社，2016.3
（国家中等职业教育改革发展示范学校鲁台职业教育交流对接特色课程规划系列）
ISBN 978 - 7 - 5047 - 6038 - 8

Ⅰ.①商… Ⅱ.①郑…②孙… Ⅲ.①商业经营—中等专业学校—教材 Ⅳ.①F713

中国版本图书馆 CIP 数据核字（2016）第 024871 号

策划编辑	王淑珍	责任编辑	惠 婳		
责任印制	何崇杭	责任校对	饶莉莉	责任发行	斯 琴

出版发行	中国财富出版社		
社　　址	北京市丰台区南四环西路 188 号 5 区 20 楼	邮政编码	100070
电　　话	010 - 52227568（发行部）	010 - 52227588 转 307（总编室）	
	010 - 68589540（读者服务部）	010 - 52227588 转 305（质检部）	
网　　址	http://www.cfpress.com.cn		
经　　销	新华书店		
印　　刷	北京京都六环印刷厂		
书　　号	ISBN 978 - 7 - 5047 - 6038 - 8/F・2543		
开　　本	787mm × 1092mm　1/16	版　　次	2016 年 3 月第 1 版
印　　张	19.75	印　　次	2016 年 3 月第 1 次印刷
字　　数	433 千字	定　　价	48.00 元

版权所有・侵权必究・印装差错・负责调换

前 言

自20世纪90年代以来,台湾职业教育根据世界和地区产业发展的形势,广泛吸收世界经济发达地区职业教育发展的成果,紧密结合区域产业发展的需求,形成了独具特色的现代职业教育体系。2014年,山东省潍坊市教育局立足职业教育服务区域产业发展需要,充分利用近年来与台湾职业教育交流合作的良好基础,选择部分优势骨干专业与台方合作开展课程开发研究。前期的教材开发,项目组研读了大量台湾职业教育有关课程理论著述,研究分析了台湾教材的特点,结合大陆行业企业需求、教师能力、学生特点,与台湾专家经过多次的研究探讨,形成了本教材。

一、本书共有七个主题,内容浅显易懂,尽量贯穿行动导向的职业教育理念。适合于电子商务、现代物流管理与服务、现代营销等专业学生学习。教材借鉴台湾教材通俗易懂、图文并茂这一特点,收集编写了大量的案例、商业界名人等素材融合在各主题单元中,尽量使教材内容做到充实有趣,在组织内容时注意选取渗透培养学生社会主义核心价值观,倡导环保意识,以此为载体培养学生的现代职业素养。

二、本书供第一学年第一学期使用,为4学分,共72学时。建议本书学时分配如下:

序号	教学项目	参考学时	序号	教学项目	参考学时
1	认识商业	8	5	商业财务初步	8
2	识别商业业态	12	6	初探商业法规与企业社会责任	12
3	商业现代化	8	7	探寻商业机会与创业	12
4	体验商业经营	12	合计		72

三、本书通过丰富的单元规划、图形、表格的辅助,引发学生的学习兴趣,给予完整、清晰的商业概论全貌。包括:各式专栏,如多闻阁、他山石、博学堂、慎思园、光明顶等。

四、本书的编写牵头单位为山东省潍坊商业学校,参加编写人员有郑金萍、孙中升、裴雅青、唐福英、李丕娟、谢永强、张立新、赵金英、陈以荏(台湾)、槐彩昌。插图设计姜昌宁。

  本书编写过程中，得到潍坊市职业教育与成人教育教研室领导的悉心指导，承蒙潍坊市商务局、潍坊百货集团、可口可乐（潍坊）公司、潍坊开心100饮品有限公司等26家企业的支持和帮助，在此一并表示诚挚的感谢。

  本书配有电子教学资料，欢迎登录中国财富出版社官网（http：//www.cfpress.com.cn）下载。

  本书虽经笔者尽力撰写校正，但并不完美，内容难免有不当之处，敬请读者指正。

编 者
2015年12月

单元说明

 课前小老师

本书运用这家人所发生的事件，来导入各主题概念。

• 多闻阁 •

引用现实生活中的相关实例，引领同学对该主题有初步认识。

• 他山石 •

针对部分需要澄清的观念进行说明，让学生更能掌握主题重点。

• 博学堂 •

补充与主题相关的观念与概念，期望使学生对此主题有更深入的了解。

● 慎思园 ●

针对该节内容设计选择、填空以及观察活动报告等不同题型，以测验方式协助学生补习该节重点。

● 光明顶 ●

整合全章要点设计案例分析题，协助学生整合知识，以达到掌握的目的。

● 小试身手 ●

针对某一知识设计实训，力争拓展学生的知识面，提高学生的技能水平。

目录

单元一　认识商业 ··· 1
　　主题一　走近商业 ··· 2
　　主题二　探讨企业与环境的关系 ································· 17
　　主题三　关注商业未来发展 ·· 24

单元二　识别商业业态 ··· 33
　　主题一　界定商品交易方式 ·· 34
　　主题二　认知批发业 ··· 38
　　主题三　认知零售业 ··· 47
　　主题四　探讨新型商业模式——O2O ···························· 63

单元三　商业现代化 ·· 72
　　主题一　走近商业现代化 ·· 73
　　主题二　浅析商业现代化的机能 ·································· 83

单元四　体验商业经营 ··· 93
　　主题一　掌握商品采购业务的流程 ······························· 94
　　主题二　进入商品销售 ··· 104
　　主题三　了解商品运输与储存 ··································· 119

单元五　商业财务初步 ··· 129
　　主题一　认识财务管理 ··· 130
　　主题二　营运资金管理 ··· 134
　　主题三　筹资 ·· 143

　　主题四　财务分析 ·· 149

单元六　初探商业法规与企业社会责任 ···················· 160
　　主题一　初识企业财产所有权与电子商务法律 ·········· 162
　　主题二　认知企业权利的保护与限制 ······················ 167
　　主题三　探讨企业伦理与社会责任 ·························· 182

单元七　探寻商业机会与创业 ································· 189
　　主题一　解读商业机会 ·· 189
　　主题二　选择创业机会 ·· 197
　　主题三　分析创业风险 ·· 209

参考文献 ·· 222

单元一　认识商业

· 学习目标 ·

◎ 认识商业的起源及其发展历程
◎ 理解商业的内涵
◎ 认识商业基本要素及功能
◎ 现代商业的特点
◎ 了解商业在现代社会的角色
◎ 企业与环境的关系
◎ 未来商业的发展趋势及经营策略

看完漫画之后，你是不是跟漫画中的小妹一样，以为只要长大后不接触商业，就不会再接触到令自己头痛的数学、财务等问题，甚至以为只要不从商，这些问题以后就不会出现在自己的生活里，其实这是非常落伍的、不正确的观念。即便在20世纪30年代，生活在那种落后的农业社会，除了大部分的食物以及少数的日常用品能够自给自足外，其他的商品也必须通过"交易"来取得，所以人终其一生几乎不可能不接触商业活动。而今处于信息时代，工商业如此繁荣，我们更应该对商业进一步认识与建构概念。本书将以浅显的用词以及生活化的案例，带您进入丰富有趣的商业世界之中。

主题一　走近商业

一、了解商业的起源与发展

（一）商业的起源

商业作为商品交换的高级形式，在今天来看是一个专门从事商品交换的行业，它的产生和发展有着悠久的历史。最初的商品交换是一种以物易物的交换，交易双方在各自的消费特点上均受到时间、空间上的限制，而且带有很大的随意性和偶然性，参加交换的人很难找到相互需要对方商品的人，即使需要，也常因数量上的不同而难以成交。随着商品交换在规模上、数量上、频率上和地域上的发展，人们越来越感到以物易物的交换如果不能成交，徒劳往返，浪费时间和精力，很不经济，强烈地呼唤着固定充当一般等价物的货币出现。早期的货币，既是商品，又是一般等价物。

商业的起源大体可以归纳为以下几个因素。

（1）满足欲望。物质文明的不断进步，人类对日常生活的要求不但在量的方面，就连质的方面也日益提高，为了满足人类各方面物质欲望的增长，便产生了商业活动。例如：住在山上的人家想要吃到鲜美的鱼类，鱼贩便向渔民或批发商购买各式各样的鱼类，甚至由国外进口，然后运送到山上贩卖。

（2）交易资源与劳务。由于气候与地理位置的不同，各地资源分布有所差异，使得人们必须通过商业活动来互相交易，才能够取得本地缺乏和稀少的产品，因此商业活动便逐渐形成。

（3）交通工具。由于技术的进步、交通工具的发展，运输越来越便利，使得不同地区所生产的商品可以通过交通工具的运送互通有无，商业活动也随着交通的便利而更加活跃。例如：航空业的发展加上人民生活水平的大幅度提高，使得在西方情人节的时候，我们也可以买到从荷兰进口的新鲜的郁金香赠送给自己心爱的对象。

（4）赚取利益。人类最初从事商业活动，其动机是基于生活上的需要，然后才演变为赚取利益。例如：衣服最主要的功能在于保暖，但在专业分工以及机械化生产的趋势下，衣服除了保暖的功能外，还能够满足人们心理需求。因此，商人便通过许多不同的商业活动提升衣服的价值，从中获取利润。

（二）商业的发展

商业产生于先秦，初步发展于秦汉时期，到了隋唐时期有了进一步的发展。秦汉时期商业发展的原因除了版图的统一之外，还有各地度量衡制度的统一。西汉"开关梁"，开通了陆上和海上两条丝绸之路，中外贸易也逐渐发展起来。然而，经商的人总是将"贱买贵卖"奉为宗旨，以农立国的各个朝代，虽必须依赖商业所带来的庞大税赋，却又必须采取抑商政策，以防权利与金钱结合产生不良影响。《史记》当时就记载："买人不得衣丝乘车，子孙不得仕宦为吏。"

•小试身手•

通过前面的学习，分析思考：秦汉时期商业发展的原因是什么？

隋唐时期柜坊专营货币的存放和借贷，是我国最早的银行雏形，比欧洲地中海沿岸出现金融机构要早六七百年。到了宋代，商业的发展进入一个历史的转折点，也就是产生另一种交易媒介——纸币，在当时称为"交子"。元、明、清三朝与西方的海上贸易更为近代人所称奇。尤以当时的航海技术，明朝的郑和七次率领庞大的航海舰队南下西洋所衍生出的贸易活动，实为是"前无古人，后无来者"的历史壮举。

改革开放以来，我国经济表现出强大的生机和活力。农村的土地承包制，企业所有制改革和现代企业制度的推行，极大地推动了经济的快速发展。中国 GDP（国内生产总值）年均增长速度达到 9.8%，这一现象被世人誉为"中国经济奇迹"。从 2003 年至 2012 年 10 年之间的经济增速数据显示，中国 GDP 从全球第六跃至第二，人均 GDP 突破 6000 美元，2012 年首次出现 GDP 增速"破八"，中国经济在走过了一系列"困难，最困难，最不平凡"的几年之后，站在了增长的高点。

从世界范围来看，西方国家商业发展之初，大多是以政治、军事为贸易的后盾，来达到其通商的目的。西方世界的商业活动最初是从中亚逐渐扩散出来的，早期从两河流域（底格里斯河、幼发拉底河）逐渐西传至希腊。16—19 世纪，西欧国家在船坚炮利与航海技术的协助下，不断在海外拓展殖民地，从殖民地搜刮大量的原材料，并运回国内生产工艺品或进行加工，使得当时国际贸易非常鼎盛。当时英国的殖民地遍布全世界，因此，英国一度成为世界的金融中心。经过两次的世界大战，世界的经济中心逐渐转移到美国。再加上科学革命的观念，美国非常注重生产技术的创新与研发。

近数十年来，世界经济趋向摒除贸易壁垒的观念，逐渐以区域整合的观念来进行商业活动，欧洲共同市场（EU）、东南亚国家（ASEAN）、北美自由贸易组织（NAFTA）、亚太经济合作会议（APEC）以及世界贸易组织（WTO）等，都是希望通过合作的精神，促使商业活动能够在自由、和平、平等的环境下来进行。

中西方商业的发展，如图 1-1 所示。

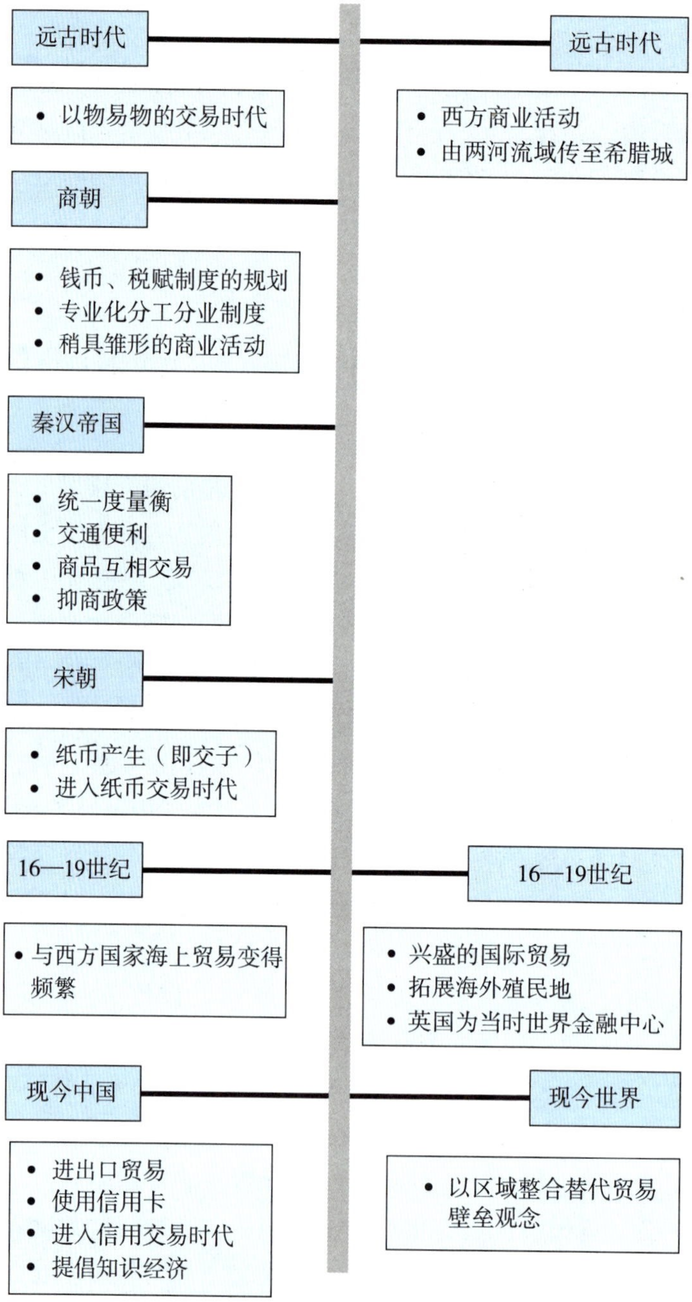

远古时代
- 以物易物的交易时代

商朝
- 钱币、税赋制度的规划
- 专业化分工分业制度
- 稍具雏形的商业活动

秦汉帝国
- 统一度量衡
- 交通便利
- 商品互相交易
- 抑商政策

宋朝
- 纸币产生（即交子）
- 进入纸币交易时代

16—19世纪
- 与西方国家海上贸易变得频繁

现今中国
- 进出口贸易
- 使用信用卡
- 进入信用交易时代
- 提倡知识经济

远古时代
- 西方商业活动
- 由两河流域传至希腊城

16—19世纪
- 兴盛的国际贸易
- 拓展海外殖民地
- 英国为当时世界金融中心

现今世界
- 以区域整合替代贸易壁垒观念

图 1-1　中西方商业的发展

小试身手

2014年11月6日,首届中国农产品电子商务大会在山东省潍坊市隆重举办,会议主题为"互联网改造农业,全渠道升级电商"。本次会议定位为我国最高规格、最权威的农产品电商大会,为互联网改造我国传统农业破题,借以加快推动我国农产品电商的发展。

查阅资料:农产品电商发展的三个阶段。

二、分析商业的内涵

(一) 商业的含义

商业的含义可以从狭义与广义两个方面来分析。

1. 狭义的商业

以营利为目的,通过直接或间接的方法向生产者(供给者)"买"进货品,或是将商品直接"卖"给其他商人或消费者的行为过程,称为狭义的商业,如图1-2所示。

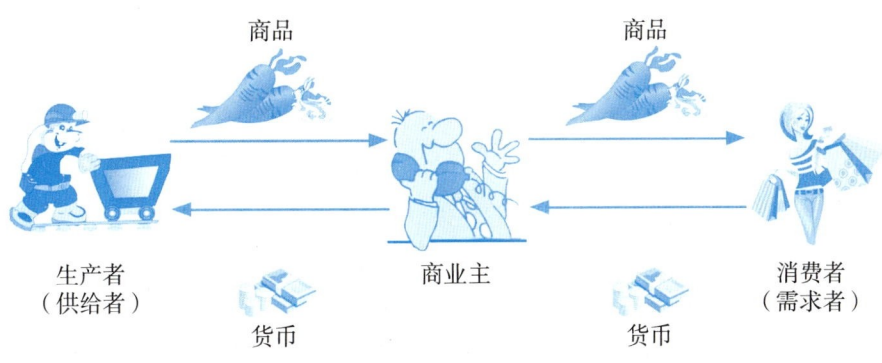

图1-2 狭义的商业

他山石

商业活动和我们的日常生活紧密结合在一起,它就发生在你家巷子口的小卖部、街道边的便利商店。我们以到便利店买饮料为例,便利商店向厂商进货,并将饮料置放在货架上等待消费者上门购买,我们想喝饮料,则拿钱到便利商店购买想要的饮料。在这个过程中,商业主并未提供任何的加工或改良,仅有

"买"与"卖"的行为而已,如此也就构成所谓的商业活动,也是狭义上的商业活动。

2. 广义的商业

广义的商业指以营利为目的的交易活动,但其商业并不局限于实际的产品,也包括无实体、虚拟的服务以及法定货币。因此,凡以营利为目的的一切经济行为,皆可涵盖于广义的商业活动中,如图1-3所示。

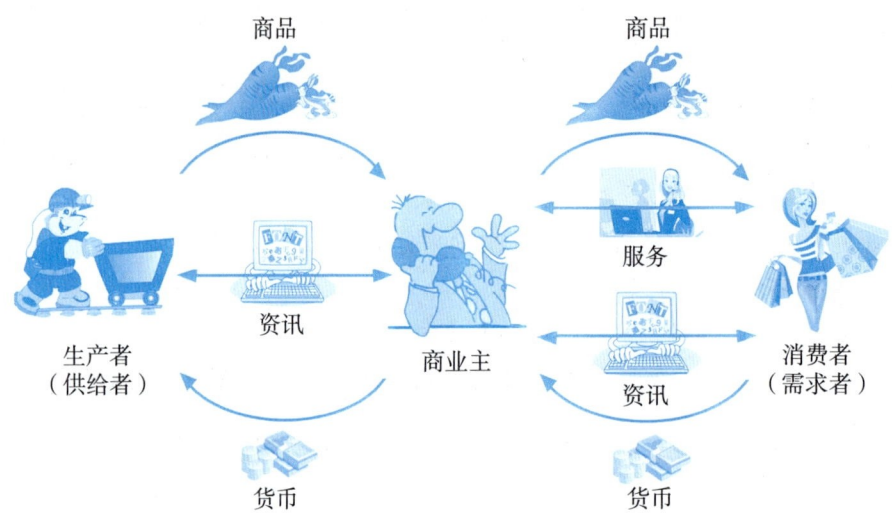

图1-3 广义的商业

> **他山石**
>
> 您可曾记得在漫画屋租借过各式各样漫画、小说的经历,甚至也可以直接向商家"购买"自己所喜欢的漫画或小说(这就符合先前所说狭义的商业)。但一般来说,我们通常都是付给商家较少的金钱,租借自己喜欢的漫画或小说来看,并且在一定的期限,将所租借的书本归还。在这样的过程中,您花费了租金,得到所需要的咨询(或是娱乐、休闲);而漫画屋则提供货品(漫画或小说)、服务(如舒适的环境、免费的饮料等),同时也得到一些信息(如不同的年龄会喜欢哪种类型的漫画)。因此,除了交易金钱与物品外,整个过程还包括咨询、服务的交流,这样的商业活动,我们则将它列为广义的商业活动。

（二）商业的分类

商业是许多行业的统称，我们可依据先前对商业所下的定义，从各种角度来加以分类。一般来说，商业可以从商业业种、商业业态、经营主体、经营区域、发展过程等方面进行分类。此外，当然还有其他的分类方式，但在此不再叙述。

1. 以商业业种分类

依照商业业种分类，共有七大类行业可以列为商业，如表1-1所示。此种分类方式是依据各个行业之职能的不同而加以分类的。

表1-1　　　　　　　　　我国商业业种

序号	行业类别	序号	行业类别
1	零售业	5	教育培训业
2	住宿业	6	中介服务业
3	餐饮业	7	其他商业服务业
4	居民服务业		

2. 以商业业态分类

商业业态包括百货商店、超级市场、大型综合超市、便利店、购物中心、仓储式商场和网络商店7种形式。

（1）百货商店（Department Store）。百货商店是指经营服装、鞋帽、首饰、化妆品、装饰品、家电、家庭用品等众多种类商品的大型零售商店。它是在一个大建筑物内，根据不同商品设销售区，采取柜台销售和开架销售方式，注重服务功能，满足目标顾客追求生活时尚和品位需求的零售业态。

（2）超级市场（Supermarket）。超级市场指采取自选销售方式，以销售食品、生鲜食品、副食品和生活用品为主，满足顾客每日生活需求的零售业态。

（3）大型综合超市（Hypermarket）。大型综合超市是指采取自选销售方式，以销售大众化实用品为主，满足顾客一次性购足需求的零售业态。

（4）便利店（Convenience Store）。便利店是满足顾客便利性需求为主要目的的零售业态。

（5）购物中心（Shopping Mall）。购物中心是指多种零售店铺，服务设施集中在由企业有计划地开发、管理、运营的一个建筑物内或一个区域内，向消费者提供综合性服务的商业集合体。购物中心指企业有计划地开发、拥有、管理运营的各类零售业态、服务设施的集合体。

（6）仓储式商场（Warehouse Club）。仓储式商场也称仓储会员店、仓储超市。是在大型综合超市经营的商品基础上，筛选大众化实用品销售，实行库存和销售合一、批零兼营、价格很低、提供有限服务为主要特征的、以会员制为基础、采取自选方式销售的零售业态。

(7) 网络商店（Network Shop）。网络商店是互联网世界里的一种商业业态模式。通常是指建立在第三方提供的电子商务平台上的、由商家（企业、组织或者个人）通过互联网将商品或服务信息传达给特定的用户，客户通过互联网下订单，采取一定的付款和送货方式，最终完成交易的一种电子商务形式。

淘宝网网页示例，如图1-4所示。

图1-4　淘宝网网页示例

图片来源：http://www.taobao.com

多闻阁

梅西——美国百货兴衰沉浮见证者

1858年，罗兰·哈斯·梅西（Rowland Hussey Macy）在纽约曼哈顿第14街和第6大道的交叉口上，以自己的名字命名开设了一家商店——R. H. Macy & Co.（梅西百货公司）。从楠塔基特岛的一个捕鲸人到世界著名的百货大王，罗兰·哈斯·梅西一直是美国人最津津乐道的成功范例。梅西百货公司是美国的高档百货商店，主要经营服装、鞋帽和家庭装饰品，以优质的服务赢得美誉。截至2006年9月，梅西百货公司在全美共计有850间店面，成为真正的全国品牌。梅西百货公司的理念是：顾客是企业的利润源泉，员工是打开这一源泉的钥匙。为了使梅西百货公司大展宏图，内森·施特劳斯研订出一系列的销售术，并相继推出了"给消费者赠品法""消费者竞赛有奖法""赠品积分法""新产品实地表演法""产品陈列室""时装表演"等推销办法，都有力地促进了各种商品的销售。

• 小试身手 •

社会实践：调查当地最大、创办时间最长的百货商店是哪一家，记录经营商品的种类，观察商品摆放的位置及员工服务礼仪规范。

3. 以流通阶段进行分类

就是按商品流通所处的阶段进行的分类，可将商业划分为批发商业和零售商业。

所谓批发商业就是指向商品销售的中间商、政府、企事业及个人用户销售批量商品和服务的商业。批发商业是相对于零售而言，面向大批量购买者开展经营活动的一种商业形态。

所谓零售商业是商品流通过程中的最后一个环节。与批发商业不同，它是指将商品或劳务直接出售给最终消费者用作生活消费的交易活动。零售交易的目的是向最终消费者提供商品或服务。消费者从零售商处购买商品不是为了用于转卖或生产所用，而是为了自己的消费。

• 小试身手 •

义乌小商品批发市场位于浙江中部义乌市，创建于1982年，是我国最早创办的专业市场之一，是国际小商品的流通、研发、展示中心，我国最大的小商品批发基地、出口基地，连续23年登上全国专业市场"头把交椅"。

查阅资料：分析义乌小商品批发市场成功的主要因素有哪些。

4. 以流通范围进行分类

按商品流通的空间范围进行分类，可将商业划分为国内商业与国际商业。

所谓国内商业，指买方与卖方皆在同一国家的领域内所进行的商业活动。例如：三亚的花卉运送到北京进行批发，新疆的特产和田玉经过加工后分送到各地贩卖。

所谓国际商业，指买方与卖方分别处于不同的国家，彼此之间的贸易活动。国际商业依其商品（产品或劳务）的流向，又可分为进口贸易及出口贸易，例如：我国向美国出口汽车零配件、服装，对于我们而言为出口贸易，而对美国而言则是进口贸易。

除了以上分类方式外，还可以从商业的营业场所、商业经营的服务对象，以及在交易活动中是否有实体的商品交易等方式，将商业的范围加以区别分类，如图1-5所示。

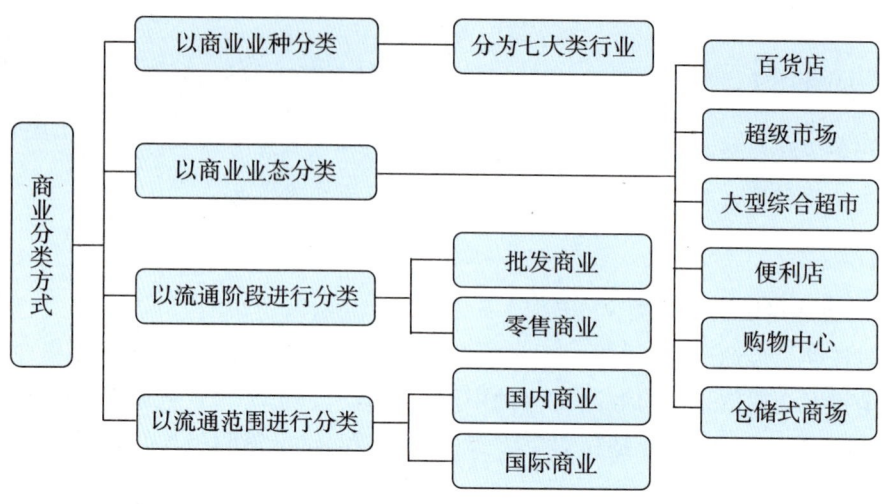

图1-5 商业的分类方式

小试身手

就所在城市某一商圈内各业种的类别、营业面积、业态、主客层及商品价位等项目进行调查，调查估计顾客流量，分析认识商业对生产及人们生活的意义和影响。

三、掌握商业的基本要素及功能

（一）商业的基本要素

商业的基本要素指在进行商业交易活动的过程中，不可缺少的各项条件。各种商业活动都有其独特的活动要素，而这里所介绍的是普遍的商业活动都必须涵盖的资本、商品、劳务、企业组织、商业信用五个基本要素，如图1-6所示。

图1-6 商业的基本要素

1. 资本

对现代商业活动而言，或多或少都需要投入一定的资本才能够开始运作。商业经营的资本主要可分为自有资本和外来资本。例如：股东投入的资本属于自有资本，而

— 10 —

向银行借款则属于外来资本。另外，也可以分为有形的资产和无形资产。例如：厂房设备等属于有形资产，而商标权、专利权以及信誉等则属于无形资产。

> **他山石**
>
> 直销事业不需要资本？
>
> 直销事业号称是不需要投入成本即可经营，实际上总部仍需有办公场所、人员、仓储等。直销商也需要进货，因此，还是需要一定的资本投入。

2. 商品

商业活动的产生是因人类的欲望不断增长而造成其自身无法满足对物品的需求。传统上，商品多为有形商品，而近年来则以无形的产品为新取向。从全球经济发展来看，现今世界各先进国家大多倡导"知识经济"，其所交易的商品便是以无形的商品——知识、智慧等为主，也就是所谓的服务形态的商品。不论是有形的商品或是无形的商品，商业活动都是通过商品的交易而赚取利润。

3. 劳务

不论哪种行业，几乎每种行业的商业活动都必须包括劳务。其中包括由商业主或其所雇用的员工们所提供的体力、经验、才能、人际关系等许多有形及无形的劳务。

4. 企业组织

自工业革命以来，企业科学化的生产方式以及系统的组织结构，使各项业务活动均能在有系统、权责划分清楚的制度下进行，同时也提高企业经营与管理的效率，而这些都必须依赖完善的企业组织来推行。

5. 商业信用

商业信用也就是我们常说的"商誉"，是一种无形的资产。在涉及商品以及金钱的商业活动中，信用对于双方都是极其重要的。尤其在竞争激烈的商业环境下，商业信用良好的组织，对其所生产的商品品质以及金钱交易往来必定会更加注重，因为一旦信用扫地，必定无人肯与其有商业上的往来。

（二）商业的作用

商品存在是因为人在心理或生理上对它的需要，而商业活动的产生，同样有其存在的价值。商业的作用可归纳为下列几点。

1. 繁荣社会经济，促进世界和平

商业发展的结果，能促进生产、增加就业、提高公民所得、经济趋于繁荣，同时增加政府税收、充实国库，对外增加外汇收入。借助商务活动也可以促进各地区人民之间的交流，加深友谊，创造和平的人类生存环境。许多的贸易组织，以世界贸易组

织（WTO）为例，其宗旨除了促进经济自由发展与平等贸易之外，更是要求其会员国不能行使武力或暴力来达到经济的目的。

2. 增加货物效用，促进产业发展

在日常的商业活动中，由于变更货物的所有权、场所、销售时间等做法，将会增加货物原本的使用效用，同时产生更大的价值。商业活动可以使商品生产者更多地了解市场需求，通过供求信息的反馈，改进商品生产，使生产和消费之间达到平衡。

●博学堂●

"丝绸之路"与"一带一路"

1000多年前，东起长安（今西安）、西达罗马的"古丝绸之路"曾是连接中国与亚欧各国的贸易通道。在这条具有历史意义的国际通道上，五彩丝绸、中国瓷器和香料络绎于途，为古代东西方之间经济、文化交流做出了重要贡献。

2013年9月7日，习近平主席在哈萨克斯坦纳扎尔巴耶夫大学发表重要演讲，首次提出了加强政策沟通、道路联通、贸易畅通、货币流通、民心相通，共同建设"丝绸之路经济带"的战略倡议；2013年10月3日，习近平主席在印度尼西亚国会发表重要演讲时明确提出，中国致力于加强同东盟国家的互联互通建设，愿同东盟国家发展好海洋合作伙伴关系，共同建设"21世纪海上丝绸之路"。"一带一路"充分依靠中国与有关国家既有的双多边机制，借助既有的、行之有效的区域合作平台。"一带一路"的建设不会与上海合作组织、欧亚经济联盟、中国－东盟（10＋1）等既有合作机制产生重叠或竞争，而是对地区和世界商业贸易的发展注入新的内涵和活力。

3. 调节货物供需，平衡各地物价

供需失调常会影响物价，商业可使货畅其流，物价得以平衡。商业也可弥补货物生产因人、事、地的不同所产生的差异，调节彼此供需，使货物的流通更加流畅。

4. 促进产业专业化，增进社会生产、生活知识的教育与传播

商业活动的产生，使得农业、工业和服务业等均得以快速发展，形成规模化生产。就大规模的产品生产过程而言，如果单一企业要全程参与，势必将投入难以估计的资金及人力，因此将商品交由其他厂商相互配合，共同生产，将可促使产业专业化。同时商业活动也可起到教育的作用，例如：产品的营销活动，将使得社会大众学习许多实用的知识；购买家用电脑后，可以增进使用者对电脑知识的应用与操作技能；购买汽车使我们熟悉驾驶的知识与技术，等等。

5. 提高生活水准，促进文化交流

商业活动不联络时，将造成社会经济的衰退，人的消费需求无法满足。而当商业活动活跃时，将会使得人民经济富裕，人们的需求也将得以满足，进而争取品质更高的商品与服务，并能促进各地文化的相互交流，使不同地域的文化能够相互沟通，消除彼此间的隔阂。

> **·小试身手·**
>
> 社会调查：如果您要开一家实体店，应做哪些方面的准备？

四、探讨现代商业的特点

商业发展的历史表明，商业的形态与观念必须随着时代的进步而改变。从传统的"小卖部"到现今的连锁超市、便利商店；从古老的杆秤时代到今天普遍使用的电子秤，都显示出现代商业已随着技术、潮流而在不断发展，如图 1-7 所示。

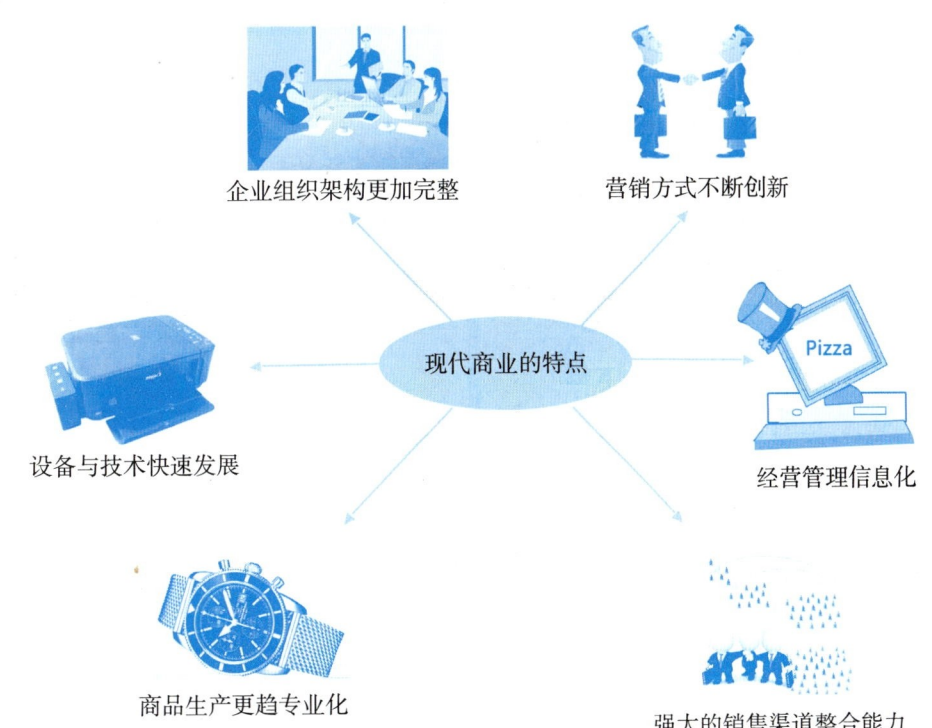

图 1-7　现代商业的特点

(一) 设备与技术快速发展

现代商业专业分工更细，使得企业可以更专注于产品的某一环节来生产，而机械化、自动化的设备更使得产品能够大量生产。因而现代商业企业必须不断地更新设备、提升技术，提高产品的产量与品质，才能创造出更符合消费者需求的产品，以吸引消费者使用，使商业活动更为兴盛。如货物分拣、打封条、装箱打包等过程都可以用电子设备完成。

(二) 企业组织架构更加完整

今天，便捷的交通和先进的物流技术使国际贸易更加繁荣，企业必须面对国际化的转型才能在竞争激烈的市场环境中生存下来。然而，国际贸易所关联的活动非常繁多，倘若没有一个架构完整的企业组织来运作，整个商业流程将无法顺利进行，如图1-8所示。

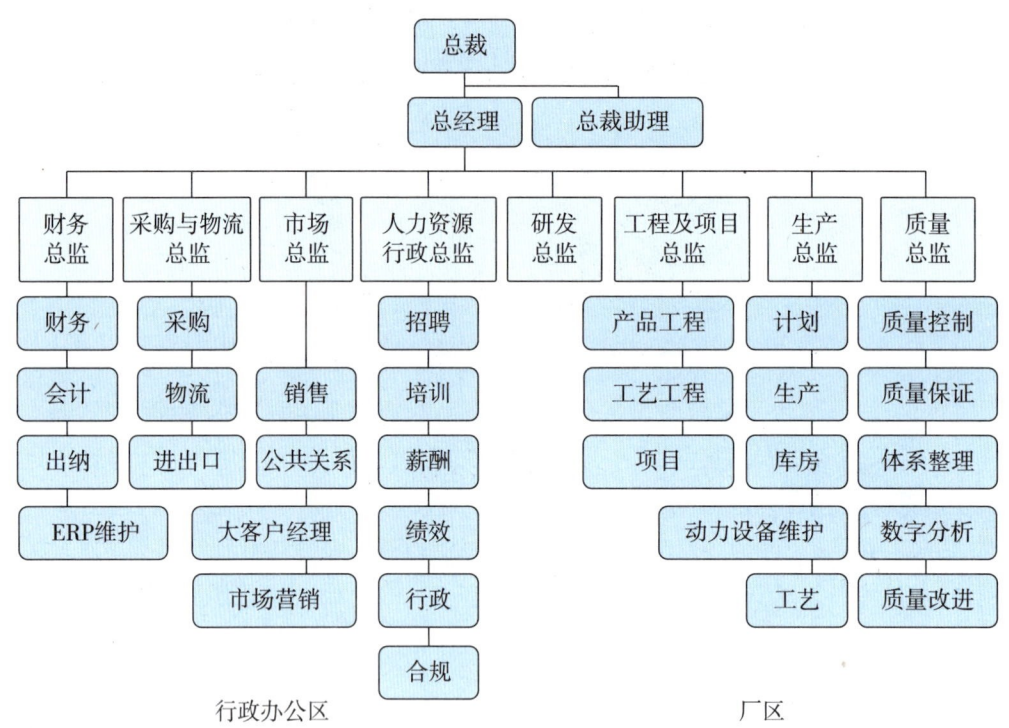

图1-8　完整的企业组织结构

资料来源于百度文库：http://wenku.baidu.com/view/83432e12866fb84ae45c8d39.html

(三) 营销方式不断创新

目前，商品销售已经由原本产品导向的推力营销，转变为顾客导向的拉力营销，因此许多的营销方式不断发展，例如：服务营销、置入性营销等。事后采用市场调查的方式，可以准确了解营销方式是否有效。市场调查是就现有或潜在的顾客针对商品的购买、消费的意见与动机等问题进行调查，而其结果可作为产品设计、生产、销售等阶段的参考依据。

（四）强大的销售渠道整合能力

商业本身或与其他行业的企业整合趋向大型化。大型化的整合包含水平整合和垂直整合。水平整合，即同业的合并；垂直整合则是指异业的结合，从上游到下游产业都结合在一起，这样的整合做法，能够缩短产销的通路，降低成本以及增加采购方便。

（五）商品生产更趋专业化

专业化的商品可满足消费者的各式各样需求，并增进消费者对商品与公司的信心与信任。

（六）经营管理信息化

信息化可节省日常的作业时间，同时也可汇集大量的商业信息，以及产生有用的经营策略，使得企业能够确实掌握市场的需求与改变，进一步获得市场的竞争优势。

●小试身手●

作为零售业中的"科技公司"，星巴克从不吝啬对创新营销的探索，借助于拥有两亿用户的微信开放平台，星巴克极大拉近了自己与消费者的距离。

星巴克在中国快速发展的同时，缺少具有管理和零售经验的人才却是他们必须面对的问题。假设你是星巴克的一名普通员工，就这个问题会给公司提什么样的建议？

●慎思园●

一、选择判断题

1. 关于商业的正确叙述是_____。　　　　　　　　　　　　　　　　　(　　)
   A. 狭义商业指的是商品的买进和卖出活动　　B. 广义的商业包括服务业和金融贸易业
   C. 储存是商业活动的前提　　　　　　　　　　D. 调运是购销时空矛盾的缓冲器

2. 中国所造成的经济奇迹，主要是以进口贸易来促使经济的发展。(　　)

3. 商业活动的交易模式有：(甲) 货币交易模式、(乙) 信用交易模式、(丙) 以

物易物模式，请问：其正确的演变过程是什么？ （　　）

A. 甲乙丙　　B. 乙丙甲　　C. 甲丙乙　　D. 丙甲乙

4. 小帆与长跑十年的男友要进入礼堂，男友特别为她从意大利定制一件新娘礼服，试问：这样商业活动发生的因素，下列哪一项不包含在内？ （　　）

A. 满足欲望　　B. 交易资源　　C. 交通便利　　D. 赚取利益

二、填空题

以下为狭义与广义商业的区别，请在空白处填上正确答案。

分类	狭义的商业	广义的商业
目的	皆以_____为目的	
行为过程	通过直接或间接的方式，进行商品的_____行为。	涵盖一切_____行为。
产品	实质商品	除实质商品外，还包含： 1._____。 2._____。

· 多闻阁 ·

三星获 2013 年度企业社会责任杰出企业奖

2014 年 1 月 17 日，由新华网与中国社科院经济学部企业社会责任研究中心主办的"第六届中国企业社会责任峰会发布会"在北京召开。

本届峰会围绕"中国企业转型升级与企业社会责任""如何看待中国经济增速放缓给企业带来的机遇与挑战"议题精心设置了两场对话，十多位企业家代表结合实践经验分享各自精彩观点。峰会现场揭晓了 2013 年度中国企业社会责任杰出企业、杰出企业家两个综合奖项及最佳环保奖、最佳志愿者组织奖等七个单项奖。其中，三星因长期关注、支持中国社会公益事业，支持中国医疗卫生事业发展，积极履行跨国企业的社会责任而获得 2013 年度企业社会责任杰出企业奖。

主题二 探讨企业与环境的关系

　　社会是由人组成的,众人群聚便可形成社会,再加上军事、政治等因素便形成国家,众多国家同时存在便形成世界。在服务业挂帅的现代社会中,商业与经济环境的发展息息相关,而企业面对各种环境变化时,更要善尽应有的社会责任。以下就让我们一同来讨论商业企业在现代社会中应扮演的角色及企业与环境的关系。

一、分析商业在现代化社会中的角色

　　商业作为消费者和生产者的媒介,通过它可以发挥各项功能。商业在现代化社会中扮演的角色可从个人、社会、国家、世界四个方面加以分析。如图1-9所示。

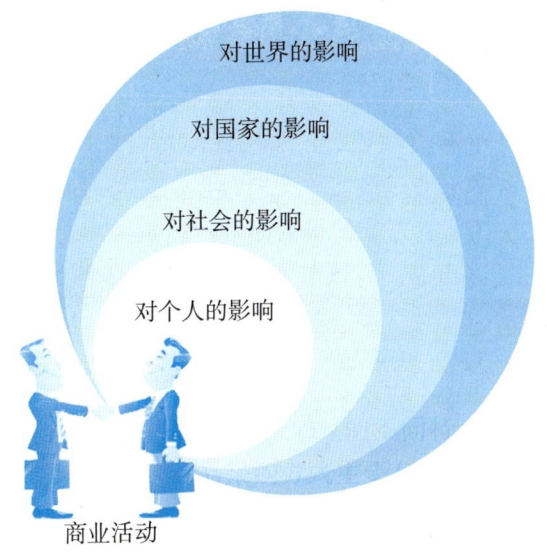

图1-9 商业活动的影响层面

(一) 对个人方面

1. 满足各自需求

　　人的欲望是无穷的,在满足基本需求后,便会想获得品质更好的商品。依靠商业的活动,不仅让商品的流通更为便利,生产者与商业主将可从中赚取利润,更能让消费者的欲望得以满足,因此整个商业流程的成员均可获得各自需求的满足。

2. 增加选择机会

　　在竞争激烈的环境下,商业活动越兴盛,生产者将创造出越多样化的产品种类,使消费者有更多的选择机会来挑选能够满足其欲望的商品。

3. 提高个人所得

个人的所得是来自于生产,而生产出来的商品可以赚取利润,进而刺激生产,并创造出更多就业机会。在良性循环下,商业活动将可提高个人所得。

> **• 小试身手 •**
>
> 你喝过可乐吗?从什么渠道购买的?如果没有商业、零售商,你需要从生产厂家拿货,你还愿意喝吗?

(二)对社会方面

一是促进社会繁荣,安定社会经济。商业活动所产生的产品,满足了个别消费者的需要,更促进了多样化的生产,如此不仅增加消费者的选择机会,也提高生活水准与社会教育知识,进而促使社会的经济繁荣与发展。

二是调剂商品供需,平衡各地物价。交换资源是商业活动产生的原因之一,目的是使世界各地的产品资源能够通过彼此的交换销售,打破时间与空间的限制达到平衡。然而,由于人为或自然的因素,常会使得商品生产过剩或不足,导致物价上涨或下跌。商人若能在生产过多时买进商品,在缺货时卖出商品,便能发挥平衡物价、调节供需的功能,如图1-10所示。

图1-10 商业活动可平衡物价调整供需

（三）对国家方面

一是繁荣经济活动，提高国家地位。经济水准的高低，除了影响国民所得以及生活品质之外，对于国家地位也有着显著的影响。商业活动的兴盛也决定经济水准的高低，因此一个国家商业活动越兴盛，其公民所得就越高，买卖力越强，经济也越趋繁荣。

二是拓展国际贸易，累积国家实力。商业活动兴盛的国家会吸引其他国家或企业前来投资。国与国之间的贸易活动越活跃，会使人民获得更多的新知与刺激，也会使国家得以累积外汇、增强国力。

• 小试身手 •

商业可以为国家建设资金提供来源——税收。请你说说企业应缴纳国家的税收种类有哪些？税率是多少？

（四）对世界方面

一是促进国际分工，提升生活水准。国际贸易活动将使得各国专注开发特有的资源，并且加强发展具有特色的商品，如此才能发展优势。同时也会促使国际化分工，使得各地资源得到合理的运用，间接提升生活水准。

二是促进文化交流，突破国界隔阂。在国际贸易活动中，除了商品的交易外，语言、文化、艺术、风俗习惯也会随着商品交流的机会，传播给其他区域的人。因此，国际贸易活动越兴盛，世界各地文化交流也会变得越快速。

• 多闻阁 •

台塑集团的环境保护及社会责任

台塑集团是台湾最大的民营制造业集团，主要经营炼油、石化原料、塑料加工、纤维等，尤其是在石化工业领域，建立了从原油进口、运输、冶炼、裂解、加工制造到成品油零售等一体化的完整产业链，在规模上是台湾独一无二的企业集团。

台塑集团的快速发展为邻近社区环境带来饮食、休闲娱乐等方面的商业活动，然而因为企业的经营需要引进许多外籍劳工及就业人口，因此也造成当地治安的问题，同时其生产活动所衍生出来的环境保护、生态问题，都需要持续评估与长

远的观察。带着这些问题让我们进入后面的学习。

二、了解企业在社区的角色及任务

自19世纪以来,"企业社会责任"已经成为欧美各先进国家的重要议题,面对新的潮流趋势,各企业在所属的社区环境中,都有其所须扮演的角色与任务。

(一)企业的社区角色

企业是社会的组成部分,更是所在社区的组成部分,与所在社区建立和谐融洽的相互关系是企业的一项重要社会责任。一个好的企业应该认识到,为有置身在经济成长,且人民生活品质日益提高的地方,企业营销成果才能达到最佳状态。也因如此,企业更须扮演社区"保护者"的角色以及应担负起的相关任务与责任。

(二)企业的社区任务

企业对社区的任务就是回馈社区。比如,为社区提供就业机会,为社区的公益事业提供慈善捐助,提升社区生活品质,以及注重社区环保工作,向社区定期公开经营的有关信息等。企业在社区环境中扮演了火车头的带动角色。

1. 举办企业相关课程

如生产流程讲习及作业训练课程,不但可提供社区居民就业机会,也能使社区居民更了解企业的经营理念,进而接纳企业,乐于与企业为邻。

2. 参与慈善公益活动

结合公益慈善组织或社区组织,并提供资源以及招募社区人才,共同办理相关社区活动,促进社区居民参与及增进社区情感与认同感。

3. 提升社区生活品质

招募员工或引进外地人才,从而提升社区居民及员工所得,同时也使整体社区经济体制更加健全、生活更有品质。

4. 注重社区环保工作

在生产制造的过程中,减少对自然资源消耗量、能源相关的温室气体或污染物的排放,并以降低最终废弃物产生量为目标,以善尽环境保护之责。

• 小试身手 •

社会实践:学习本节内容后,借此你可以参加一项社区公益活动,谈谈你的体会。

• 多闻阁 •

最值得尊敬的企业——麦当劳

麦当劳公司因对社会负责而入选《财富》杂志的"最值得尊敬的企业"。在2002年4月,麦当劳发布了自己的第一份"社会责任报告",董事长兼首席执行官吉姆·坎塔卢波在报告中写道:"让我们感动光荣的是,在世界各地接受麦当劳服务最多的顾客数量是最多的。与这种殊荣相伴而来的,是要做一个好邻居、好雇主和环境好管家的责任,以及为积极的转变充当领导者与推动者的独特机会。我们承认挑战和障碍的存在,但我们也对社会责任的重要性坚信不疑。"

麦当劳成立慈善基金会,建立、发现和支持那些可以直接改善全球儿童健康和福利的计划。它是一家非营利的组织,目前在48个国家和地区有181个当地的分会。每个分会都是一个独立公共慈善机构,由当地的理事会来管理。

三、明晰企业参与的公益活动

成功的社区关系,不但可以使社区居民受益,也可以让企业的员工、顾客、投资人、政府单位等与企业相关之利害关系人及企业本身都受益。

(一)企业公民是发展企业的重要内容

企业公民是企业在经营活动中,以地球环境和为人类造福为出发点,按照为客户提供优质产品和满意服务为基本原则,自觉承担社会责任,实现全面、协调、可持续的线性发展。对于小型公司来说,企业公民作为可能只是为了拓展公司业务、维系公共关系或是为获得其他利润而零星推动的一些小规模的行为。但是对于大型企业来说,企业公民作为通常被看成是企业体中一个重要的发展策略原则。

目前,全球五百强企业已绝大多数进入中国市场,成为中国经济的重要组成部分。它们在弘扬企业文化,实践"企业公民"价值方面的所作所为对中国企业具有相当的借鉴意义,尤其是以多种形式支持开展各类公益活动已经成为目前各大公司回馈社会的主要方式之一。实际上,在企业公民的概念中,企业在承担社会责任上的投入和生产成本、原材料成本一样,已经是企业经营的一种基本的和必要的支出。

（二）公益事业也是生产力

承担社会责任能提升企业的价值观和竞争力，企业参与社会公益活动，不仅能外显企业的价值取向，也体现了企业的社会角色责任和义务。不断提升和完善企业的价值观，将企业追求良好人文环境的价值取向传播给社会大众，促进社会的进步，是每一个负责任的企业都努力追求的方向。这种顺应社会主流的道德价值取向不但能增加企业社会形象的美誉度，同时可以对内提高凝聚力，激励员工的士气，促进企业自身的成长。

（三）公益事业是企业公共关系的重要媒介

企业进入任何一个市场，都涉及与当地的政府、公众及社会各界的公共关系，很多企业甚至提出了"公共关系是第一生产力"的口号。而参与公益事业无疑是处理公共关系的最佳手段，这已是被跨国企业实践证明过的企业经营真理。成熟的企业，特别是跨国企业，基本上都把参与发展公益事业写进了其企业文化或发展战略中。不管企业从事公益活动的真正意图是什么，参与公益活动都在客观上起到了为企业整合公共关系的实际作用。

• 小试身手 •

社会实践活动：调查当地最大企业以何种形式参与了社区的哪些公益活动。

（四）成立基金会，持续经营公益活动

近年来，也有不少企业投入大笔盈利成立基金会，以更有制度的做法与持续经营的观念来投入公益活动。

一般来说，企业投入公益活动，不但可以借此提升企业声誉，也可以提高社区居民对公司产品和服务的认同感与忠诚度，另外，也可以获得社区优质人才，提升企业的竞争优势。

• 小试身手 •

请从活动名称、背景概述、活动介绍、人员招募、募集资金及活动效益、活动实施方案、资金预算等方面为学校设计一份公益活动策划书。

单元一 认识商业

慎思园

一、选择判断题

1. 20世纪90年代以来"企业社会责任"已经成为欧美各先进国家的重要议题。（　　）

2. 一个企业的经营不但可为企业创造许多的利润，更会因其生产活动而产生许多环境保护、生态、治安等问题。（　　）

3. 企业在社区环境中所扮演的角色如同什么？（　　）
   A. 火车头　　　B. 轮船　　　C. 灯塔　　　D. 太阳

4. 下列哪一项是企业投入社会公益的活动？（　　）
   A. 与社区一起欢度新年，提供新年礼品　　B. 资助社区搞徒步的活动
   C. 赞助低收入家庭　　　D. 以上都是

5. 下列哪一项不是文化创意产业产品？（　　）
   A. 文化产品　　B. 文化服务　　C. 智慧财产权　　D. 文化历史

6. 在国际贸易活动中，除了商品外，还有哪些项目亦会随着商品交流的机会传播出去？（甲）语言（乙）文化（丙）艺术（丁）风俗习惯（　　）
   A. 甲乙丙　　B. 甲乙丁　　C. 甲丙丁　　D. 甲乙丙丁

二、简答题

1. 从企业方简述企业参与公益活动的意义。
2. 企业能够参与到社区的活动有哪些？

三、观察分析题

你每天经过哪些商店？他们在卖些什么？你最喜欢那一家商店？为什么？请写出观察活动报告。

多闻阁

一切皆有可能

世界上曾经有一家世界500强的企业，名叫"柯达"，在1991年的时候，他的技术领先世界同行10年，但2012年1月破产了，被做数码的"干掉"了；当"索尼"还沉浸在数码领先的喜悦中时，突然发现，原来全世界卖照相机卖的最好

— 23 —

的不是他，而是做手机的"诺基亚"，因为每部手机都是一部照相机；做电脑的"苹果"出来了，把手机世界老大的"诺基亚"给"干掉"了，而且再没有还手之力，2013年9月，"诺基亚"被微软收购了；360淘汰了金山毒霸；淘宝电子商务2012年一万亿元的销量，逼得"苏宁、国美"这些传统零售巨头不得不转型，逼得"李宁服装"关掉了全国1800多家专卖店，连天上发了卫星的"沃尔玛"都难以招架；马云"余额宝"的出台，18天狂收57个亿资金存款，开始强夺银行的饭碗；"三马"（马云、马化腾、马明哲）的网上保险公司的启动，预计未来五年将会有200万保险人员失业，其他保险公司将何去何从？腾讯微信的出台，直接打劫了中国移动、电信和联通的饭碗。

案例告诉我们商业的未来发展看起来极可能处处都是危机，但只要抓准时机，并掌握未来脉动，势必能将危机变成机会。因此，让我们一起了解未来商业的发展！

主题三　关注商业未来发展

一、探寻未来商业的发展趋势

未来我国商业发展模式的提升，更多地表现在商圈发展过程中，商圈的空间布局、功能组合、服务设施、业态发展等方面都将呈现出新的趋势。此外，城市商业网点的建设以及经营管理策略也将随着城市化进程的加快延伸出新的创新模式，不断适应社会发展的需要。

（一）空间布局垂直化

传统商圈的内部构造往往是根据服务功能和商品特性的分化而平面化地进行布局，形成文化、娱乐、饮食等许多功能街区。随着新兴商圈内部中枢业务功能和规模的扩大、地价的上升、零售商业功能与金融、保险等其他功能的混合以及空间竞争，促使商圈内集办公、商业于一体的综合商业大厦不断出现，并将形成立体化商业街。如图1-11所示。

• 小试身手•

某大型购物广场坐落于某市鸢飞路东，本项目是集商业、饮食、办公为一体的综合商业办公楼，地上1~4层，楼下2层，请你为其设计一个布局规划并说明原因。

图1-11 商业区空间布局垂直化

（二）功能组合复合化

随着我国经济的发展，城市化进程的加速，居民的生活水平有了很大提高，生活方式和购物方式都发生了变化，人们有了更多的闲暇时间与度假休闲需求。由于城市的快速化发展，人们的工作和生活节奏也快速化，许多人平时工作压力大，因此在购物的选择上不仅希望得到方便与舒适，更希望将购物变成一种休闲与消遣活动，在购物时体验到更多的轻松愉悦。

在这种需求下，各种商业业态容易相互结合，进行横向或纵向联合，或者组建共同的采购、销售机构等，从而产生组合效应。产业集聚的组合效应使得商圈的各个商业企业作为子系统的元素，相互之间优化组合的功能大于各个元素的简单相加，并因此形成黄金地段，使处于商圈的商业效益高于其他地段。随着商业的集聚、商圈的不断发展，功能组合的复合化成为商业中心的发展趋势。

•小试身手•

为学校体育馆进行功能复合化设计，充分考虑建筑造型与竞技场地的分配、休息区的设计，旨在严格控制空间高度，利用自然采光、自然风，实现节能和可持续发展。

（三）服务设施人本化

未来商圈服务设施逐渐发展为实用型服务设施、装饰型服务设施和综合功能服务设施三部分。实用型服务设施包括道路设施、活动场所两类；装饰型服务设施是以装饰需要为主而设置的，具有美化环境、赏心悦目的特点；综合功能服务设施同时具有实用性和装饰性的特点，体现了形式与功能的协调统一，能够使人们更好地体验到商业中心的品质及整个城市的美感和文化底蕴。综合功能服务设施的建设和完善是商圈未来发展的重要趋势。

（四）业态发展多元化

商圈是零售商业发展的产物，对商圈业态发展趋势的关注，首先是注重零售业态的发展趋势。未来零售业将从单一业态向多业态发展，首先表现为大都市商业业态集聚的多元化。大都市的商业集聚将分为商业中心、交通干线商业街和专业化商业区三种类型；其次是以地价导向的业态多元化，每个零售、服务企业都是以利润最大化为导向，以最大可能接近潜在顾客的地点为最理想的选址地。因此，类似名品专卖店、俱乐部等利润率很高的零售、服务业就是未来现代商圈商业业种业态的主要形式。

• 小试身手 •

志玲想经营一家民间艺术特色店，请为她在一座三线城市选择一处适合本产品的店址，以实现利润最大化以及对地方特色文化的宣传。

（五）经营战略多元化

在激烈的市场竞争条件下，多元化经营已经成为现在乃至今后商业发展的一个大趋势。多元化经营具体表现在：一是跨业经营，一业为主，多业互促；二是兼业化经营，有的是批发企业兼营零售业务，有的是商业企业兼营生产；三是跨国化经营，商业营销机构日益把国际化作为一个重要经营战略。

（六）商业管理数据化

数据化是城市商业经营决策乃至整个业务过程顺利进行的根本保证。对于各种数据信息的收集、储存、加工、分析和利用，是商业机构管理数据化的核心内容。管理的全面数据化伴随着商流、物流、信息流的组织化和系统化而到来，是技术革命发展的客观结果和必然趋势。

（七）建设格局科学化

未来城市商业网点在建设上将越来越追求合理布局，讲究科学化。一是追求宏观布局的整体特色：中心城市的市场建设讲究与城市规划及文化风貌相协调、相匹配，在保持民族传统文化精粹的同时发展现代化市场，并且以中心城市的市场构架为骨干，带动周围区域，形成一定空间范围内的特色经济；二是追求微观布局的区域配套：地区性网点建设讲究不同规模、不同形式、不同风格、不同档位间的配套与互补，形成区域内相对完整的商业网点体系。

（八）科学技术现代化

在高效率的未来时代，随着科学技术的发展和信息革命，城市商业网点经营的现代化程度也将提高。在商流、物流、信息流等方面，各商业机构经营手段现代化水平的不断提高将使市场发生一场空前的技术革命。在商流方面，会出现许多新的组织形式和经营方式，商流与物流将进一步分离；在物流方面，除了交通运输业的发展之外，物流中心及各种派生形式会更加科学化，向物流现代化与合理化方向发展；在信息流方面，将全面应用销售点信息管理系统、高速信息网络系统、数字化电视录像监控系统、网点安全卫生信息系统等信息技术。如图 1-12 所示。

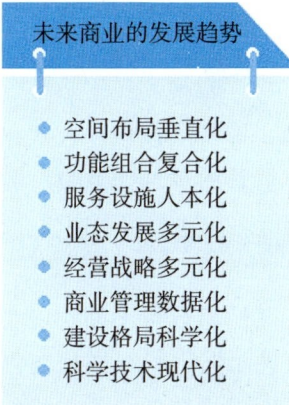

图 1-12 未来商业发展趋势

• 小试身手 •

请查阅资料分析：未来电子商务的发展趋势。

• 多闻阁 •

还记得每年一到过年前夕，大家总是会进行大扫除，大扫除除了将各个角落清扫干净之外，也都会将物品重新摆设、环境重新规划。那么你是不是常常在清扫、移动家具的过程中抱怨连连呢？总认为只要扫干净就好了，为什么还要搬来

搬去呢？

　　同样，商业的经营策略也必须随着时代潮流、经营环境等因素的改变而加以调整。也就是说，在商业的环境中往往是没有最好的策略，而只有最合适的策略。因此，从组织管理、人力资源管理、生产管理、营销管理、研发管理等领域，介绍一些如何面对未来商业竞争的观念。

二、探讨未来商业的经营策略

（一）改革组织管理

　　面对快速变迁的商业环境，传统的企业组织已无法利用原有架构妥善应付未来环境冲击。由于组织再造能使组织再度充满活力，组织改革能使组织重获竞争优势，因此，对于企业而言，推动组织再造、组织变革便成为一帖重要的灵丹妙药。

（二）优化人力资源管理

　　由于信息科技的进步与成熟，许多规律性、公式化的工作大多都由机械取代，人力逐渐倾向运用于研究改良而非昔日的单纯作业员。为应未来的环境趋势，人力资源管理层面更注重人力的学习与训练。在这个课题中将介绍学习型组织、网络学习。

1. 建立学习型组织

　　所谓学习型组织是指能督促其所属成员不断学习与转化，以引起知识、信念与行为改变，利用学习效果的运用，进而强化组织成长与创新能力。一个架构良好、功能齐全的学习型组织若善加利用，通过系统的分类与组织，并导入信息系统，将可以建立一个进入门槛高且价值不菲的组织内部知识库，这也是知识经济的基础，如图1－13所示。

2. 充分利用网络资源改进学习方式

　　所谓网络学习即是通过便捷的信息网络、成本低廉的储存空间以及具有人工智慧的教学软体，使用者可以自行利用时间、空间，通过网络学习自己想要的教学内容，同时利用讨论区可以有效地与教师相互讨论寻求解答。

· 小试身手 ·

　　根据前面知识的学习，从基本环境、经营方式、经营优势、员工必备条件几个方面比较传统组织与学习型组织的差异。

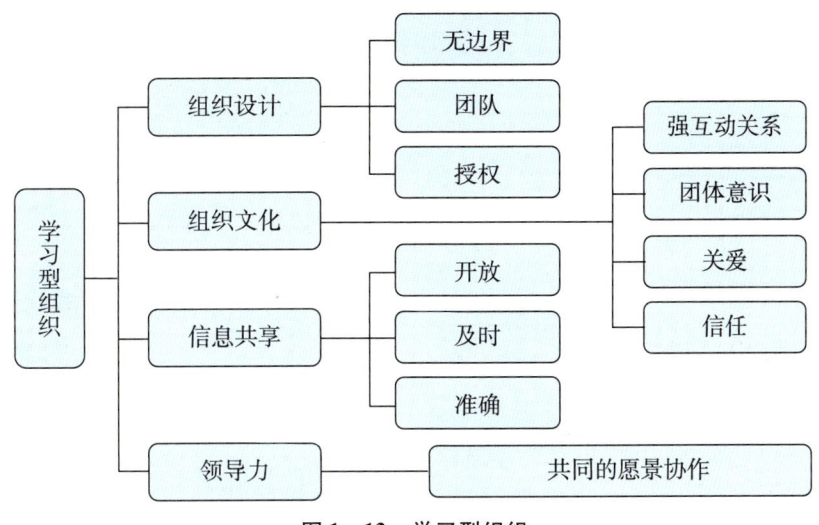

图 1-13 学习型组织

（三）采用先进的供应链管理

近年来，有关生产管理的讨论范畴，已经脱离传统的工厂管理、物料管理等领域，而以整合供应、生产、零售等整体的生产流程规划加以讨论，其中供应管理（Supply Chain Management，SCM）便是其中最为关键的课题。

供应链是指由供应商、制造商、批发商、零售商等所构成的物品流动网络，也可称为物流网络（Logistics Network）。在此网络中，原料、半成品、成品等由上往下移动；而信息流则是从下游往上游移动。进一步而言，供应链管理将信息流与物流，通过高度的整合方式融入供应链体系中，体系内的所有成员，均可即时取得并且应用处理相关的信息，而商品也能够在最短的时间及最合理的成本目标下送达至顾客手中，如图 1-14 所示。

（四）建立先进的客户关系管理系统

消费者是企业赖以生存的主要依据，除了可运用许多新奇的广告吸引消费者外，许多企业对于如何与客户维系良好关系也越来越重视，因此客户关系管理的课题也日益受重视。

所谓客户关系管理（Customer Relationship Management，CRM）就是导入信息系统，以规范企业与客户来往的一切互动行为与信息，为有效管理企业的客户关系，应针对所有的客户进行分层化区隔与差异化服务，并建立信息架构，企业等级的 CRM 系统，通常包括"营销管理""销售管理""客户管理"三大功能。

当一个企业要导入客户关系管理时，必须先分析客户核心价值，而找出客户价值的方式可利用问卷调查、街头访问等方式。

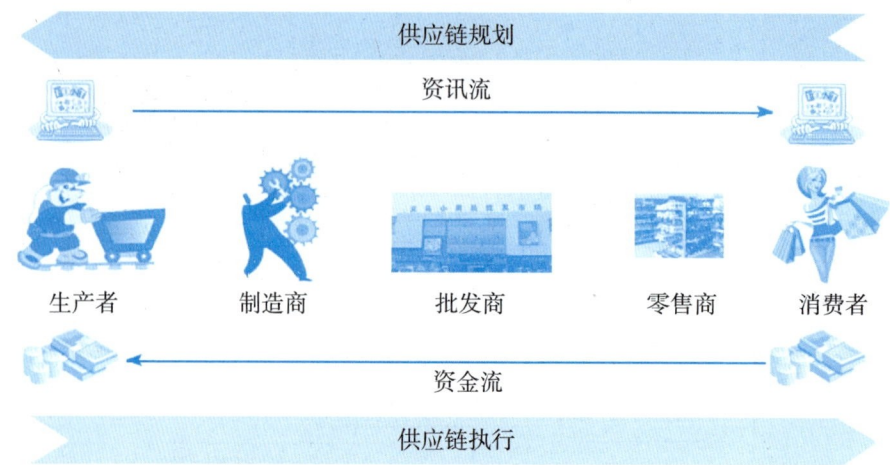

图 1-14 供应链管理的方式

小试身手

你们可以针对自己手中的手机品牌,根据前面学习的内容及查阅资料从以下几个方面完成对目标客户群的问卷调查。

1. 调查目标客户群,手机的哪种品质及属性会影响顾客的采购?
2. 请目标客户群比较生产相同产品的厂商的差异性在哪里。

(五)注重研发管理

研发管理就是在研发体系结构设计的基础之上,借助信息平台对研发进行的团队建设、流程设计、绩效管理、风险管理、成本管理、项目管理和知识管理等活动。

研发管理至少应具备以下三种条件:一是制造一个鼓励创新、适合研发的环境,必须采取弹性而目标化的管理,不以死板的制度限制员工的创意,必须要求实质的成果;二是将营销的观念融入研发中,使有限的资源发挥最大的效益,让营销人员参与研发的过程,如此产品才具有市场价值;三是研发策略的制订与掌握,以求在最短的时间内,达到最高效益。

研发管理的良好作用包括以下四点:第一,提高个人的工作效率与效能;第二,增加产品价值与竞争力;第三,提升作业流程效率;第四,促进团队运作效率等。

> 慎思园

一、选择题

1. 未来商业的经营策略哪一项具有直接影响消费者购物的策略？　（　　）
   A. 组织管理　　B. 人力资源管理　　C. 营销管理　　D. 研发管理

2. "拍婚纱照送澎湖岛三日游"是属于哪一种商业发展趋势？　（　　）
   A. 服务设施人本化　　　　　　B. 业态发展多元化
   C. 经营战略多元化　　　　　　D. 科学技术现代化

3. 小真到一家服饰店购物，发现该店销售花束及服饰，并且设立咖啡厅提供消费者二度消费，请问该家为哪种形态的店家？　（　　）
   A. 服务设施人本化　　　　　　B. 业态发展多元化
   C. 经营战略多元化　　　　　　D. 科学技术现代化

4. 政府目前提倡知识经济，是希望未来的产业发展，能够以下列哪一项作为发展动力？　（　　）
   A. 创新与研发　　B. 资本　　C. 劳动力　　D. 土地开发

5. 在进行交易时，一般将商品所有权流通称为什么？　（　　）
   A. 商流　　B. 物流　　C. 金流　　D. 信息流

6. 由供应商、制造商、批发商、零售商等所构成的物品流动网络称为_____。
   （　　）
   A. 物料管理　　B. 生产管理　　C. 价值管理　　D. 供应链管理

二、综合分析题

志玲想透过网络创业当网络拍卖家，于是利用网络向成衣厂商下订货单，在她购买大量商品后便直接在网络销售。几天后，弯弯直接从网络向志玲下单购买3件衣服，但因为尺寸不合无法穿着，于是只好再从网络转卖给第三人。

1. 请问，志玲透过网络上向成衣厂下单，此电子商务是属于何种类型？（　　）
   A. B2B　　B. C2C　　C. B2C　　D. C2B

2. 请问，弯弯直接从网络向志玲购买衣服，此电子商务是属于何种类型？（　　）
   A. B2B　　B. C2C　　C. B2C　　D. C2B

三、简答题

1. 简述研发管理的三个条件及良好作用。
2. 请写出未来电子商务发展趋势。

光明顶

综合分析题

一、沃尔玛公司由美国零售业的传奇人物山姆·沃尔顿先生于1962年在阿肯色州成立。经过40多年的发展，沃尔玛公司已经成为美国最大的私人雇主和世界上最大的连锁零售商。目前，沃尔玛的业务遍及14个国家，在全球开设了7262家商场，其中美国4141家，美国以外3121家，其中，在中国203家，有7万多名中国员工。全球员工总数190多万人，每周光临沃尔玛的顾客1.76亿人次。沃尔玛提出"帮顾客节省每一分钱"的宗旨，实现了价格最便宜的承诺；同时向顾客提供超一流服务的新享受，让顾客体验到宾至如归的周到服务；并一再缩减广告方面的开支，在公益事业的捐赠上不断增加；大量连锁店的开设，为中国解决了36000个就业机会；支持当地制造业，促进了当地的经济发展。

请思考：

1. 沃尔玛的发展在哪几个方面说明了商业的作用？
2. 沃尔玛为客户提供了哪些独到的服务？

二、台湾警方2014年9月4日通报，查获一起以"馊水油"（即地沟油）等回收废油混制食用油案件。经查发现涉案嫌疑人郭烈成经营的地下油厂，用回收潲水油和皮脂油等混制食用油（即地沟油），强冠公司则以低于市价的价格购进并制成"全统香猪油"上市贩售。台食品药品监管单位查明，强冠公司2014年2月至8月间共出产劣质猪油782吨。

请分析：

1. 结合本案例分析企业应如何对待诚信经营的问题？
2. 你如何看待此种行为？结合本案例分析企业应如何对待环境保护问题？又如何处理好企业与环境的关系呢？

单元二　识别商业业态

学习目标

◎ 理解商品交易方式的内涵、特点与类型
◎ 理解批发业的内涵、经营特点与职能
◎ 了解我国批发业的发展趋势
◎ 理解零售、零售商与零售业态的含义
◎ 了解零售业的四次业态变革
◎ 认识零售业态的各种经营形态
◎ 了解O2O电子商务模式的产生及发展
◎ 了解O2O电子商务模式的未来发展

看完小妹跟妈妈逛街的漫画后，你是不是回忆起在假日里陪妈妈到传统市场购物时，也会发现在传统市场里有许许多多的商业业态，例如：专门卖猪肉或是鸡肉的摊贩，也可能会有以箱为销售单位，或是小把、小袋为销售单位的商店。本部分主要的目的，是将这些形形色色的商业业态做明确的分类与介绍，期待您在读完后，能对商业的业态有深刻的认识。

● 多闻阁 ●

生活中，我们经常需要购物，有时，我们购买的是一些像饮料、面包、牙膏等生活日用品，这时，我们一般会去社区附近的便利店或超市采取一手交钱一手交货的交易方式；有时，我们购买的是一些价格贵、体积大的商品（如冰箱、空调等电器），这时，我们可能会采取先交货后付款或者先付款后交货的方式。而作为企业的经营者往往需要大批量的购买商品，这时，他们又会采取怎样的交易方式呢？期待你在读完本单元后，对商品的交易方式有一个清晰的界定。

主题一　界定商品交易方式

一、分析商品交易方式的内涵

商品交易方式是指商品经营者实现商品（含服务）的价值，转移商品的使用价值的形式和手段。它具体又包括交易途径、交易手段和结算方式等几方面要素。从概念中，可以看出商品交易方式的含义：一是商品交易方式反映的是商品所有者之间的商品买卖关系；二是商品交易方式反映的是商品实体和服务依次进入消费领域的过程。

● 他山石 ●

价值和使用价值是商品的两个基本属性。其中价值是商品的本质属性，使用价值是商品的自然属性，是价值的物质承担者，它们共同存在于商品统一体中，我们常说的"物美价廉"就体现了两者的统一。

要想实现商品的价值，商品生产者必须把使用价值让渡给购买者；为了得到使用价值，购买者也必须付出相应的价值给生产者，当商品的使用价值和价值分离时，就意味着交换实现。

二、掌握商品交易方式的特点

（一）多样性

即商家采取多种多样的交易方式满足消费者不同的消费需求。

（二）阶段性

商品交易方式在不同的历史时期有不同的方式，这是由于历史条件等资源环境决定的。

（三）复杂性

即采取哪种商品交易方式，应适应商品的属性，应满足消费者的需求，而商品是多样的，消费者的消费偏好也是多样的，消费者层次更是多样的，因此，商品交易方式也具有复杂性。

（四）互补性

各种交易方式是相互补充相互联系的，单一的交易方式有时会起到负面效应。

（五）系统性

商品交易方式是系统性的，不是偶然的，而是一种交易方式与另一种交易方式相互配套成为一个体系。

三、掌握商品交易方式的类型

商品交易方式按不同标准可划分不同的类型，这里，只介绍一些常见的商品交易方式的类型。

（一）按商品交易量和交易对象划分

商品交易方式可以分为批发交易和零售交易两种形式。所谓批发交易是指交易主体从生产商或其他经营商手中采购商品，再将其提供给商业用户及其他业务用户，供其转卖、加工或使用的大宗商品买卖方式。商品零售是指将商品或服务出售给最终消费者的交易活动，是商品流通过程中的最后一道环节。商品只有通过零售，才能真正实现其价值和使用价值。

（二）按商品交易完成的时间跨度差异划分

商品交易方式可以分为即期交易、远期合同交易和期货交易三种形式。即期交易又称现货交易,是指买卖双方出自对实物商品的需求与销售的目的,根据商定的支付方式与交货方式,采取即时或在较短时间内进行实物商品交收的一种交易方式。现货交易是满足消费者需要的直接手段,是人们接触最多的一种交易方式。远期合同交易是买卖双方签订远期合同,约定在未来某一时期进行实物商品实收的一种交易方式。期货交易是买卖双方交付一定保证金后,在商品期货交易所进行的标准化合约的买卖。

> • 博学堂 •
>
> 期货是一个和现货相对应的专门名词,期货交易是一种和现货交易相对应的交易方式。既然有了一手交钱一手交货的现货买卖,为什么还会产生期货呢?简单地说,期货的产生是出于规避价格波动风险的目的。
>
> 19世纪初期,芝加哥是美国最大的谷物集散中心。在当时的条件下,交通极为不便,信息传递落后,仓库又少,农产品价格常常发生波动,农民和粮食贸易商都无所适从。为了避免大规模的损失,农民和商人们开始进行远期交易,双方确定一段时间后(比如下一年)买卖的数量和价格,到期时按照商量好的价格一手交钱一手交货。
>
> 1848年,82位商人(包括农场主、农产品贸易商和加工商)发起并设立了"芝加哥期货交易所"(简称CBOT)。CBOT在成立的初期为会员提供的仍然是远期交易,随着交易规模的扩大,远期合同在交易中遇到很多实际困难,比如质量、价格、等级、交货时间和地点等方面都由双方自己商定,没有明确、统一的标准,合约签订后能否履行与买卖双方的信用有关。如果市场情况出现变化,违约风险和交易纠纷的情况就会大大增加。为了进一步规范交易,降低交易风险和交易成本,1865年CBOT推出了第一个标准化的期货合约——"玉米期货合约"。和远期交易不同,期货合约由于是标准化的,减少了很多交易中的纠纷,不仅可以在到期时像远期交易那样一手交钱一手交货,还可以在到期前对合约进行买卖活动。由于摆脱了一定要在到期时实现钱货两清的限制,期货交易迅速发展起来。之后,为了确保履约,CBOT推行了保证金制度,并成立了结算机构,有组织的期货交易终于成形了。
>
> (资料来源:http://data.book.hexun.com/chapter-1364-2-3.shtml)

(三) 按付款方式划分

商品交易方式可以分为现金交易和商业信用交易两种形式。现金交易是付款和交货同时进行,即所谓"一手交钱,一手交货",当场就实现"钱货两讫"的交易,不存在借贷关系。商业信用交易是付款和交货在时间和空间上相分离，实行先交货后付款或者先付款后交货，买卖是完全建立在商业信用关系基础上的。

● 小试身手 ●

随着人民生活水平的提高，空调现在已经走进千家万户了，请问空调适合采用期货交易方式吗？为什么？

（四）按交易过程中商品所有权是否转移划分

商品交易方式可以分为自主交易（经销）和信托交易两种形式。自主交易是指在商品交易中买卖双方拥有完整自主权和所有权，双方都是根据自身要求，为实现各自不同的目的而进行的商品交易。信托交易是指接受他人委托而进行经营代理业务的商品交易方式，主要是建立在高度的信用基础上，一般包括代销、代加工、租赁、信托、拍卖等形式。

（五）按具体交易条件中有无专门特殊规定划分

商品交易方式可以分为专项特殊规定的交易方式和一般交易方式。所谓专项特殊规定是指在交易条件中特别强调的权利和义务，以及其他各种特殊要求的交易。如有的是在商标、包装、样品上做出了特殊规定；有的是在支付结算上做出了特殊规定；这种交易方式，在国际贸易中应用较多，主要是为了扩大进出口贸易，在贸易某个侧面、某个专门项目上做出一些特殊规定。一般交易方式的交易条件则无特殊要求。

商品交易方式的类型，如图2-1所示。

● 慎思园 ●

一、选择题

1. 从本质上说，消费者购买的不是商品本身，而是下面哪一个选项的内容？　　　　　　　　　　　　　　　　　　　　　　（　　）

A. 功能/效用　　　B. 附加服务　　　C. 使用价值　　　D. 价值

2. 商品只有通过以下何种方式才能进入消费领域，实现其使用价值？（　　）

A. 生产　　　　　B. 消费　　　　　C. 交换　　　　　D. 购买

3. 以下何种商品交易方式是被人们普遍使用，并且当场就实现"钱货两讫"的交易，不存在借贷关系。　　　　　　　　　　　　　　　（　　）

A. 预付款订购　　B. 商业票据　　　C. 现金交易　　　D. 分期付款

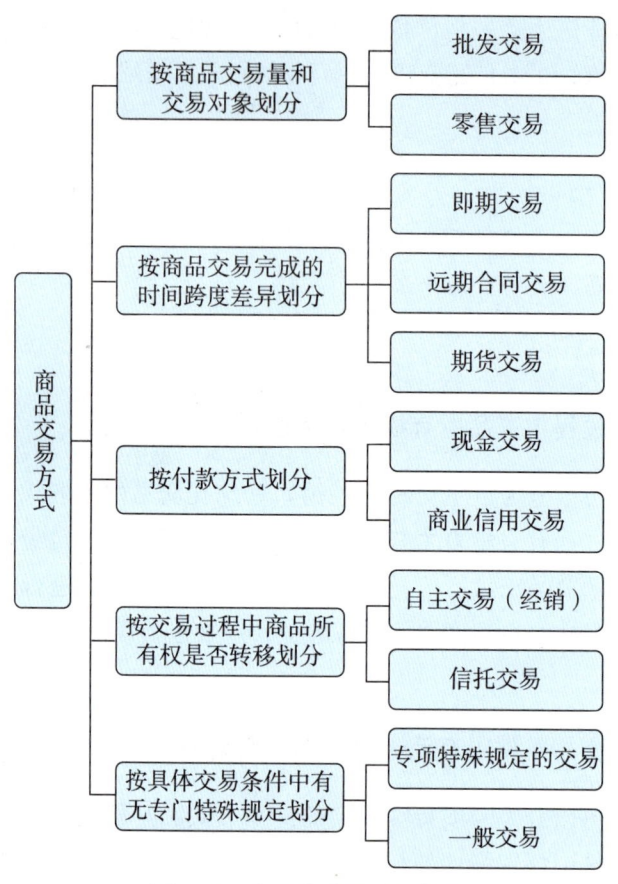

图 2-1 商品交易方式的类型

4. 以下四个选项中哪一项不是商品交易方式的特点？ （　　）
A. 多样性　　　　B. 连续性　　　　C. 互补性　　　　D. 复杂性

二、简答题

1. 现金交易是一种最古老的交易方式，它贯穿于商业产生后的整个历史行程之中，具有使用方便、灵活的特点，但现金交易也存在缺陷，试结合实际，简要叙述现金交易的缺陷有哪些？

2. 简述商品交易方式的特点。

主题二　认知批发业

一、分析批发业的内涵

所谓批发业就是指向再销售者，产业和事业用户销售商品和服务的商业。所谓再销售者是指二次及其以下的批发商或零售商。所谓产业用户是指从事生产和服务提供的营利性组织,即第一、第二、第三次产业的企业用户;所谓事业用户是指不以再销售为目的,而是为了业务或事业上的需要购买设备和材料的非营利性组织。概括地说,批发商业是相对于零售而言的面向大批量购买者开展经营活动的一种商业形态。如图2-2所示。

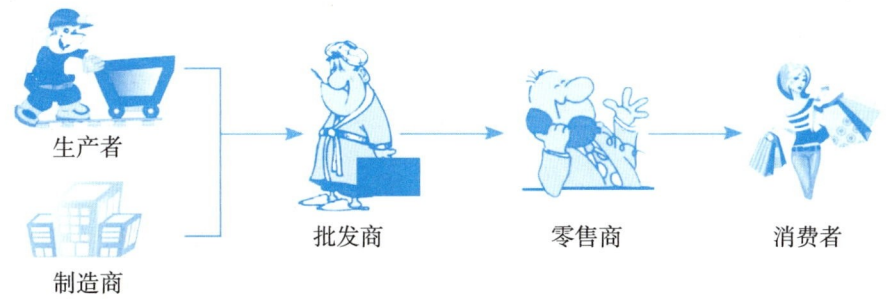

图2-2 商业活动的流程

二、掌握批发业的经营特点与职能

(一) 批发业的经营特点

1. 批量交易与批量作价

批发交易一般要达到一定的交易规模才能进行,通常都有最低的交易量规定,批发交易的价格往往与交易量成反比,即批发交易量大,批发成交价相对比较低。批发交易每笔成交量之所以能够比较大,因为批发交易的对象是各类用户,而不是广泛而分散的最终消费者。

2. 批发业交易的商品仍停留在流通领域

由于批发交易的对象是各类用户,尤其是商业用户(或再消费者)和产业用户,它们购买商品的目的不是为了供自己最终消费,而是为了供进一步转卖或加工所用。因此,通过批发交易活动,商品还没有最终进入消费领域,而主要仍停留在流通领域。

3. 批发业交易双方购销关系相对稳定

批发交易的对象是专门的经营者与使用者,比较固定,变化较小。因此,在批发交易中很容易使双方的关系稳定下来。

4. 批发业交易范围比较广

这里主要有两个方面的原因:其一,批发交易的对象来源比较广,它有"商业用户""产业用户"与"业务用户"3类采购者;其二,批发交易机构数量比较少,这样少量的批发机构往往意味着大范围覆盖的服务。

5. 批发业朝着专业化方向发展

纵观世界各国批发交易的现状,批发交易的专业化方向成为一大趋势。究其原因,

主要在于现代社会商品种类繁多,采购者的选择性越来越明显,为了适应和满足各类用户采购的需要,批发交易者必须备有充足的货源,即经营产品项目比较多,花色、规格、型号等比较齐全,以便供挑选采购之用。因而,使得批发专门化日益明显。

批发商与零售商的比较,如表2-1所示。

表2-1　　　　　　　　　　批发商与零售商的比较

类型 项目	批发商	零售商
销售对象	商业客户	最终消费者
交易数量	大	小
地点选择	不重视	关键成功因素之一
促销活动	少	多
商店气氛	不重视	依市场区隔规划

(二) 批发业的职能

1. 集散商品

这是批发业的首要职能。由于生产部门一般是大量生产,但品种单一,而零售部门往往经营品种较多,但数量较少。为了调节生产与零售之间存在的这种矛盾,在生产与销售之间出现了批发环节。通过批发环节,从各生产部门采购数量多,品种、规格与花色全的商品,然后经过编配,再分别批发给各个零售采购者。这样,即满足了生产部门单品种、大批量销售商品的需要,又满足了零售部门多品种、小批量购进商品的需要。通过批发环节交易把生产部门与零售部门有机地结合起来了,疏通了商品流通渠道。

2. 调节供求

生产与零售在时间与空间上也存在间隔。这是因为有的商品是常年生产、季节销售;有的商品是季节生产、常年销售;还有的商品是此地生产、彼地销售或彼地生产、此地销售。显然,生产与消费之间的矛盾,实质上是生产与零售之间的矛盾。为了解决生产供应与零售之间的矛盾,可以通过批发商的运输、储存、保管活动,来调节供求之间的时空矛盾。

3. 商品加工

批发商业主体在进行批发业务时,有时不得不对从生产部门采购来的商品进行重新包装、分级、整理和加工、编配等活动,以便更好地满足零售商购进的需要,从而提高流通效率。

4. 融通资金

批发商进行批发交易时,既可以向生产企业提供融通资金便利,也可以向零售商提供融通资金便利。主要表现在以预购商品的形式向生产企业购进商品，以赊销的方式向零售商销售商品。这样，既可为生产企业提供再生产所需要的资金，也可使零售商不至于因资金短缺而不能正常进货，有利于加快商品流通速度。

5. 传递信息

批发商在批发交易活动中，通过将收集起来的信息，进行整理与分析，然后传递给生产者与零售商。对于生产者，批发商可以提供市场需求变化等方面的信息，作为他们制订产品开发、生产计划方面的依据；对于零售商，批发商可以提供新产品供应等方面的信息，作为他们采购、销售决策的依据。

6. 承担风险

商品在从生产领域进入到消费领域的整个流通过程中，存在着各种流通风险。如商品损坏、变质、丢失等静态流通风险，市场经营环境变化引起的动态流通风险等。而这些风险大多发生在库存期间或储存期间。批发商在组织商品流通过程中，又主要承担商品库存任务，有调节供求的职能。因此，批发商要承担流通中的风险。

小试身手

请选择一个你所熟悉的批发市场，了解它的经营模式，并形成文字材料。

博学堂

近年来电子商务在经济活动中得到了广泛的应用，使得整个经济环境发生了巨大的变化，对批发商的经营产生了很大的影响。严重的弱化了批发商的职能，主要表现有以下几个方面。

（1）电子商务下客户与厂家的联系更直接。由于电子商务所依赖的网络信息具有成本低、方便快捷的优势，这使得商品的相关信息在互联网上很容易获取，销售产品的渠道不再受本企业资金和规模限制，企业越过批发商这个中间环节，使厂家能够直接销售自己的产品，从而可以将批发商所赚取的那部分利润直接争取过来，为企业的商品赢得价格优势。

（2）第三方交易平台改变交易方式。第三方交易平台的出现集中表现了电子商务对批发商的威胁。由于厂家和客户的商品信息易于获得，能够通过第三方交易平台直接进行交易，为厂家和客户赢得价格优势，使商品在市场上更具有竞争力，使批发商这一传统经济交易中必不可少的中间环节的职能遭到弱化。

（3）生产商与零售商的经营模式发生了改变。一方面，一些大的生产商越来越倾向于生产与流通的一体化，建立自己的销售组织来负责产品的销售，以便更有效地控制市场；另一方面，零售商则通过建立连锁组织，实行集中采购和统一配送，以加强对进货渠道的控制，这就使得批发业面临更加严峻的挑战。它们必须通过变革和创新，进行职能转换，以其更具有成本优势的流通职能来重新赢得自己的市场地位。

三、明确批发商的类型

（一）按批发商性质不同

可分为独立批发商、制造批发商、共同批发商、批兼零批发商与连锁批发商五类。

（1）独立批发商。又称商人批发商。它是指不依附于生产部门的独立的批发企业。独立批发商因专门从事批发业务，拥有专门研究商品流通的经验与技术，专门提供流通环节的各种服务，因此便于商品顺利地通过流通领域，节约流通时间和费用，从而在现代批发商组织结构中是最主要的形式。

（2）制造批发商。它是指生产企业的销售机构占有批发地位的批发商。我国商品流通领域中的工业自销，一部分就属于这种形式。

（3）共同批发商。它是指为了与百货商店、连锁店等大型零售商的竞争相对抗，由零售团体组织的共同批发企业。其目的在于利用大量采购，节约流通费用，提高竞争力。这一形式在西方较为普遍。

（4）批兼零批发商。它是指以批发业务为主，同时进行零售业务的批发商。在市场竞争激烈的情况下，部分批发商为了提高经济效益，便兼做零售业务。

（5）连锁批发商。它是指由多家批发商共同组成的连锁组织。这种组织利用大量采购等有利条件，集结其下面的零售商，以对抗大型零售店的竞争。

（二）按批发交易经营商品的范围不同

按批发交易经营商品的范围不同可分为普通批发商与专业批发商两类。

（1）普通批发商。它是指经营商品范围很广，种类、规格繁多的批发商，一般多指综合批发商或百货批发商。这种批发商能适应各种综合性零售商店的进货需要。如今，这种普通批发商呈现递减的倾向，逐渐向经营商品专业化方向转化。尤其在五金、运动器械、医疗设备、农机等商品上，这种转化倾向特别突出。

（2）专业批发商。它是指专业化程度较高、专门经营某一类商品的批发商。如专门经营食品、纺织品、医药品等商品的批发商。专业批发商的优点是能够掌握所经营商品的性能、特征、用途等专门知识，便于零售进货时进行挑选和指导消费。其批发对象多数为专业商店。

(三) 按商品流通环节的不同

可分为一次批发商、二次批发商与三次批发商。

（1）一次批发商。是指从生产者手中直接采购商品的批发商。根据其所处地区的不同和承担职能的差异，又可以分为产地批发商和集散地批发商。产地批发商，多设在某种产品集中生产地，可以随时集中商品，然后向二次批发商出售；集散地批发商，多以集中或分散商品为主要业务。一次批发商在人力、资金、设备、信息处理上具有较强的能力，所以在商品流通中起着巨大的作用。

（2）二次批发商。是指从一次批发商那里购买商品，再售卖给三次批发商的批发商。

（3）三次批发商。是指从二次批发商进货，直接销售商品给零售商的批发商。

批发商的类型，如图2-3所示。

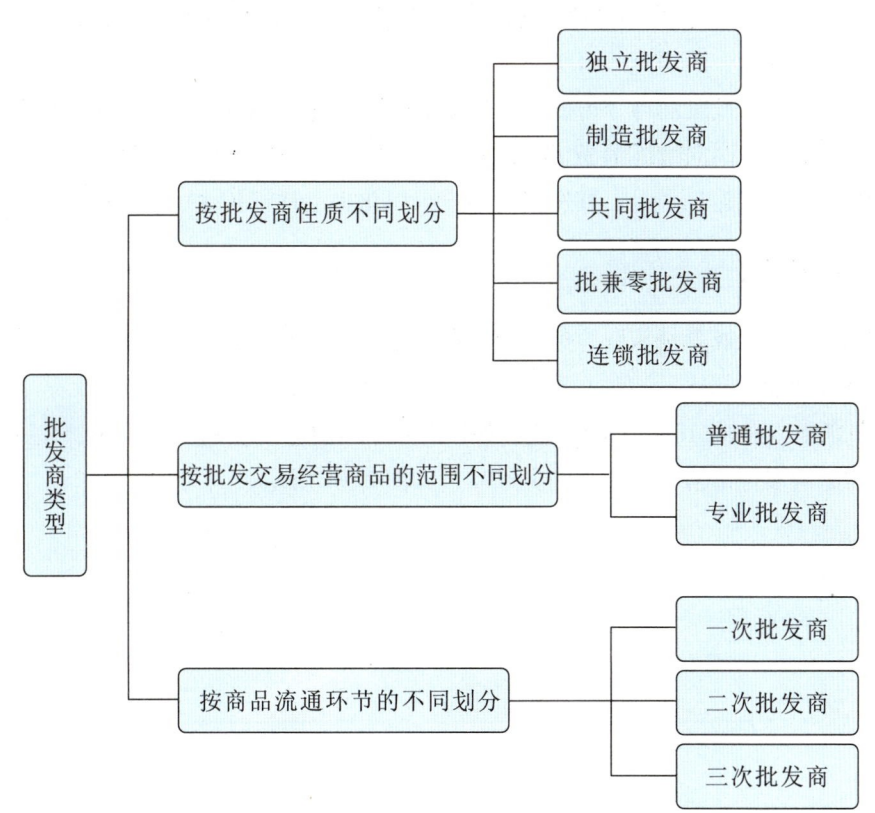

图2-3 批发商的类型

> **小试身手**
>
> 请同学们根据以上所学内容，通过小组讨论、上网查阅等方式，从

经营目标、服务的主要客户、提供的服务、对供应商的要求等方面，谈一谈各类批发商的特点。

四、探讨我国批发业的发展趋势

（一）组织化

这里所说的组织化包括两层含义：一是批发商自身的组织化；二是用户组织化。

批发商自身的组织化包括经营组织化和地域组织化。经营组织化主要通过组建批发商业企业集团或连锁经营来实现；地域组织化主要通过组建批发商业团地的方式来实现。

用户组织化是指批发商以各种方式参与用户合作并结成某种合作关系或组织，主要包括三种形式：一是批发商与制造商的组织化，二是批发商与零售商的组织化，三是批发商与制造商、零售商的组织化。

从国外来看，批发商与零售商、制造商的战略合作非常普遍，已经形成了批发商、制造商与零售商共同向最终消费者提供价值的供应链。在我国，这种组织化也开始出现，因此，从发展趋势来看，批发业的用户组织化也会逐渐扩大、发展。

（二）信息化

建成信息平台或者是新型商务平台。这里我们主要介绍 2 个不同模式的商务平台。

1. B2B 平台

阿里巴巴（www.1688.com）致力为全球所有人创造便捷的交易渠道，为不同的小企业卖家提供多种价格实惠的消费类产品，如图 2-4 所示。

图 2-4　阿里巴巴采购批发商城

2. O2O 平台

易集贸（www.Ejimao.com）作为在线批发 O2O 交易平台，充分结合批发行业的特点，一方面为各省提供本地化线上批发服务，另一方面则为小额批发业务提供全国全网分销的业务模式，为实体店商户将线上和线下的服务高度融合，如图 2-5 所示。

图 2-5 易集贸在线批发 O2O 交易平台

（三）物流化

物流功能是批发业的重要功能，物流服务水平的高低直接决定其经营的成功与否。从发展趋势来看，批发商用户对物流服务水平的要求越来越高，因此，批发业必须在提高物流服务水平上做出更大的努力，特别是随着电子商务的兴起，批发商就更应该将工作重点转向物流，将提高物流服务能力作为自己的核心竞争力来培养。

（四）专业化

与零售业态的多样化特点相适应，批发商的专业化趋势将会越来越明显，各种专业批发商将成为批发商的主流，并由"业种批发"向"业态批发"转变。例如，"百货店类批发"就是以百货店这种业态的零售商作为用户的批发商，它专门提供适合百货店业态的商品组合或服务，满足百货店的需要。传统的"业种批发"考虑的重点是商品，而没有考虑业态的特点，因此，从发展趋势来看，这种类型的批发商已经越来越不适应零售业态多样化的需要，并逐渐被"业态批发"所替代。

• 小试身手 •

阿里巴巴集团，是一家由中国人创建的国际化的互联网公司，旨在面向中国小企业推出全球最大的采购批发市场，聚焦解决小企业采购批发难问题，致力于提升小企业的竞争力。请同学们查阅相关资料，从市场定位、目标客户及战略布局等方面，分析阿里巴巴集团的商业模式。

慎思园

一、选择题

1. 与零售业相比较，批发业主要具有以下哪些特点？（   ）
（1）批发业的交易额一般较大   （2）批发业的商圈比较大   （3）服务项目相对较多
   A.（1）、（2）、（3）   B.（1）、（2）   C.（2）、（3）   D.（1）、（3）

2. 下列哪个网上商城属于批发业态？（   ）
   A. 阿里巴巴   B. 天猫   C. 唯品会   D. 京东商城

3. 下列所说哪一个选项是批发业的首要职能？（   ）
   A. 调节供求   B. 集散商品   C. 传递信息   D. 承担风险

4. 在商品流通过程中，在制造商与消费者之间起着中间人作用的是下列哪个选项？
（   ）
   A. 批发   B. 零售   C. 连锁经营   D. 商场

二、判断题

1. 批发商是以最终消费者为销售对象的商业组成。（   ）

2. 制造批发商是指为了与百货商店、连锁店等大型零售商的竞争相对抗，由零售团体组织的共同批发企业。其目的在于利用大量采购，节约流通费用，提高竞争力。
（   ）

3. 连锁批发商的优点是能够掌握所经营商品的性能、特征、用途等专门知识，便于零售进货时进行挑选和指导消费。（   ）

三、问答题

某综合批发市场位于中国北方某城市，处于城区的区域中心位置，地理位置比较好，交通比较便利。

请思考：

1. 你认为综合批发市场主要面临着哪些挑战？

2. 你认为该综合批发市场需不需要进行战略转型？途径有哪些？

> **多闻阁**
>
> 　　当我们想要买一件衣服，你会想去哪里买呢？是附近的服装店？是远一点的百货大楼？还是在市中心或者郊区的购物中心？似乎它们有点不一样，但是它们的区别又在哪里呢？
>
> 　　当我们走近身边的超市，里面似乎有很多我们生活中的必需品，例如水果、蔬菜、鱼肉、文具……但是，当我们想在里面买一支进口的钢笔，或者买数码相机的电池，我们却发现里面没有这些东西，这又是为什么呢？
>
> 　　零售，我们似乎对它很熟悉，但是里面又似乎有很多学问，本单元让我们一起走近零售业。

主题三　认知零售业

一、区分零售、零售商与零售业态

　　零售（Retail）是指将商品和相关服务直接销售给最终消费者，从而实现商品和服务的价值的一种商业活动。零售是商品分销过程中的最终环节。

　　在商业活动中，零售是与批发（Wholesale）相对应的一个概念，零售的概念具有以下含义。

　　第一，零售是针对最终消费者的经营活动。零售活动较之于生产制造商和批发商的活动有不同的对象。生产制造商和批发商的对象主要是生产者和转售者，他们购买商品的目的是生产加工和再销售，而零售的对象主要是最终消费者，他们购买商品的目的是自己消费。

　　第二，零售向最终消费者不仅出售有形的商品，同时，也出售服务，如送货上门等。

　　第三，最终消费者是指购买商品或服务的具体消费者，包括个人及社会集团。社会集团所购买的一些公共消费品，在我国约占社会零售商品总额的10%。

　　第四，零售是商品流通的最后一个环节，商品一旦出售就表明商品离开了流通领域而进入了消费领域。

　　零售商（Retailer）是指以零售活动为基本职能的独立中间商，介于制造商、批发商与消费者之间，以盈利为目的从事零售活动的组织。零售商的基本任务是直接为最终消费者服务，它的职能包括购、销、调、存、加工、拆零、分包、传递信息、提供销售服务等。它是联系生产企业、批发商与消费者的桥梁，在分销途径中具有重要

作用。

零售业态（Retail Formats）是指零售企业为满足不同的消费需求而形成的不同的经营形态。如便利店、超市、购物中心等。

二、掌握零售业态的类型

零售业态种类繁多，而且很多新的业态还在不断出现，因此很难用一两个统一的标准进行分类而将其全部涵盖。下面，我们只介绍这些大家普遍认可的零售业态。

（一）便利店

• 多闻阁 •

旁边的这幅画面，不知你有没有经历过，在过去那个年代，如果你在半夜饿了，会怎么办呢？让妈妈起床给你做吃的？还是再忍忍，第二天早上再吃？在如今这个年代，对我们来说，这是一件非常容易解决的事情，我们只需要一个电话，24小时营业的便利店就可以为我们配送到家一碗热气腾腾的面条了！

便利店（Convenience Store）起源于美国，1946年世界上第一家真正意义上的便利店"7-Eleven"产生。20世纪90年代末期进入中国，在中国经济相对发达的沿海大中城市发展较快。

便利店是一种采用现代科学经营方式经营的旧式小店铺。它的主要特点是为广大消费者提供购物在地点和时间上的便利。便利店店址一般选择在居民住宅区内，营业时间很长，通常营业到深夜甚至通宵营业，而且节假日都不休息，使顾客随时都能买到商品。便利店经营的主要是日常用品，如饮料、面包、小食品、报纸杂志等，并设有多种方便顾客的服务项目上，如电话订货、送货上门等，顾客在这种商店购物消费非常方便。

由于商店规模小，一般在100平方米左右，所以便利店经营的商品品种有限。不过，由于提供了更大的便利，再加之运营成本较高，所以便利店多针对消费者的应急需要或为方便而对价格不太敏感的消费者，商品的售价一般也略高于其他类型的商店。如图2-6所示。

图2-6 便利店

博学堂

近年来，便利店之所以受到了欢迎，主要有哪些原因呢？

（1）距离的便利性：便利店的商圈辐射半径一般不会超过500米，顾客徒步5~7分钟即可到达。

（2）时间的便利性：大超市营业时间一般是8:00至23:00，而便利店却是"Anytime"式，即24小时营业，一周7天开放，可在任何时刻都能及时满足顾客需求，有时甚至打个电话即可。

（3）购物的便利性：便利店商品突出的是即时性消费，小容量，急需性等特性。与超市相比，便利店的卖场面积小（50~200平方米），商品种类少，而且商品陈列简单明了，货架比超市的要低，使顾客能在最短的时间内找到所需的商品。实行进出口同一的服务台收款方式，避免了超市结账排队的现象。据统计，顾客从进入便利店到付款结束平均只需3分钟的时间。

（4）服务的便利性：很多便利店将其塑造成社区服务中心，努力为顾客提供多层次的服务，例如存取款、发传真、复印、代收公用事业费、代订车票和飞机票等，对购物便利的追求是社会发展的大趋势，这就决定了便利店具有强大的生命力和竞争力。

（二）折扣店

折扣店（Discount Store）以销售自有品牌和周转快的商品为主，限定销售品种，并以有限的经营面积、店铺装修简单、有限的服务和低廉的经营成本，向消费者提供期"物有所值"的商品为主要目的的零售业态。折扣店卖场面积一般在 1000 平方米以下。以非耐用消耗品为主力商品，通常将 6~7 折的全国知名品牌商品与自有品牌商品组合在一起。如图 2-7 所示。

图 2-7　折扣店

品牌折扣店对于年轻人来说更具吸引力，适合开设在一些城市的闹市区和商业中心，随着国内居民消费水平的提高，顾客的品牌消费意识逐渐增强，但由于经济能力又有限，直接到大商场或高级专卖店购物难免囊中羞涩，到街边市场购买名牌又怕真假难辨……折扣店的出现将使这些问题迎刃而解，满足了部分消费者对名牌商品的购物需求。

·多闻阁·

请列举三个以上国内著名的折扣店，并查阅其经营特色，形成文字材料。

（三）超市

超市，又称超级市场（Supermarket），是指采取自选销售方式，以经营食品、副食品和日用生活品为主，满足顾客一站式购买需要的零售业态。超市是许多国家特别是经济发达国家的主要商业零售组织形式。如图 2-8 所示。

图2-8 百佳超级广场

超级市场的特点主要表现在以下几个方面。

(1) 超级市场规格统一。超级市场的商品均事先以机械化的包装方式，分门别类地按一定的重量和规格包装好，并分别摆放在货架上，明码标价；顾客实行自我服务，可以随意挑选。

(2) 超级市场广泛使用电子计算机和其他现代化设备。便于管理人员迅速了解销售情况，及时保存、整理和包装商品，自动标价、计价等，因而提高了工作效率，扩大了销售数量。

(3) 超级市场内的商品品种齐全，挑选方便。人们可以在一个商场内购买到日常生活所需的绝大部分商品，免除了许多麻烦。自动标价、计价、结算效率高，也节省了顾客的时间。

(四) 大型超市

大型超市（Hypermarket）首先是在法国兴起的，在中国也称大型综合超市和大卖场，是采取自选销售方式，以销售大众化实用品为主，并将超市和折扣店的经营优势结合为一体的，品种齐全，满足顾客一次性购齐的零售业态。如法国的家乐福、我国的联华超市等。如图2-9所示。

大型超市的主要特点表现在以下几个方面。

(1) 选址在城乡结合部、住宅区、交通要道。

(2) 商店营业面积2500平方米以上；超大型综合超市营业面积5000～10000平方米及以上。

(3) 商品构成为衣食用品等，品种齐全，重视本公司的品牌开发。

(4) 采取自选销售方式。

图 2-9 家乐福超市

图片来源：http：//www.21sb.org/article/18599.html

（5）设与商店营业面积相适应的停车场，对超大型综合超市来说还需配备与营业面积相适应的停车场，一般的比例为 1∶1。

由于大型综合超市服务半径大，需要有较多人口的支撑，所以其发展空间主要是大中城市，在小城市只适合开设较小型的卖场。在发达地区大中城市，由于城市的扩展以及中心城区地价上升，大型综合超市出现由城市中心向城市边缘地区发展的趋势。

（五）仓储会员店

仓储会员店（Warehouse Club）也称仓储式商场、仓储超市，是在大型综合超市经营的商品基础上，筛选大众化实用品销售，实行库存和销售合一、批零兼营、价格很低、提供有限服务为主要特征的、以会员制为基础、采取自选方式销售的零售业态。

仓储会员店一般营业面积上万平方米，不设仓库，把销货场地与仓库合在一起，节省仓库费用，以降低成本。店址多选在城乡结合部，较为偏僻，但交通便利。商品采用仓库式陈列，店内很少装修，店堂设施简朴、实用。一般设有较大的停车场，以满足目标顾客停放交通工具的需要。如德国的"麦德龙"、我国武汉的"中百仓储超市"等。如图 2-10 所示。

（六）百货店

百货店即百货商店（Department Store）是指经营包括服装、鞋帽、首饰、化妆品、装饰品、家电、家庭用品等众多种类商品的大型零售商店。它是在一个大建筑物内，根据不同商品部门设销售区，采取柜台销售和开架面售方式，注重服务功能，满足目标顾客追求生活时尚和品位需求的零售业态。如图 2-11 所示。

图 2-10　武汉中百仓储超市

图片来源：http：//app.hbcic.gov.cn/qyzt/2011/0111/mkz.htm

图 2-11　成都太平洋百货

图片来源：http：//sc.sina.com.cn/news/b/2013-10-27/0723139989.html

百货商店的经营范围广泛，商品种类多样，花色品种齐全，兼备专业商店和综合商店的优势，便于顾客广泛挑选，能够满足消费者多方面的购物要求，拥有一定的现代化的管理手段和服务设施，服务质量较高。商店内按商品的类别设置商品部或商品柜实行专业化经营。

随着社会经济的不断发展，百货商店的经营方向和经营内容也在不断地发生变化，呈现出两个新的发展趋势：一是经营内容多样化，除销售商品外，还附设咖啡厅、小吃部、餐饮部、娱乐厅、舞厅、展览厅、停车场、休息室、电话间等多种服务设施；二是经营方式灵活化，除零售外，还兼营批发，并设立各种廉价柜、折扣柜，以满足顾客的多层次需求，提高商店的竞争能力。

• 小试身手 •

百货商店对大家来说并不陌生，如北京王府井步行街的百货大楼等，大家结合本地实际情况，并以查阅历史资料和实地走访相结合的方式，尽可能详细地了解本地百货大楼发展的古今，根据自己的判断，以文字的形式发表对百货商店这个商业业态发展的看法。

（七）专业店与专卖店

专业店（Specialty Store）是指经营某一大类商品为主，并且具备丰富专业知识的销售人员和提供适当售后服务的零售业态。专业商店专门销售一个商品系列，它能够提供某一系列具有丰富的花色品种的商品，具有专门的经营知识，消费者在那里具有较大的选择余地。此外，专业商店能够制定经营策略去满足特定的市场。如图2-12所示。

图2-12 化妆品专业店屈臣氏

图片来源：http：//www.hzpnews.com/uploads/allimg/130827/1_130827105214_1.jpg

我国近几年来大型专业店发展势头较好，尤其是家电专业连锁，如苏宁电器、国美电器等。

专业店的主要特点表现在以下几个方面。

（1）选址多样化，多数店设在繁华商业区、商店街或百货店、购物中心内。

（2）营业面积根据主营商品特点而定。

（3）商品结构体现专业性、深度性、品种丰富，选择余地大，主营商品占经营商品的90%，能在深度上满足消费需求，所经营的商品、品牌具有自己的特色。

（4）有明确的目标市场，针对性强。

（5）经营方式灵活，多与厂家合作，经营特色明显，个性化突出，采取定价销售和开架销集。

（6）从业人员对所售商品有相当的专业知识，可以为顾客提供系列化的售前、售中和售后服务。

专卖店（Exclusive Shop）也称为专营店，是指专门经营或经授权经营制造商品牌，适应消费者对品牌选择需求和中间商品牌的零售业态。专卖店销售单一品种或单一品牌商品，规格齐全、款式多样、货物充足、服务周到，商品质量有保证。如海尔电器专卖店、李宁体育用品专卖店、格力空调专卖店等。如图2-13所示。

图2-13　格力空调专卖店

图片来源：http://www.dianping.com/photos/5069519

专卖店的主要特征表现在以下几个方面。

（1）专卖店一般选址于繁华商业区、商店街或百货店、购物中心内。

（2）营业面积根据主营商品的特点而定。

（3）商品结构以著名品牌、大众品牌为主。

（4）销售体现量小、质优、高毛利。

（5）商店的陈列、照明、包装、广告讲究。

（6）采取定价销售和开架面售。

（7）注重品牌名声、从业人员必须具备丰富的专业知识，并提供专业知识性服务。

• 小试身手 •

专业店与专卖店虽一字之差,却是两种不同的零售业态,试运用所学知识分析专业店与专卖店两者的区别。

(八) 购物中心

购物中心(Shopping Mall)是指多种零售店铺,服务设施集中在由企业有计划地开发、管理、运营的一个建筑物内或一个区域内,向消费者提供综合性服务的商业集合体。通常包括一个或多个大的核心商店,并有众多小商店环绕其间;有庞大的停车场设施,其位置靠近马路,顾客购物来去便利。如图2–14所示。

图2–14 北京Plus365购物中心

根据购物中心所处位置可分为:社区购物中心、市区购物中心、城郊购物中心三种。

(1) 社区购物中心。社区型购物中心是指在城市的区域商业中心建立的、建筑面积在5万平方米以内的购物中心。商圈半径为5~10千米,有20~40个租赁店,包括大型综合超市、专业店、专卖店、饮食服务及其他店,停车位300~500个,各个租赁店独立开展经营活动,使用各自的信息系统。

(2) 市区购物中心。市区购物中心是在城市的商业中心建立的、建筑面积在10万平方米以内的购物中心。商圈半径为10~20千米,有40~100个租赁店,包括百货店、大型综合超市、各种专业店、专卖店、饮食店、杂品店以及娱乐服务设施等，停车位 1000 个以上，各个租赁店独立开展经营活动，使用各自的信息系统。

（3）城郊购物中心。城郊购物中心是设在城乡结合部的交通要道建立，建筑面积在 10 万平方米以上的购物中心，商圈半径为 30～50 千米，有 200 个以上租赁店，包括百货店、大型综合超市、各种专业店、专卖店、饮食店、杂品店及娱乐服务设施等，各个租赁店独立开展经营活动，停车位 1000 个以上，各个租赁店使用各自的信息系统。

购物中心是一种复合型的商业业态，是商业与地产的结体，是多业种、多业态的具有统一规划和管理的有机组合体；是一种与时代发展紧密联系在一起的生活方式和消费服务模式；是商业零售业发展历程中的一个最高形式。它能最大限度地适应生活方式的转变、满足现代消费的多种需要，从而也就形成了购物中心比单一零售业态更具魅力的多种功能上的综合优势。

• 小试身手 •

请联系实际，从运营管理、服务对象、获利方式、商圈等几个方面，总结百货店与购物中心的区别。

（九）厂家直销中心

厂家直销中心（Factory Direct Sales Center）是指由生产商直接设立或独立经营者设立，专门经营企业品牌商品，并且多个品牌集中在一出销售的零售业态。如早期的奥特莱斯（Outlets）就是"工厂直销店"，专门处理工厂尾货。

厂家直销中心通常由房地产开发商在城市与城市之间交通方便的地方建筑简易的、有一定规模的联体式独立商店，以租赁形式供生产商直接销售商品。

厂家直销中心地处郊外，装修简易，造价低，租金低，加上厂家直接销售不经过商业的中间环节，因此，价格非常便宜，同类产品低于市场价格 30%～70%，少数低 80%，特别受到中低层消费者的欢迎。

• 小试身手 •

连一连：

国美电器　　　　　　　　专卖店

联想电脑专卖店　　　　　超级市场

万达广场　　　　　　　　专业店

| 家乐福 | 厂家直销中心 |
| 尼采手机工厂店 | 购物中心 |

（十）网上商店

◆ 多闻阁 ◆

网络信息技术正在影响着社会经济的活动方式和人们的生活节奏。网络商务大量应用现代化的信息手段，以国际互联网为基础，实现了商业活动的信息化革命，受到各国政府和企业的足够重视。

网络商务加快了社会流通，降低了通费用。基于国际互联网的网络商务的优势在于通过计算机网络使信息低成本传播。商品选取、购买都可以在网上实现，电子化的支付也是实时的。由于可以得到商品销售的实时资料，商家只需要保持较少量的存货就可以满足需求，减少了存货中积压的资金。例如在美国，实体书店必须保持有160天的库存量才能供人选购，使用电子商务的亚马逊网站只需要保持15天的库存量，而亚马逊网站的人均销售额在美国所有书店里是最高的。同时，商业机构无须设立零售商店，不需要承担店铺的租金费用，也不需要承担零售店铺零售人员的雇用费用，从而降低了商业流通成本。

网络商店（Network Shop），从字面意义上看，是互联网世界里的一种商业业态模式。通常是指建立在第三方提供的电子商务平台上的、由商家（企业、组织或者个人）通过互联网将商品或服务信息传达给特定的用户，客户通过互联网下订单，采取一定的付款和送货方式，最终完成交易的一种电子商务形式。如淘宝网、京东商城等。

网络商店作为近几年来兴起并迅速发展的一种零售业态，概括起来具有以下几个特征。

（1）经营场所的独特性。网络商店是以计算机网络和服务器设备为基础的，在虚拟的"塞伯"空间（即网络世界）里完成交易流程，不像我们看到的实体店面商品交易。

（2）客户群的独特性。网络商店及客户是有范围限制的，即有条件上网的人。

（3）经营方式的独特性。网络商品以网页、数据库作为货架、卖场，消费者只能浏览观看，而不能实实在在地去感觉商品，包括质地、手感等。

（4）经营地域和营业时间的优越性。网络商店通过网络设备，把商流、信息流、资金流、物流整合为一个系统。购买者通过一台网络终端设备（如计算机、PAD、智能手机等)足不出户,就可以轻松购物。

(5)价格优势。网络商店不需要房租、商品库存仓库,甚至大量的营业员和推(促)销员,省去了较大的一部分成本,较之于传统商店里的同类产品,在销售价格上具有绝对的优势。

> **· 小试身手·**
>
> 网络商店作为一种新型业态,能够打破时间的限制,让我们足不出户就可以买到需要的商品,那么,你认为网络商店的出现最终可以代替传统商店吗?为什么?

三、了解零售业的四次业态革命

从世界范围看,在进入19世纪以后,零售商业变化的速度加快,发生了几次重大的变革。这些变革在零售商业发展史上被称为"零售革命"。零售革命发生了多少次,大家说法不一,我们这里采用四次"零售革命"的说法。如表2-2所示。

表2-2　　　　　　　　　　零售业的四次业态革命

次数	年份	业态	革命内容
第一次革命	1852年	百货商店革命	业态创新
第二次革命	20世纪初期	连锁商店革命	组织形式变革
第三次革命	1930年8月	超级市场革命	业态创新
第四次革命	20世纪90年代	网络零售	业态创新

(一)百货商店的诞生

世界上第一家百货店出现的时间,在1852年。当时,有一位名叫阿—布西哥的人,在法国巴黎开办了一座叫"邦—马尔谢"(Bon Marche)的商店。这家商店采用了新的经营方法,与先前家庭式管理,小型店铺的零售商业相比,有以下几个特点。

(1)销售方式上的根本性变革。表现为:第一,顾客可以毫无顾忌地、自由自在地进出商店;第二,商品销售实行"明码标价",商品都有价格标签,对任何顾客都以相同的价格出售;第三,陈列出大量商品,以便于顾客任意挑选;第四,顾客购买的商品,如果不满意时,可以退换。

(2)经营上的根本性变革。根据商品划分和设立品经营部门,内部管理部门化,并建立会计、销售、采购等职能部门,由专业人员管理商店。

(3) 组织管理上的根本性变革。传统的城市零售店和乡村杂货店，店主不仅亲自营业，而且自行负责人、钱、物的管理。与此根本性不同，百货商店由于同时经营若干系列的商品，企业规模庞大，因而其经营活动分化成相对独立的专业性部门，实行分工和合作；而管理工作则是分层进行的，企业订有统一的计划和组织管理原则，然后由若干职能管理部门分头执行。

（二）连锁商店所引发的革命

1859年，美国大西洋和太平洋茶叶公司建立的第一家连锁门店被称为世界上最早的直营连锁。20世纪初期，连锁经营在零售领域得到广泛应用，其实质就是将社会化大生产的基本原理应用于流通领域，达以提高协调运作能力和规模化经营效益的目的。

连锁商店的革新主要体现在零售组织方面。现代化的经营手段使其具备以下几个方面的特征。

(1) 标准化管理。在连锁商店中，各分店统一店名，使用统一的标识，进行统一的装修，在员工服饰、营业时间、广告宣传、商品价格方面均保持一致性，从而使连锁商店的整体形象标准化。

(2) 专业化分工。连锁商店总部的职能是连锁，而店铺的职能是销售。总部的作用就是研究企业的经营技巧，并直接指导分店的经营，这就使分店摆脱了过去靠经验管理的影响，大大提高了企业管理水平。

(3) 集中化进货。连锁总部集中进货，商品批量大，从厂家可以得到较低的进货价格，从而降低进货成本，取得价格竞争优势。

(4) 简单化作业。由于连锁体系庞大，在各个环节的控制上都有一套特定的运作规程，要求精简不必要的过程，达到事半功倍的效果。

（三）超级市场的诞生

超级市场起源于20世纪30年代。1930年8月，一家名叫"King Kullen"（金·库仑）的食品超市在美国诞生。它的出现改变了零售业传统的柜台式销售，采用了让顾客在店内自由选购，到出口统一结算的销售方式。

超级市场的革新性主要体现在以下几个方面。

(1) 敞开式售货，顾客自我服务代替营业员服务。它改变了过去营业员站守柜台、营业员在交易活动中起决定作用、顾客无法直接接触商品的状况，使顾客成为商店的主人。

(2) 商品定量包装，明码标价，分门别类摆放在货架上，适合顾客一次购足。

(3) 由电子计算机结算代替人工结算，减少了差错率，缩短了顾客等待的时间。

(4) 超级市场所营造的整齐、干净、舒适购物环境，取代了原先脏乱嘈杂的生鲜食品市场，使人们相信购买任何商品都能享受购物乐趣。

（四）互联网引起的零售革命

互联网引发的零售革命表现为网上商店。它是一种现代化的无店铺零售。信息时代，互联网技术的发展对零售业的影响是巨大的，它的影响绝不亚于前三次生产方面的技术革新对零售业影响的深度和广度。这种影响具体表现在以下几方面。

（1）网络技术打破了零售市场时空界限，店面选择不再重要。任何零售商只要通过一定的努力，都可以将目标市场扩展到全国乃至全世界。

（2）销售方式发生了变化。消费者足不出户，便能轻松在网上完成过去要花费大量时间和精力完成的购物过程。

（3）零售商内部组织面临重组。业务人员与销售人员的减少、企业组织的层次减少、企业管理的幅度增大、零售门店的数量减少，虚拟门市和虚拟部门等企业内外部虚拟组织盛行，这些影响与变化都迫使零售商进行组织的重整。

• 小试身手 •

有人说，"自主创新是零售企业发展的动力源泉。只有敢于创新的企业才能长盛不衰"。请结合实际，谈谈你对这句话的理解。

• 慎思园 •

一、选择题

1. 百货公司创始于哪个国家？（   ）
   A. 美国　　　　B. 法国　　　　C. 英国　　　　D. 德国

2. 具备文化、娱乐、商业、服务等多项功能，并且提供大量的停车位，绿地、公共设施的零售经营形态是。（   ）
   A. 购物中心　　B. 卖场　　　　C. 百货公司　　D. 超级市场

3. 下列哪个选项是超级市场的发展方向？（   ）
   A. 加强后勤采购及配送能力　　B. 自有商品的开发
   C. 规划工业结盟的方式　　　　D. 以上皆是

4. 迈克·乔丹所代言的 Nike 运动鞋，请问要到哪里才可以买得到？（   ）
   A. 便利店　　　B. 超级市场　　C. Nike 专卖店　　D. 仓储会员店

5. 下列哪个选项属于无店铺销售方式？（   ）
   A. 电视购物　　B. 便利店　　　C. 百货公司　　D. 购物中心

6. 零售商业的服务对象是下列哪个选项？ （   ）
   A. 再销售者　　B. 个人消费者　　C. 产业用户　　D. 事业用户

7. 以会员制为基础，实行储销一体、批零兼营，以提供有限服务和低价格商品为主要特征的零售业态是下列哪一种？ （   ）
   A. 折扣店　　B. 邮购商店　　C. 仓储商店　　D. 便利店

8. 对于有店铺零售商业来说，下列哪个选项是非常重要的。这是其他竞争者不易模仿的竞争优势。 （   ）
   A. 顾客服务　　B. 店铺设计与商品陈列　　C. 价格　　D. 选址

9. 百货商店大部分销售商品采用何种销售方式？ （   ）
   A. 存销一体　　B. 柜台销售　　C. 开架自选　　D. 廉价销售

10. 零售体系中，下列何者的卖场面积最小？ （   ）
    A. 超市　　B. 便利店　　C. 仓储会员店　　D. 百货公司

二、配合题

请依照题意填入其所配合的零售业代号。
A. 便利店　　B. 百货店　　C. 超级市场　　D. 仓储会员店　　E. 购物中心

1. 以大众化衣、食、用品为主，自有品牌占相当部分，商品品种在 4000 种左右，实行低价、批量销售。 （   ）

2. 专门出售周转率高的日常用品，营业时间相当长且全年无休，其所贩售的商品价格并不便宜的零售业。 （   ）

3. 提供丰富的选购性商品，并重视形象及商品陈列，亦大量使用促销广告，强调流行、时髦、品牌和价值的零售业。 （   ）

三、判断题

1. 邮购和网上商店都没有实体店铺，因此都不算作独立的零售业态。 （   ）

2. 对零售顾客而言，商品价格是否实惠远比服务质量更加重要，因此零售店铺只需努力降低商品价格，无须提供高质量的服务。 （   ）

3. 网络零售与传统的零售方式不同，应采用不同的零售策略。 （   ）

4. 店铺外观设计的好坏，直接关系到店铺的吸引力与辐射力，从而影响零售商的经营绩效。 （   ）

5. 零售商业是一个充分竞争的行业，因此，政府没有必要对零售商业进行任何干预。 （   ）

6. 对新设店铺来说，其商圈的确定，可根据当地零售市场的销售潜力，运用趋势分析来确定，如运用城市规划、人口分布、住宅建设、小区开发、公路建设、公共交通等方面的资料来确定商圈的范围。 （   ）

四、问答题

1. 比较传统零售业与网络零售业在商品组合、经营成本、物流配送、商品质量信誉、购物便利性、购物舒适性等方面的不同。

2. 作为传统零售业态,有何办法去应对来自网络零售的竞争?

●多闻阁●

你也许还不知道什么叫O2O,但这个从美国漂洋而来的概念其实已经渗透进了你的生活。从简单的吃穿住行,到电影洗衣购物等服务,O2O的好处不仅是时间的节省、价格的实惠,更重要的是它能让消费者在享受线上优惠价格的同时,又可享受线下贴身的服务。电子商务已经改变了大众的生活方式。不可否认,把商品塞到箱子里送到消费者面前,这个市场已经成熟。但日常生活中的大多数消费离不开到实体店实现。即使在电子商务最发达的美国,线下消费的比例依然高达92%。将线上客源与实体店消费进行对接,其中蕴含着巨大的商机。这种环境下催生了O2O商业模式。团购,正是这一模式露出的冰山一角。几乎在一夜之间,团购模式红透了电子商务行业,出现了"千团大战"的热烈局面。下面我们就来揭晓一下这个模式的神秘面纱吧。

主题四 探讨新型商业模式——O2O

一、了解O2O电子商务模式的产生

(一)O2O电子商务模式的界定

O2O即Online To Offline(在线离线/线上到线下),是一种将线上电子商务模式与线下实体经济相融合,通过互联网将线上商务模式延伸到线下实体经济,或者将线下资源推送给线上用户,使互联网成为线下交易的前台的一种商业模式。

O2O模式与传统的电子商务模式不同,传统的电子商务模式是消费者在线浏览商品信息,挑选购买,在线支付,由物流将商品送至消费者手中,如果是服务类产品,则消费者无须通过物流就可以获取该项服务。O2O模式在Online(线上)环节与传统电子商务相似,即消费者通过互联网,浏览商品和服务信息,甄选购买,并完成在线支付,但是获取商品和服务环节,则需要消费者到线下实体经济中去消费或者享受服务,需要一个亲临的Offline(线下)的过程。如图2-15所示。

(二)O2O电子商务模式的分类

目前,我国的O2O电子商务模式主要可以分为团购网站模式、二维码模式、线上

图 2–15 O2O 商业模式示意

线下同步模式和营销推广模式四种。

1. 团购网站模式

O2O 电子商务的团购网站模式是指消费者通过登录线上的团购网站，获取线下商家的商品和服务的优惠信息，消费者通过网络挑选商品或服务并进行支付，并在线下实体店获取商品或享受服务的形式。

基于 O2O 模式的团购网站大多采用"电子市场+到店消费"模式，消费者在网上下单并完成支付，获得极为优惠的订单消费凭证，然后到实体店消费。它使消费者兼得线上订购的便捷实惠和线下消费的完美体验，特别适合必须到店消费的商品和服务，比如餐饮、娱乐、美容美发等。如图 2–16 所示。

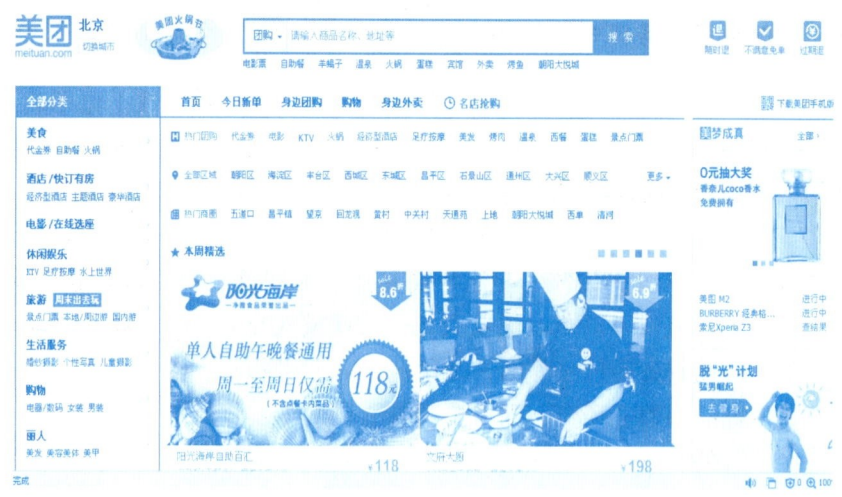

图 2–16 美团网

图片来源：http：//epaper.xxcb.cn/XXCBC/Html

2. 二维码模式

O2O 电子商务的二维码模式是指消费者在线下，使用手机等移动终端扫描商家的二维码信息，实现在线购买或者关注线上商家的产品和服务的商业模式。

扫描二维码作为 O2O 的另一种形式，它是把线下引入到线上，与团购网站模式方向上相反。目前，我国的商业模式对二维码的应用主要是二维码的主读业务，即用手机去识别二维码，实现了从线下到线上的快捷接入，省去了在手机上输入网址的不便。消费者可以通过手机的扫描二维码的软件应用，扫描商家的二维码，直接登录商家的网站，在线购买商品，或者是添加商家的微博、微信应用，获取商家的最新促销信息。这种 O2O 的二维码应用，现在被广泛用于淘宝商家和实体商家，成为实体商家拓展互联网业务的重要渠道。如图 2-17 所示。

图 2-17 O2O 的媒介二维码

◆ 他山石 ◆

二维码（Quick Response Code），又称二维条码，是在一维条码的基础上扩展出的一种具有可读性的条码，是用某种特定的几何图形按一定规律在平面（二维方向上）分布的黑白相间的图形记录数据符号信息的。设备扫描二维条码，通过识别条码的长度和宽度中所记载的二进制数据，可获取其中所包含的信息。

二维码的应用，似乎一夜之间渗透到我们生活的方方面面，地铁广告、报纸、火车票、飞机票、快餐店、电影院、团购网站以及各类商品外包装上。随着国内物联网产业的蓬勃发展，相信更多的二维码技术应用解决方案被开发出来，应用到各行各业的日常经营生活中来，届时，二维码成为移动互联网入口真正成为现实。

3. 线上线下同步模式

O2O 电子商务的线上线下同步模式是指互联网电子商务模式的企业和商家，将商品和服务形式扩展到实体经济中，通过开设实体店等形式，实现线上线下同步发展的模式。

• 博学堂 •

苏宁云商——践行 O2O 模式，引领行业发展方向

传统企业出身的苏宁在 2013 年进行了大刀阔斧的变革，3 月更名"云商"，对组织架构进行全面调整，打破组织壁垒；6 月提出 O2O，线上、线下同价，意欲打破渠道壁垒；9 月开放平台上线，商品品类进一步丰富，消除供应壁垒；随着"苏宁云台"上线发布，开放平台落地实施，标志着苏宁已全面由传统零售企业转型互联网零售企业。2013 年 12 月苏宁推出了首批 1.0 版本的互联网门店，作为互联网时代 O2O 融合零售的核心一环，苏宁在店面布局进一步优化的基础上，将以消费者的购物体验为导向，全面建设互联网化的门店，将销售功能升级为集展示、体验、物流、售后服务、休闲社交、市场推广为一体的新型实体门店，给消费者带来综合体验及服务。

4. 营销推广模式

O2O 电子商务的营销推广模式是指利用移动互联网，对传统线下实体经济形式进行网络营销和推广，以实现线上线下互动，促进线下销售的形式。

这种实体店从初创到稳固发展，都是在利用微博、微信和 APP（Application，手机应用）中 LBS（Location Based Service，基于位置服务）功能进行深度营销，将口碑营销、互动营销、饥饿营销和封测营销结合使用，达到了线上线下互动的效果。如图 2-18 所示。

• 小试身手 •

自 2014 年以来，O2O 平台收购战愈演愈烈。从打车软件之争到"三八"造节，包括阿里、腾讯、百度在内，争相补贴消费者成为当时社会的一大热点。财大气粗的阿里甚至在 2014 年 3 月 8 日前夕打出了土豪式的口号："请全国人民吃喝玩乐"。

请分析：这些企业争相补贴消费者的目的是什么？

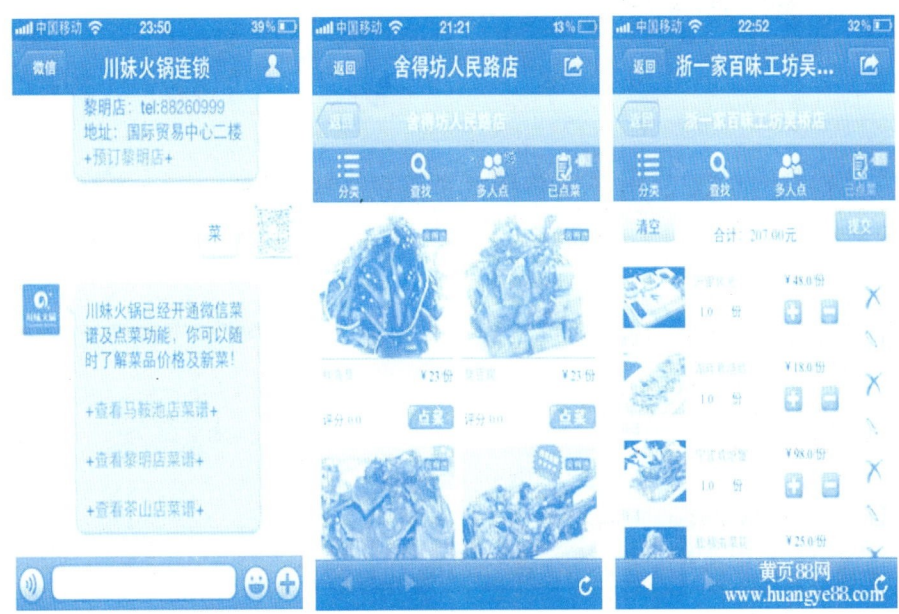

图 2-18　微信营销推广模式

图片来源：http://fuwu.huangye88.com/xinxi/22388512.html

二、分析 O2O 电子商务模式的优势

O2O 电子商务模式的优势主要体现在以下几个方面。

（1）对于用户而言。O2O 可以带给他们更丰富、全面的商家服务信息，能够让用户方便快捷地订购相应的产品和服务，还能够获得相对于线下直接消费更便宜的价格。

（2）对于 O2O 服务提供商而言。这种商业模式可以为他们带来大规模、高黏度的用户，帮助他们获得商家资源以及充沛的资金流。

（3）对于商家而言。O2O 则能够给予他们更多的宣传和展示机会，而且其宣传效果容易测量，推广效果可查询，每笔交易也可以跟踪。在线预订的模式能帮助商家更合理地安排经营、控制成本，还能帮助商家摆脱对黄金地段的依赖，降低租金支出，而对于新品新店的推广有很大的效果。

• 小试身手 •

美乐乐是 2013 年才出现在行业视野内的一匹电商黑马。其 O2O 模式的发展，引起家居行业及其他行业的高度关注。2013 年美乐乐销售额约为 20 亿元，已进入中国家居品牌前 10 位，在新浪科技的"2013 年度风云榜"颁奖典礼上，O2O 家居电商品牌"美乐乐家居网"荣获"年度最佳创业奖"。

请同学们上网查阅资料并分小组讨论总结出：

1. 美乐乐成功的因素有哪些?
2. 美乐乐的这种O2O的运营模式主要的优势体现在哪些方面?

三、分析当前O2O电子商务模式发展的主要困境

(一) 诚信机制不健全

团购网站暴露出付款后卷款走人、网上货品描述与实际不符、额外消费多、高标底价等诚信问题。

(二) 商户审核机制不严格

为了获得商家资源，O2O经营者降低对商家的资质审核，无法保证产品和服务的质量，造成很多损害消费者利益的不良后果。

(三) 创新能力不足、消费者黏度低

团购模式只是O2O模式的一种，但很多O2O网站依旧按照团购模式的机制运营，缺乏本质上的认知和改革。平台订购方式单一，服务大同小异，经营过程中注重规模，没有提供多元化服务，线下商户的服务与线上不对等，造成消费者对网站的黏度低。

> **他山石**
>
> O2O电子商务模式该如何应对面临的主要困境?
> (1) 通过与当地工商部门或消协进行合作，对商家的经营资质和经营行为进行审核，约束商家行为。
> (2) 建立完善的诚信机制。例如有第三方机构对O2O经营者进行监管，对其进行诚信评级，并且将评级结果及时展与给消费者，促使其注重自身信誉的维护。
> (3) 经营模式上多元化，考虑挖掘更具潜力、更具竞争力的业务模式。面对不同的细分市场，O2O平台需要开发差异化的功能模块。

四、分析O2O电子商务模式的未来发展趋势

2011年，随着团购风潮的袭来，O2O模式迅速蔓延至虚拟商业经济的每个角落，同时深刻改变着传统经济的商业行为，甚至还改变着亿万普通消费者的行为习惯。据研究数据显示，2011年中国O2O市场规模为562.3亿元，2015年O2O市场规模达到

4188.5亿元，2016年预计O2O市场规模将达到6600亿元。

O2O未来的发展趋势将如何？这里总结了以下几点。

（一）O2O经营模式将更多元化

可以提供的服务越来越多元化（如社会化租车、定制化服装服务等），而且在盈利模式上也非常灵活，有面向用户收费的，也有面向商家收费的，更有通过广告来收费的，根据具体的情况因地制宜地确定经营策略。

（二）O2O经营者应考虑挖掘新的业务模式

更具潜力与竞争力的业务模式会有更大的发展空间。例如国外有一家网上订餐商店"OpenTable"，不仅能为消费者提供快速、便捷的网上订餐服务，还能为商家提供订餐软件系统，帮助商家进行订餐管理，优化业务流程，降低经营成本。而"OpenTable"可以向商家收费这套软件的"初装费"，以获得收入。

（三）强调消费者的线下体验

网店和实体店的无缝对接，给顾客提供更好的消费体验。关键看O2O经营者和商家是否有足够的创新意识去进行探索。如果O2O经营者无法把握住这一点，就一定会在经营中发生策略上的失误。

总之，O2O是一种模式，它超越了行业的概念，几乎涉及各行各业，它带动的是整体商业生态的创新和转型，它的价值不仅体现在消费终端，而且还会让产业链结构得到优化，让企业运营从单赢走向多赢，不仅本企业受益，还让其上下游共同受益，实现全业务链的共赢。O2O模式是未来经济发展的一个新趋势，未来的O2O将是一种多层次、多维度的复合生态体系，不断向多元化和纵深化发展，将引领市场步入新的发展阶段。在这个特殊时期里，经济转型和调整势在必行，企业需要结合自身特点，不断创新，才能立于不败之地。

博学堂

顺风圈地社区电商
——全国范围内搭建嘿客店

2014年5月18日，顺风宣布在全国范围内已开设518家"嘿客"店，布局一线、二线城市。其中，北京开设了56家，上海5家，武汉40家，除青海、西藏外，在全国各省市均有覆盖。与普通便利店相比，顺丰嘿客店模式更贴近社区的新型商业体。嘿客店目前的业务结构包括了社区服务、金融服务、物流快递，以及虚拟消费，主要经营的商品包括生鲜食品、母婴用品、3C数码、服装鞋帽等。在这些店内，顾客可以代寄、代取快递，费用更加便宜。比如：女生网购了一双凉鞋，到货后，可以先到嘿客店内进行试穿，感觉大小不合适或者款式不喜欢，可直接取消购买，不用承担任何费用，省去了以往后续交涉、退款、退货的复杂手续。"线下试穿、扫码购物、退货零门槛……"，让我们对顺丰的这种O2O的商业模式充满期待。

议一议：顺丰的这种O2O的商业模式与传统电商模式有何区别？它有哪些优势及不足？

• 慎思园 •

简答题

1. O2O电子商务模式就是团购模式吗？为什么？
2. 试分析O2O电子商务模式与B2C、C2C模式的区别。
3. 与传统电商相比，O2O的电子商务模式具备哪些优势？
4. O2O电子商务模式中的"2"是什么含义？

• 光明顶 •

综合分析题

一、1986年，肯德基快餐店开始考虑打入中国市场。他们面临的首要问题就是选址。第一家肯德基店址应当选在何处？这一决策对将来肯德基在中国市场的进一步开拓至关重要。现在有三个地点可供选择：上海、广州、北京。上海是中国最大的市场，有1100多万居民、19000多家工厂和中国最繁忙的港口，在这里容易充足的肉鸡供应，但改革开放初人民收入水平增长不快，能否迅速接受西方快餐文化还是个疑问，而且它的噪声和污染令旅游者感到沮丧，西方游客不多。广州离香港很近，很容易得到肯德基香港办公室提供的服务。同时，作为优惠外资的经济特区，在批准外资项目、减免税收和鼓励技术开发方面被授予更多的自主权，另外，广东地区的中国人也更熟悉西方管理惯例和西方文化。初步调查表明找到一个充分供应肉鸡的来源也没有什么困难。北京是中国的政治文化中心，人口数量仅次于上海。北京的外来人口数量众多，有潜在的消费群体。这意味着肯德基将会有一个稳定的外汇收入。因此，如果从北京搞起，无疑将更大地吸引人们的注意力，并且不言而喻地表明政府的赞同态度，这将有助于今后往其他城市的进一步发展。调查也表明,北京城郊有好几个家禽饲养基地。然而,从政治方面说,外商在北京经营更容易招致政府的直接干预。

请分析:

1. 肯德基在中国选择第一家店址时主要考虑了哪些因素?
2. 如果你是肯德基的决策者,你会如何选址?为什么?

二、京东商城是国内专业的综合网上购物商城之一,也是中国电子商务领域最受消费者欢迎和最具有影响力的电子商务网站之一,在线销售超数万品牌、千万种商品,囊括家电、手机、电脑、母婴、洗护、服装、图书、食品、旅游等13大品类。注册用户达3000万,日订单处理量超30万单。

国际化带来竞争全球化,中国电子商务领域风云变幻,京东商城作为首当其冲的旗帜性企业,不可避免地迎来更为激烈的商业竞争,面对越发激烈的市场竞争,京东商城时刻告诫自己:我们不仅要协同战略合作伙伴加强密切合作关系,更要与对手在充分竞争的基础上展开合作,京东商城理解的合作是共赢发展的合作、联合互补的合作,由合作带来的"竞合共赢"是京东商城谋求发展的永恒理念。

京东商城在发展上秉承先人后企、以人为本的理念,在诚信的基础上建立与用户、供应商、投资方等多方合作者之间最为融洽的合作关系。如果将京东比喻为一个高速运转的机器,那么,用户、员工、投资方、供应商等多方合作者则是这一机器上不可或缺的组成部分,只有多方合作者亲密无间的合作才能让这一庞大的机器正常运转。因此,京东在做生意的过程中,力争与每一个客户或合作伙伴多一些情交流,慢慢地将生意圈转化为朋友圈,而不是纯粹的生意往来,做生意就是做人,而且要先做好人!

请分析:

1. 京东商城的经营理念是什么?它经营的项目有哪些?
2. 结合京东商城,谈一下网络商店对传统零售店的冲击表现在哪些方面?

三、有人说O2O是个"坑爹"的概念,但是它越来越热,所有质疑都阻止不了我们对它的探讨。阿里的支付宝、腾讯的微信、百度的地图、大众点评的内容等都是有利的蛋糕抢食者,越来越多中小企业也加入O2O的淘金潮。不过大多数创业者还是处于"浮在空中,落不了地"的状态。一个学校旁煎饼摊阿姨快到饭点时,她的手机QQ响个不停。她建立了一个QQ群,还在上课的同学们纷纷在群里留言向她下单。她根据QQ名做好标签,这样学生们下课后直接交钱取货。她说此方法已经用五六年了,效果很不错。瞧,这就是接地气的O2O。

根据上述材料,回答下列问题:

煎饼摊阿姨O2O模式成功给中小型O2O带来什么启示呢?试总结阿姨成功的秘诀。

单元三　商业现代化

学习目标

◎ 了解商业现代化的内涵
◎ 了解商业现代化的基本要素
◎ 掌握商品条码的使用原理、种类及结构
◎ 掌握商流、物流、金流、信息流的现代化商业机能

从人类进入文明时代开始，商业就以各种形态存在，而随着时代的演变、工具的改良，商业经营模式也随之改变。从以上漫画中可知，时代在进步，商业的交易模式也越来越便利，是商业现代化的最佳范例。因此，身处信息爆炸时代，善用信息工具，就能使商业活动更为便利。本章节的主要目的是教导您如何整合与应用现代化工具，使商业活动更加蓬勃发展。

• 多闻阁 •

沃尔玛的商业现代化

1991年，沃尔玛年销售额突破400亿美元，成为全球大型零售企业之一。1995年，沃尔玛销售额持续增长，并创造了零售业的一项世界纪录，实现年销售额936亿美元，此后一路高歌猛进，分别在2006年、2007年、2008年、2010年4次跃居世界500强榜首。

新的零售业态层出不穷、零售生命周期缩短、零售技术日益重要、各业态之间的竞争日趋激烈、经营向两极化方向发展、垂直营销系统进一步发展、无店铺销售迅速成长、零售界的全球化趋势。这些复杂多变的形式都要求企业的发展必须依靠强有力的信息系统战略，才能满足当今零售业销售的需求。

沃尔玛的信息化管理是贯穿于整个价值链，以先进的信息化技术为手段，以信息流为中心，带动物流和资金流的运动，通过整合全球供应链资源和全球用户资源，实现零库存、零营运资本与用户的零距离的目标。

主题一　走近商业现代化

一、认识商业现代化

（一）商业现代化的含义

商业现代化可以从三个方面来理解。第一是指在商业的经营过程中，运用新的资讯科技（Information Technology，IT）有效地使用商业情报信息；第二是以合理的经营管理模式来提升商品的附加价值，并通过缩短流通环节来降低成本、提高服务品质；第三是以信息化、专业化、大型化等经营模式，改善商业的运营环境并促使其良性进步。

(二) 商业现代化的目的

从商业现代化的含义中即可以看出，实现商业现代的最终目的在于通过商业各层面的提升，来促使商业升级、提升其竞争力。主要体现在以下两个方面：一方面是整合上游、中游、下游通路，通过收银机与信息网络等进行交易，掌握商品流向及消费倾向；另一方面是利用自动化设备，简化仓储作业，加快进出货速度，缩短商品物流配送时间，以便掌握商机、降低成本、减少库存。

(三) 商业现代化的基本要素

1. 商业自动化

将生产、服务的流程，用电脑、机械等工具加以辅助，建构成完整的商品供应链体系，提高工作效率。

2. 商业发展

提升商业经营等级，促使地方经营发展成为区域经营，甚至发展成为全国范围或跨国型企业。

3. 商业研究与计划

从事国内商业自主研究，把国际化理论与本土化个案相结合，寻找出经营过程中的障碍、解决问题、追求特色发展。

4. 商业人才

培养基础商业人才，教导正确的商业经营概念，并培养其商业的国际观及创新能力。

5. 商业服务

鼓励设立运营总部、品牌创新、提升人力资源管理以及服务品质，强化经济基础知识，以增进商业服务品质。

6. 商业升级

逐渐以自主品牌取代代工生产，以创新来加强经营与行销模式的发展，提升竞争力以达永久发展。

以上所述六个要素，环环相扣，缺一不可，如图 3-1 所示（------▶表示"支援"）。

二、实现商业现代化的途径

要达到商业现代化的目的，首先要从商业自动化、商业信息化两方面着手。

(一) 商业自动化

所谓商业自动化是指运用自动化机械与电脑辅助人工作业，使生产作业流程更加流畅，同时提高工作效率及管理效能，进而提升服务品质与促进升级。商业自动化是

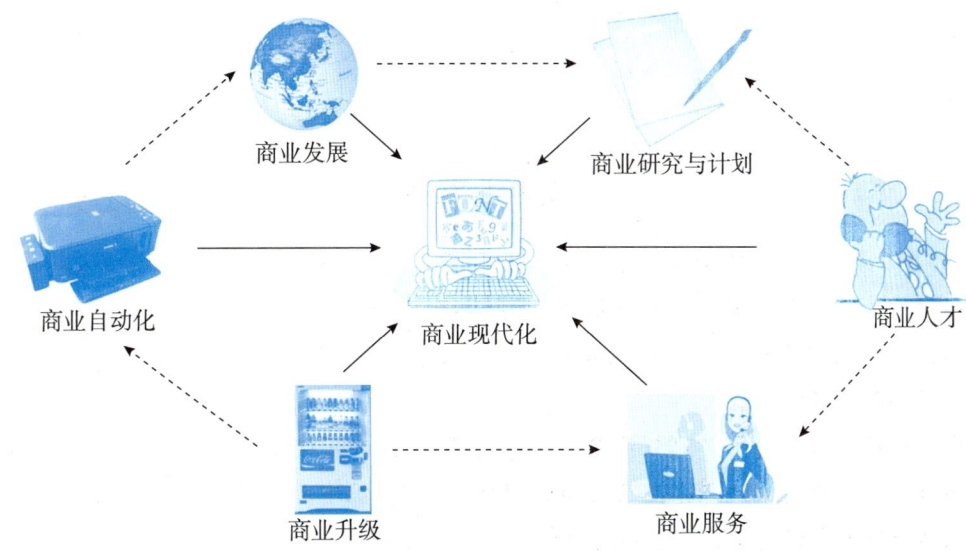

图 3-1 商业现代化的基本架构

实现商业现代化的基础。

将自动化落实在商业活动中,主要目的是解决交易处理过程相关的商流、商品货物配送相关的物流、金融信用支付相关的金流以及和决策相关的信息流等各项问题。从生产的工厂到销售的据点,都属于商业自动化涵盖的范围,其关系如表 3-1 所示。

表 3-1　　　　　　　　商业自动化涵盖范围关系

缺乏竞争力		商业自动化	→	商品销售自动化
服务品质差	→		→	商品流通自动化
劳资关系改变	→		→	商品选配自动化
连锁体系不健全	→		→	信息流通标准化
			→	会计记账标准化

(二) 商业信息化

商业信息化是指利用电脑的储存及处理能力,降低人为处理所造成的作业错误;使用资料自动收集而增加工作效率;将大量收集的资料经过整理与分析,转换为供决策者参考的信息资料。

三、实现商业自动化的工具

推动商业自动化的工具包括:商品条码(Barcode)、电子资料交换(Electronic Data Interchange,EDI)、销售点系统(Point of Sales,POS)、电子订货系统(Electron Order System,EOS)等。

多闻阁

便利的条码

薯片是一种不分国界,老少皆爱的休闲食品。但是,如果你对一个英国人说我请你吃"薯片"时,这个英国人可能会丈二和尚摸不着头脑。同样,如果他跟你说请你吃"chips"时,你也可能听得云里雾里。不过别着急,这两种产品说得是同一种产品哦!

这种情况的发生,完全是因为他讲英语,而你却讲汉语所造成的语言不通的缘故。在当今凡事讲求速度及效率的现代化商业环境中,如果生产任何商品都附上各语种的翻译的话,那岂不是太费人力、物力了嘛?!

为了解决这个难题,于是就有人用"阿拉伯数字"这个国际通用的符号来代表"薯片""chips"等商品。顺应科技的进步,商业流程也要求自动化、电脑化,由此又发展出电脑可轻易辨别的"线条"来替代数字,使得商业流程因电脑的快速处理而更加便利。这些由数字转换而来的线条组合,就是现在我们要介绍给你的"条码"系统。

(一) 商品条码

1. 含义

商品条码是由一组按一定规则排列的条、空及对应字符(阿拉伯数字)所组成的用于表示商店自动销售管理系统的信息标记或者对商品分类编码进行表示的标记。

2. 结构

商品条码的结构主要分为以下几个部分。

(1) 前缀部分。表示国家或地区,如中国大陆是69,中国台湾是471,中国香港是489。

(2) 制造厂商代码。国家物品编码中心赋予制造厂商的代码。

(3) 商品代码。标示商品的代码,企业自己行使。

(4) 效验码。通常是一组数据最后一位。由前面数字通过某种运算得出,用以检验该组数字的正确性。如身份证最后一位也是效验码。

3. 分类

条码可从码制和维数两个方面进行分类。

(1) 按码制分类。UPC码是美国统一代码委员会制定的一种商品用条码,主要用于美国和加拿大地区，我们在美国进口的商品上可以看到。EAN 码是国际物品编码协会制定的一种商品用条码，通用于全世界。EAN 码有两种类型，即 EAN – 13 码和 EAN – 8 码。

（2）按维数分类。①普通的一维条码自本问世以来，很快得到了普及并广泛应用。但是由于一维条码的信息容量很小，因而条码的应用范围受到了一定的限制。②除具有普通条码的优点外，二维条码还具有信息容量大、可靠性高、保密防伪性强、易于制作、成本低等优点。这是一种非传统的条码符号，它比以往的条码符号具有更高的密度。

> **博学堂**
>
> 最早被打上条码的产品是箭牌口香糖。条码技术最早产生在 20 世纪 20 年代。当时发明者的想法是在信封上做条码标记，条码中的信息是收信人的地址，就像今天的邮政编码。设计方案非常的简单，即一个"条"表示数字"1"，两个"条"表示数字"2"，以此类推。

（二）电子数据交换（EDI）

1. 定义

电子数据交换（EDI）是指将商业或行政事务按一个公认的标准，形成结构化的事务处理或文档数据格式，从计算机到计算机的电子传输方法。

简单地说，EDI 就是按照商定的协议，将商业文件标准化和格式化，并通过计算机网络，在贸易伙伴的计算机网络系统之间进行数据交换和自动处理，俗称"无纸化贸易"。

2. 特点

电子数据交换共有四个特点。

（1）EDI 使用电子方法传递信息和处理数据的。

（2）EDI 是采用统一标准编制数据信息的。

（3）EDI 是计算机应用程序之间的连接。

（4）EDI 系统采用加密防伪手段。

3. 三要素

第一要素是 EDI 软件和硬件。一个部门或企业要实现 EDI，首先必须有一套计算机数据处理系统。EDI 所应用到的硬件设施包括电脑、数据机、传输线路等。EDI 所应用到的软件包括转换软件、翻译软件以及通信软件三大部分。如图 3 – 2 所示。

第二要素是通信网络。通信环境的优劣也是关系到 EDI 成败的重要因素之一。

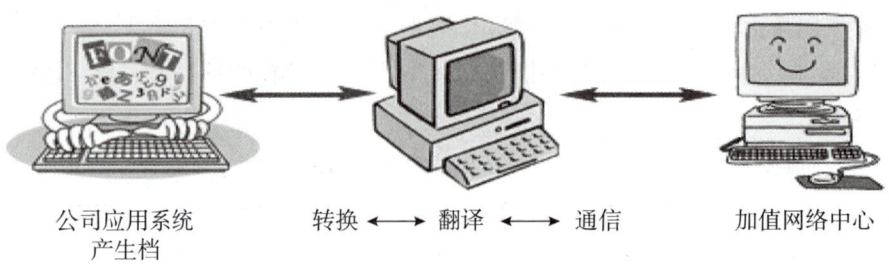

图 3-2 EDI 应用软件

第三要素是数据标准化。为使本企业内部数据比较容易地转换为 EDI 标准格式，须采用 EDI 标准。

EDI 标准是整个 EDI 最关键的部分，制定统一的 EDI 标准至关重要。EDI 标准主要分为基础标准、代码标准、报文标准、但正标准、管理标准、应用标准、通信标准、安全保密标准等。

（三）销售点（POS）系统

1. 定义

POS 系统即销售点信息系统，是指通过自动读取设备（如收银机）在销售商品时直接读取商品销售信息（如商品名、单价、销售数量、销售时间、销售店铺、购买顾客等），并通过通信网络和计算机系统传送至有关部门进行分析加工以提高经营效率的系统。POS 系统最早应用于零售业，以后逐渐扩展至其他行业，如金融、旅馆等服务行业，利用 POS 系统的范围也从企业内部扩展到整个供应链。POS 系统能实现电子资金自动转账，它具有支持消费、预授权、余额查询和转账等功能，使用起来安全、快捷、可靠。POS 机示意，如图 3-3 所示。

图 3-3 POS 机示意

● 小试身手 ●

当顾客在超市结账时，收银员只需用条码扫描器扫描商品上的条码，POS 显示屏上就能显示出商品名称、价格等必要资料，如"崂山矿泉水、一瓶、早上 9 点……"，以最简单的方式，输入电脑中。全国成千上百家连锁店的商品销售记录，当天就会汇总到总部的主机。

这些销售信息的汇集与整理，对于超市来说有什么意义？

2. 使用原理

POS 机是通过读卡器读取银行卡上的持卡人磁条信息，先由 POS 操作人员输入交易金额，再由持卡人输入个人识别信息（即密码），POS 把这些信息通过银联中心，上送发卡银行系统，完成联机交易，给出成功与否的信息，并打印相应的票据。POS 的应用实现了信用卡、借记卡等银行卡的联机消费，保证了交易的安全、快捷和准确，避免了手工查询黑名单和压单等繁杂劳动，提高了工作效率。

3. 构成要素

一套完整的 POS 系统包括商品交易及资料收集的工作（所谓的前台作业），以及商品资料储存与分析的任务（一般称后台作业）。因此，POS 系统的构成要件包括前台的硬件设施（条码阅读设备及收银设备）与软件系统（收银作业系统、安全管制系统），以及后台的硬件需求（电脑、条码列印设备、盘点设备、信息传输设备）和软件系统（库存、采购、行销等管理系统）。如表 3-2 所示。

表 3-2　　　　　　　　　　POS 系统介绍

软硬件需求 构成要素	软件	硬件
前台作业	收银作业系统 安全管制系统	商品、条码、条码阅读设备、收银设备、条码列印设备、传输设备、主机、盘点设备、印表机
后台作业	库存管理与分析 采购管理与分析 销售管理与分析 顾客管理与分析	

4. 机型分类

POS 机可分为三种类型。

（1）手持 POS 机。体积较小，移动方便，能以单键快速操作，不必死记及输入多位货号。国内手持 POS 机品牌有拉卡拉、微付通、快钱、即富通等。

（2）台式 POS 机。体积较手持 POS 机大，功能比手持 POS 机齐全。如国内台式 POS 机。

（3）移动手机 POS 机。按操作方式分类分为手机外置设备刷卡机和手机专用 POS 机。

（四）电子订货系统（EOS）

1. 定义

电子订货系统（Electronic Ordering System，EOS），是指将批发、零售商场所发生的订货数据输入计算机，即通过计算机通信网络连接的方式将资料传送至总公司、批发商、商品供货商或制造商处。如图 3-4 所示。

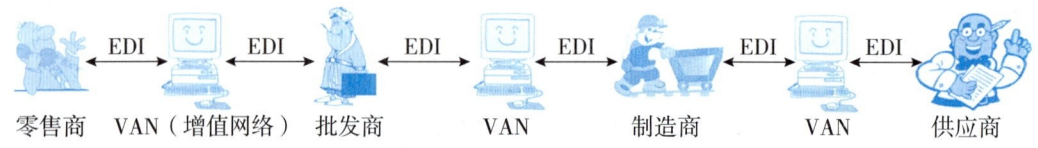

图 3-4　EOS 示意

最早把 EOS 引入商业的是连锁店，其目的是追求分店与总店的相互补货业务级管理运行上的合理化。

2. 构成要素

EOS 采用电子手段完成供应链上从零售商到供应商的产品交易过程，因此，一个 EOS 必须由以下要素构成。

（1）供应商：商品的制造者或供应者（生产商、批发商）。

（2）零售商：商品的销售者或需求者。

（3）网络：用于传输订货信息（订单、发货单、收货单、发票等）。

（4）计算机系统：用于产生和处理订货信息。

3. 特点

一是商业企业内部计算机网络应用功能完善，能及时产生订货信息；二是 EOS 系统必须搭配 POS 系统与 EDI 系统，才能发挥最大功效；三是满足零售商和供应商之间的信息传递；四是通过网络传输信息订货；五是信息传递及时、准确；六是 EOS 是许多零售商和供应商之间的整体运作系统，而不是单个零售店和单个供应商之间的系统。

小试身手

根据所学 EOS 系统知识，总结一下实施 EOS 系统可以给贸易伙伴带来哪些经济效益?

博学堂

　　使用EOS时要注意订货业务作业的标准化，这是有效利用EOS的前提条件；商品代码的设计，商品代码一般采用国家统一规定的标准，这是应用EOS的基础条件；订货商品目录账册的做成和更新，订货商品目录账册的设计和运用是EOS成功的重要保证；计算机以及订货信息输入和输出终端设备的添置是应用EOS的基础条件；在应用过程中需要制订EOS应用手册并协调部门间、企业间的经营活动。

慎思园

一、判断题

1. 推动商业现代化必须从商业自动化、商业发展、商业研究与计划、商业人才、商业服务、商业升级六个层次共同努力方可完成。（　　）

2. 商业信息化是商业现代化的基础，也是推动商业现代化最首要且须立即执行的工作项目。（　　）

3. 最早把电子订货系统引入商业的是连锁店，其目的是追求分店与总店的相互补货业务级管理运行上的合理化。（　　）

4. 电子数据交换俗称"无人化贸易"。（　　）

5. 手持POS机，体积较小，移动方便，能以单键快速操作，不必死记及输入多位货号。（　　）

6. 所谓商业自动化是指运用自动化机械与电脑辅助人工作业，使生产作业流程更加流畅，同时提高工作效率及管理效能，进而提升服务品质与促进升级。（　　）

7. 商业自动化属于商业现代化的基本要素之一，也是实现商业现代化的基础。（　　）

二、单选题

1. 下列哪个是商业自动化的必要工具？（甲）条码系统（乙）POS系统（丙）电子数据交换系统（丁）电子订货系统（　　）

　　A. 甲乙丙　　　　B. 甲丙丁　　　　C. 乙丙丁　　　　D. 甲乙丙丁

2. EDI的应用软件中，不包括哪一种软件？（　　）

　　A. 转换软件　　　B. 防毒软件　　　C. 翻译软件　　　D. 通信软件

3. 下列哪项不是推动商业自动化的工具？　　　　　　　　　　　　（　　）
   A. POS　　　　　　B. FBI　　　　　　C. EDI　　　　　　D. EOS
4. 商业现代化是指运用下列哪项新技术有效率地使用商业情报信息来降低成本、提高服务品质？　　　　　　　　　　　　　　　　　　　　　　　　（　　）
   A. 生物科技　　　　B. 信息科技　　　　C. 纳米技术　　　　D. 科学技术
5. 用平行的线条符号来代表商品的数字符号，通过反射的原理将线条符合转换回数字符号，是指_____。　　　　　　　　　　　　　　　　　　　　（　　）
   A. 电子数据交换　　B. 商品条码　　　　C. 销售点系统　　　　D. 电子订货系统
6. 将原本采用邮件往来的商业文件，如询价单、报价单等，转换为标准化、格式化的电子资料形态，这是_____。　　　　　　　　　　　　　　　　（　　）
   A. 电子数据交换　　B. 商品条码　　　　C. 销售点系统　　　　D. 电子订货系统

三、不定项选择题

1. 推动商业自动化的工具包括_____。　　　　　　　　　　　　　　（　　）
   A. EDI 系统　　　　B. EOS　　　　　　C. POS 系统　　　　D. 条码技术
2. 建构 EDI 系统的优点有_____。　　　　　　　　　　　　　　　　（　　）
   A. 降低成本　　　　　　　　　　　　　B. 提高资料准确率
   C. 提升作业效率　　　　　　　　　　　D. 加强跟贸易伙伴的沟通
3. 建立完整的 EDI 系统包含_____。　　　　　　　　　　　　　　　（　　）
   A. 软件　　　　　　B. 硬件　　　　　　C. 标准　　　　　　D. 网络
4. 下列不属于导入 POS 系统的效益的选项包括_____。　　　　　　（　　）
   A. 降低成本　　　　　　　　　　　　　B. 缩短收银作业时间
   C. 人工收集销售资料　　　　　　　　　D. 合理化分析

多闻阁

"企业眼"看"四流"

某公司搬进新办公地点后要购买几台空调，这个公司可能会直接去商店选购，也可能会打电话或网上采购，这就产生了商流活动。由此也伴生出资金流（如现金支付、支票付款或银行走账）和信息流。可是只完成这"三流"，并不是事物的完结，还必须将空调送至买主，最终还是少不了运输、装卸等物流过程。

那么，怎样才能保证将卖出去的空调按买主要求的时间、地点和数量，准确、按时地送货上门呢？首先，出售空调的商店里有库存，或者商店给厂家打电话，让厂家从仓库取货。无论从商店取货，还是从仓库取货，都需要有车将空调送过去，如果销售量过于集中，车子跑不过来，或者司机调整不过来怎么办？如果仓库里缺这种型号的空调又怎么办？看来，这都属于物流的问题。再往复杂一些说，假如空调厂家对空调的销售量预测的不准确，预测的销售大于实际需要，就产生库存积压，浪费仓库保管费，多占压生产资金。反之，如果预测的销售量小于实际需要，则不仅少赚利润，失去市场，而且还可能影响企业声望。怎样才能既不浪费保管费和占压资金，又能保证供货呢？除了准确的市场需求预测，及时掌握各种信息外，还要构筑一个先进、合理的物流系统。

商流、物流、资金流、信息流，虽然各有独立存在的意义，并各有自身的运行规律，但是，"四流"是一个相互联系、互为伴随、共同支撑流通活动的整体。在认识和研究流通经济，或者在进行物流管理过程中一定要把握这一点，以使我们认识问题全面化、科学化，把物流工作做得更有成效。

请思考：

1. "四流"之间有着怎样的联系？

2. 有人认为物流是受商流制约，随商流变化而变化，你认为这种观点对吗？为什么？

主题二　浅析商业现代化的机能

伴随着网络经济的到来和商务电子化进程，传统内涵于商流的资金支付方式、渠道越来越不同于商流的特征，因而，在电子商务条件下将商品流通划分为物流、商流、资金流和信息流。

一、浅析商流

（一）商流的内涵

1. 商流的定义

商流是指物品在流通中发生形态变化的过程，即由货币形态转化为商品形态，以及由商品形态转化为货币形态的过程，随着买卖关系的发生，商品所有权发生转移。

2. 商流的类型

根据商品的特性，可将商流的通路分为开放性和选择性两种。

第一是开放性商流。开放性商流是指以广且长的流通通路进行商品销售，采用开放性商流的目的在于通过距离消费者最近的零售点来进行商品流通。一般多用于日常用品或是差异性不大且采购频率高的商品。

第二是选择性商流。选择性商流是指以窄且短的流通通路进行商品销售。由于利用此流通通路的产品，多具有需要解说与售后服务特性，例如汽车、音响等。因此，消费者通常会在对多家商店进行比较后，选择其中最有利的一家购买。

二、浅析物流

（一）物流的内涵

1. 物流的定义

中国的"物流"一词是从日文资料引进来的外来词，源于日文资料中对"Logistics"一词的翻译"物流"。

中华人民共和国国家标准《物流术语》（GB/T 18354—2006）将物流定义为：物品从供应地向接收地的实体流动过程。根据实际需要，将运输、储存、装卸、搬运、包装、流通加工、配送、信息处理等基本功能实施有机结合。

2. 物流的基本要素

物流是由"物"和"流"两个基本要素组成。如图3-5所示。

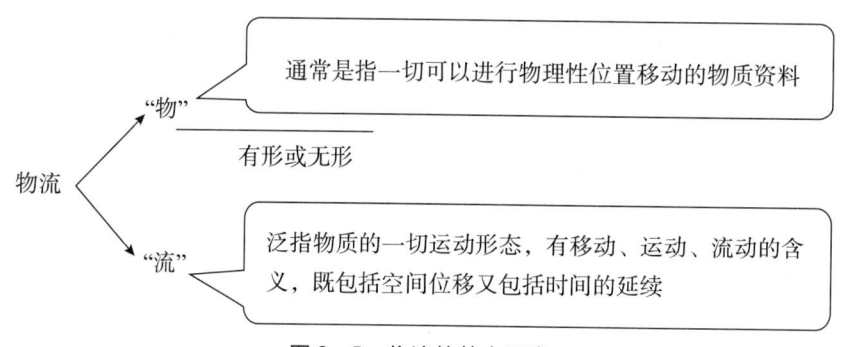

图3-5　物流的基本要素

（二）生活中的物流

大家可以想象一下，如果没有物流活动，我们的生活会是什么样子？没有物流，城市里就没有粮食、没有蔬菜，你天天吃什么？没有物流，大城市就没有布匹与衣服，你能穿什么？没有物流，城市里造房子用的砖头、钢材、水泥也会没有，城里的人住在哪里呢？你可以发挥自己的想象力，没有物流，这个世界会是什么样？

例如，大米从生产地到消费地的物流环节。

超市或粮食批发市场是日常生活中购买大米的地方，大米的生产地一般在农村或郊区，是如何进入超市或批发市场的呢？

从生产地到消费地，大米的物流经过了运输、装卸、储存、搬运等环节，有些超市的大米还要经过包装、流通加工、配送等环节，有些大型粮食批发市场的大米物流还要经过信息处理环节，如图3-6所示。

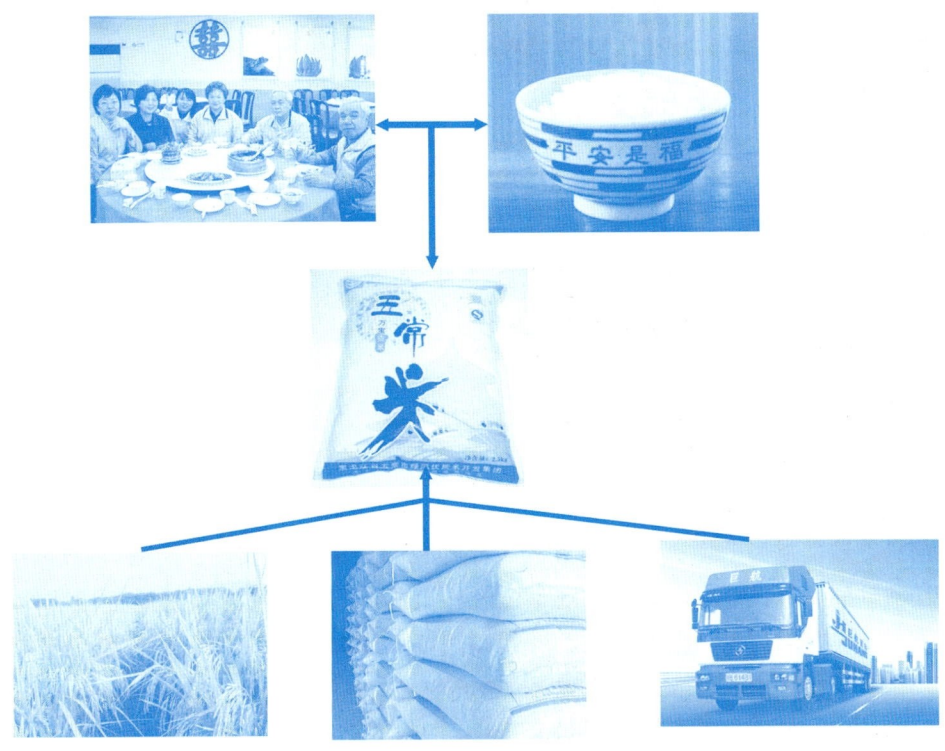

图3-6　大米的物流活动

·小试身手·

根据所学知识，想一想，苹果从生产地到消费地都有哪些物流环节？

（三）物流的构成要素

1. 包装

包装是指为在流通过程中保护产品、方便运输、促进销售，按一定技术方法而采用的容器、材料及辅助物等的总体名称。包装处于生产过程的末尾和物流过程的开头，既是生产的终点，又是物流的始点。

2. 装卸、搬运

装卸、搬运是指发生在物流全过程中的物品取放活动，它具有将物流各环节相互衔接的功能。包括物品在运输、保管、包装、流通加工等物流活动中进行衔接的各种机械或人工装卸搬运处理活动。

3. 运输

运输是指运用一切可能的手段，使物品发生场所或者空间位移的物流活动，这种手段可以是各类交通工具，也可以是相对固定的输送管道和传输带。

4. 储存

储存主要是为实现保管功能，借助各种仓库，完成物品的堆码、保管、保养、维护等活动。

5. 流通加工

流通加工是指当产品进入流通领域后，为了促进销售，保证产品合格率，实现物流高效化，而进行的产品后加工活动，具有生产制造活动的性质。

6. 配送

配送是按照用户的要求，在物流据点进行分货、配货工作，并将配好的货物交给收货人的物流活动。

7. 信息处理

信息处理是指为了物流系统正常运转而开展的相关信息收集、传输、处理、储存等一切活动的总称，是现代物流区别于传统物流的标志性要素。在物流各环节的活动中，会产生大量的信息，如车辆选择、线路选择、库存决策、订单管理等，同时还有来自物流系统以外的信息，如市场信息、商品交易信息等。

> **博学堂**

1. 物流与商流的比较

所谓"物流"是指商品实体的流通；而"商流"则是指交易上的流通。即"商流"有时候并无实体物品的传送活动。例如，零售商向供应商发出采购通知单，或是向供应商向零售商发出出货通知单，这样的交易活动中并无商品的传送，但却属于商流的活动。总之，如果实体商品在转移的过程中，只有单纯的商品传送而无买卖交易行为，此种现象称为"物流"。

2. 物流与商流的关系

(1) 有商流而无物流，如产权交易；

(2) 有物流而无商流，如企业内部调拨物流；

(3) 有商流和输入物流（指采购过程中的物流）而无输出物流（指销售过程中的物流），如房地产开发企业和一些服务企业；

(4) 有商流也有物流，但时间上不同步，如商品的信用交易；

(5) 有商流也有物流，但流转路径不同，如第三方物流、电子商务物流；

（6）商流、物流合一，如商品配送。

总之，先有商流，然后才有物流。商流是物流的上游，没有上游就没有下游，所以要靠商流带动物流。但是如果没有物流，商流也无从实现，商流越兴旺，则物流越发达，反之如果物流服务滞后也会影响商流的发展。因此，两者之间是相辅相成，相互促进的。

（四）绿色物流

绿色物流是指在物流过程中抑制物流对环境造成危害的同时，实现对物流环境的净化，使物流资源得到充分利用。绿色浪潮席卷全球，无论是在经济还是在社会方面，在生产还是在消费方面，是政府还是普通人民，都在关注并参与环保，对绿色地球做出最后的承诺。目前在严重的"白色污染""垃圾围城"等环境污染中，不合理的货物运输、物流模式则直接产生和加重大气污染。在这种现实背景下，仅仅强调"清洁生产"和"绿色消费"等还是远远不够的，"清洁生产、绿色流通、适度消费"才能构成一个完整的城市可持续发展体系。

> 博学堂
>
> #### 绿色物流的起源
>
> 绿色物流起源于欧美，美国经济高度发达，是世界上最早发展物流业的国家之一。美国政府推行自由经济政策，其物流业务数量巨大，货运异常频繁，因而就决定了美国对绿色物流的更大关注。把物流行业作为本国经济发展生命线的日本，从一开始就没有忽视物流绿色化的重要意义，在防止交通事故、抑制道路沿线的噪声和振动等方面加大政府部门的监管和控制作用。我国从20世纪90年代后期，现代物流蓬勃发展的同时，为了完成物流现代化、自动化和绿色化的目标，构筑绿色物流发展的框架，做好绿色物流的政策性建设，强化绿色物流的管理，建立和完善绿色物流理论体系，也已成为政府部门、企业和研究人员的最新课题。
>
> 想一想：中国的绿色物流与发达国家尚有较大差距，物流绿色化对我们来说，还有相当漫长的一段路途。中国要想顺利推行物流绿色化，你建议从哪些方面着手？

三、浅析金流

（一）金流的内涵

在商业活动中，买卖双方在发生交易行为之后，资金便开始流通，商品所有权也随之变换。这种资金流通的现象就是所谓的金流活动。

一般来说，目前商业交易的资金流通多停留在现金交易，而现金交易的过程中，需要清点现金、找零等步骤，不仅作业上耗费人力与时间，而且还可能会发生收受假币或收付错误的问题。这些问题不但会使公司遭受损失，也无法顺应商业经营环境快速变化的需求。

（二）使用工具

资金流通的方式日新月异，目前以电子货币交易最为看好。目前最常使用的电子货币有储蓄卡、信用卡、金融卡等，都是非常典型的资金流通方式。电子货币对于交易内容以及顾客资料的登记处理非常快速且准确。另外，在很大程度上避免了许多传统现金交易中容易产生的效率低、易出错等问题。

常见的金流工具有：

（1）传统货币（现金、支票）；

（2）传统银行交易（转账、汇款）；

（3）接触式塑胶货币（储蓄卡、信用卡等）；

（4）网络银行（支付宝、余额宝等）。

> 博学堂

瑞典 2030 年或将成为首个无现金国家

国际在线专稿：据 CNBC（美国全国广播公司财经频道）2014 年 10 月 13 日报道，瑞典工业动力学副教授 Niklas Arvidsson 日前的一份报告显示，到 2030 年，瑞典或将成为首个不使用现金的国家（无现金社会）。

据悉，如今瑞典 4/5 的交易都以电子转账或信用卡的方式完成。瑞典人几乎每天都使用信用卡与借记卡，平均每人每年的非现金交易达 260 次，远超欧洲其他国家使用非现金结账的比例。例如，最新调研显示，在意大利，3/4 的交易都是用现金完成。

非现金结账的好处显而易见。对于公司员工与顾客来说，不使用现金能提升安全感。而从宏观角度，这样做有助于降低约 12 亿美元的成本，占瑞典 GDP 的

0.3%。此外，不使用现金还能显著减少抢劫案件的数量。在 2012 年，瑞典仅发生 5 起银行抢劫案，为瑞典过去 30 年来的最低值。

（资料来源：http://gb.cri.cn/42071/2014/10/14/7651s4725875.htm）

四、浅析信息流

（一）信息流的内涵

随着商品或服务的交易与提供，许多相关资讯信息也由此产生，这些信息的流通称为信息流。所谓信息是指针对某一特定目的而进行资料的收集、整理、分析，经过有系统的处理，足以作为正确有效的参考依据。

（二）信息流的功能

信息流的主要功能在于通过商品订单发送、商品出货、货物清款、付款以及询问商品等过程，明确掌握各种信息的交换，使商品或服务的销售、邮寄、收取货款等工作能够迅速、有效且正确地执行。

信息的掌握，在目前的商业环境中成为掌握竞争优势的关键，如沃尔玛在其连锁体系中建立了完整的信息网络系统，便于收集资料，从而能整合成辅助营业决策的重要参考资料。

（三）效益

有效掌握信息流通，将可产生下列效益：提高各项作业效率、健全决策依据、确保掌握顾客需求、掌握优势提升竞争能力。

● 博学堂

"四流" 的角色

商流是动机和目的，资金流是条件，信息流是手段，物流是终结和归宿。就是说由于需要或产生购买欲望，才决定购买，购买的原因和理由就是商流的动机和目的；因为想购买或决定购买某种商品，才考虑购买资金的来源或筹措资金问题。不付款商品的所有权就不归你，这就是条件；又因为决定购买，也有了资金，然后才付诸行动，这就是买主要向卖主传递一个信息，或去商店向售货员传递购买信息，或电话购物、网上购物，这些都是信息传递的过程，但这种过程只是一种手段；然而，商流、资金流和信息流产生后，必须有一个物流的过程，否则商流、资金流和信息流都没有意义。

慎思园

一、判断题

1. 在商业现代化的技能中，物流是灵魂主体，没有物流的运作，所有商业活动将无法有效迅速地进行。（   ）
2. 资金流通的方式日新月异，目前以现金交易最为看好。（   ）
3. 商流是指商业交易的过程中商品所有权的转移活动，也指商品通路活动中的文件认证程序。（   ）
4. 所谓"物流"是指商品实体的流通；而"商流"则是指交易上的流通。（   ）
5. 先有物流然后才有商流，如果没有物流也可以从商流开始。（   ）
6. 在商业现代化的机能中，物流是灵魂主体，没有物流的运作所有商业活动将无法有效迅速地进行。（   ）
7. 零售商向供应商发出采购通知单，或是向供应商向零售商发出出货通知单，这样的交易活动中并无商品的传送，但却属于商流的活动。（   ）

二、单项选择题

1. 服装工厂从布匹进货后，到衣服裁剪、缝制、出货为止，整个一连串的活动，是属于以下哪种物流？（   ）
   A. 原料物流   B. 生产物流   C. 销售物流   D. 消费物流
2. 下列哪种现代金流工具的特点为先付款后享受？（   ）
   A. 储存卡   B. 信用卡   C. 金融卡   D. 现金卡
3. 在商业交易过程中商品所有权的转移活动，称为什么？（   ）
   A. 商流   B. 物流   C. 金流   D. 信息流
4. 需要解说与售后服务的商品，通常会通过狭窄且短的流通通路来进行商品销售，是指什么？（   ）
   A. 开放性商流   B. 选择性商流   C. 狭窄性商流   D. 广泛性商流
5. EDI 应用软件中，不包含哪一项软件？（   ）
   A. 转换软件   B. 防毒软件   C. 翻译软件   D. 通信软件

三、不定项选择题

1. 依据商流流通的通路，可将商流分为_____。（   ）
   A. 开放性商流   B. 狭义性商流   C. 选择性商流   D. 广义性商流

2. 信息流的主要功能在于通过_____以及询问商品等过程，明确掌控各种信息的交换，使商品或服务的销售、邮寄、收取货款等工作能够迅速、有效且正确地执行。

（　　）

A. 商品订单发送　　B. 商品出货　　C. 货物清款　　D. 付款

3. 下列哪项属于现代金流工具？（　　）

A. 支票　　B. 信用卡　　C. 现金　　D. 银行支票

4. 商业活动过程中不包括下列哪项商业业务？（　　）

A. 商品的交付　　　　　　B. 交易的产生

C. 人员的往来　　　　　　D. 交易所产生的信息

5. 下列哪项为有效掌握信息流的效益？（　　）

A. 提升竞争能力　　B. 确切掌握顾客需求　　C. 健全决策依据　　D. 提高效益

6. 一家店想掌握竞争优势的关键是什么？（　　）

A. 资金充裕　　B. 库存的掌控　　C. 商品齐全　　D. 信息完整

7. 要实现商业现代化要从哪些方面着手？（　　）

A. 商业自动化　　B. 商业竞争化　　C. 商业信息化　　D. 商业交流化

光明顶

综合分析题

一、有一家工厂采用了EDI系统，它通过计算机通信网络接收到来自用户的一笔EDI方式的订货单，工厂的EDI系统随即检查订货单是否符合要求和工厂是否接收订货，然后向用户回送确认信息。工厂的EDI系统根据订货单的要求检查库存，如果需要则向相关的零部件和配套设备厂商发出EDI订货单；向铁路、海运、航空等部门预订车辆、舱位和集装箱；以EDI方式与保险公司和海关联系，申请保险手续和办理出口手续；向用户开EDI发票；同银行以EDI方式结算账目等。从订货、库存检查与零部件订货，办理相关手续及签发发货票等全部过程都由计算机自动完成。

问：从本案例中，请总结出使用EDI对于这家工厂有哪些便利或者经济效益？

二、大型购物中心，一般楼层的布局规划基本上都一样，分别是 -2F 是停车场，-1F 是超市，1F 是金银珠宝、奢侈品、化妆品等，2F 是女装，3F 是淑女装，4F 是男装，5F 是电器……顶楼是娱乐、餐饮。

请分析：黄金楼层是几楼？为什么？各楼层这样布局规划的理由是什么？

三、请对本市三家大型超市做调研，并分别对三家超市的购物环境、地理环境、摆货、价位、服务等项目进行比较，总结出其优势及面临的问题，并针对其问题做出对策。

单元四　体验商业经营

· 学习目标 ·

◎ 掌握商品采购业务的流程
◎ 了解商品销售的概述
◎ 了解商品销售的流程
◎ 掌握商品销售的策略
◎ 了解商品运输与储存

看完了漫画之后，你是不是发现现实生活中有很多商业经营策略影响着我们的生活。还记得我们新生入学时吗？老师让每一个学生上台做自我介绍，而这个自我介绍就可称为"个人营销"活动，也就是让同学在最短的时间内认识你，并且吸引他们的注意。其实任何一件产品、公司、政府、形象都可以经营，这就是本章所要介绍给你的商业经营概念。

◆ 多闻阁 ◆

沃尔玛是全球最大的零售企业，从第一家折扣店就提出特色的经营理念："以低廉的价格、热情的服务招徕小城镇的美国人。"随着规模的不断扩大，它的经营理念和营销策略得到不断地完善。它能取得如此巨大的成功，与科学的采购管理密不可分。具体表现在以下几方面。

（1）成功的采购策略。沃尔玛为顾客提供的服务是世界一流的。顾客服务是什么？沃尔玛认为，首先要商品对口，这是他们在采购环节反复强调的理念。其次是保证供货，当店内某货位的商品卖空时，他们绝不会把其他的商品摆过来，而是在空的货位上向顾客贴出缺货致歉告示，并加紧补货。

（2）有效的采购人员管理。廉洁诚实是沃尔玛对采购人员基本的要求。每位员工当进入公司时，都要签一份廉洁诚实声明，并且还要经常进行廉洁诚实培训。客户请吃饭，送礼品、红包一概不能接受。如果因为业务需要，非请客户吃饭不可，吃饭的费用由沃尔玛来支付。

（3）在采购中将成本控制到最低。沃尔玛的经营方针是以较低的价格向消费者提供优质产品，广告语是"天天平价，物超所值"。正是这种高效率低成本的采购运营，推动着沃尔玛的版图拓展到全球。

想一想：沃尔玛能在零售业王国取得成功，其主要原因是什么？

主题一 掌握商品采购业务的流程

一、商品采购概念及原则

（一）商品采购定义

商品采购是指物流企业为实现企业销售目标，在充分了解市场要求的情况下，根据企业的经营能力，运用适当的采购策略和方法，通过等价交换，获得适销对路的商品的经济活动过程。

商品采购包括两方面的内容,一方面采购人员必须主动地对用户需求做出反应,另一方面还要保持与供应商之间的双赢。

(二) 商品采购原则

俗话说"采购好的商品等于卖出一半","没有错卖,只有错买"。企业如果想采购到适销对路和品质优良的商品,采购就必须遵循一定原则,这些原则主要包括以下六个方面。

1. 以需定进

以需定进是指根据目标市场的商品需求状况来决定商品的购进。针对零售企业而言,买与卖的关系不是买入什么商品就可以卖出什么商品,而是市场需求什么商品,什么商品容易卖出去,才采购什么商品。故以需定进又称之为"以销定进",即卖什么就进什么,卖多少就进多少,完全由销售情况来定。

> **博学堂**
>
> 以需定进原则不仅能解决进货与销售之间的关系,又能促进生产厂家按需生产,避免盲目生产。坚持以需定进原则,不同的商品要采取不同采购策略,如:
>
> 第一,对销售量一直比较稳定,受外界因素干扰较小的日用品,可采用以销定进,即销多少买多少,销什么买什么。
>
> 第二,对季节性商品要先预测,再决定采购数额,防止过期造成积压滞销。
>
> 第三,对新上市商品先要进行市场需求调研,然后决定进货量。销售时,企业可采取适当广告宣传引导和刺激顾客消费。

2. 勤进快销

勤进快销是指零售企业进货时坚持小批量、多品种、短周期的原则。它是由零售企业的性质和经济效益决定的。由于零售企业规模有一定限制,周转资金有限,同时商品储存条件较差,为扩大经营品种,必须要压缩每种商品的进货量,尽量增加商品种类,以勤进促快销,以快销促勤进。勤进快销还可以加快零售业的资金流转,提高资金的利用率,所以这一原则又是提高企业经济效益的有效手段之一。

3. 以进促销

以进促销是指零售业采购商品时,广开进货门路,扩大进货渠道,购进新商品、新品种,以商品来拉动顾客消费。该原则要求零售企业必须先做好市场需求调研工作,在此基础上决定进货种类和数量。一般来说,对于那些新开发和试销阶段的商品,要少进试销，只有证明被顾客接受和认可以后，才能批量进货。

4. 储存保销

储存保销是指零售企业要保持一定的商品库存量，以保证商品的及时供给，防止脱销而影响正常经营。该原则要求零售企业要随时调查库存比例和商品经营状况，通过销量来决定相应的库存量，充分发挥库存保销的作用。

5. 文明经商

零售企业面对的是顾客，通过向顾客销售商品来获取利润，因此必须坚持文明经商的原则。该原则与商品采购相联系，进货时要保证产品质量，杜绝假冒伪劣产品。许多零售企业进货时都坚持"五不进一退货"原则，以保证消费者和自身的利益。

> **他山石**
>
> "五不进一退货"具体是：不是名优商品不进；假冒伪劣商品不进；无厂名、无厂址、无保质期的"三无"商品不进；无生产许可证、无产品合格证、无产品检验证的"三无"商品不进；商品流向不对的不进。购进商品与样货不符合要求的坚决退货。

6. 信守合同

采购商品时，要与供货商之间以经济合同的形式确定买卖关系，确保买卖双方的利益不受损害，并使零售企业能够正常经营。因此，在制订采购合同时，必须保证其合法性和有效性，使采购合同能真正成为零售企业的保护伞。

二、商品采购渠道

商品采购渠道是零售企业通过何种环节、什么路线将商品采购回来。不同的零售企业都有各自不同的特点，所以商品采购渠道也不尽相同。

一般而言，选择商品采购渠道时要遵循以下原则。环节精简原则，要尽量减少进货环节，加快采购速度；路线最短原则，在商品价格相近的情况下，要就近采购；省时原则，要尽量减少中转手续，节约时间；经济节约，要从各方面节省采购成本。

商品采购渠道种类繁多，这里介绍常见的几种。

1. 商业系统批发企业

例如，烟、酒等商品，要向烟酒专卖系统采购，因为零售企业采购的商品较多，有时要向多个不同系统组织进货。

2. 生产企业

直接从生产企业进货，减少了中间环节，降低了流通费用，同时还可以扩大货源，增加商品的可选择性。

3. 批发交易市场

这里集中了大量不同种类的商品,优点是选择性强,品种齐全;缺点是质量难以保证。

4. 商品配送中心

这是近几年在我国兴起的一种商品配送体系,即配送中心从供货商手中接收各种大批量的商品,再根据订货商家的要求,将中心的商品进行分类、分装、配货、运送。所以配送中心实际上也是一个进行物理活动的场所。零售企业也可直接向商品配送中心进货;如果是大规模连锁零售企业,建立自己的配送中心更加经济合算。

三、商品采购程序

商品采购的程序非常复杂,涉及许多细节问题,处理不慎就会出现误差,延误进货,最终影响商品销售。

商品采购时,主要有以下步骤:第一步,制定需要采购的商品目录,将商品的各项要求详细列明;第二步,选择供货商,洽谈商品功效事宜;第三步,进行市场采价,与供货商的价格进行比较,作为商品采购价格的基础;第四步,查看样货,与供货商议定商品供应价格;第五步,发出订购合同;第六步,审阅供货商的各种发票单据;第七步,将收货及验货存库,并记录存档,制作卡片跟踪管理,按照商品销售情况,调整商品摆放位置、陈列面积等,促进商品销售。

四、商品采购方式

零售企业要根据各类商品的进货渠道和来源的不同特点,结合本企业的实际运营情况,采用相应的商品采购方式,商品采购方式主要有以下四种。

(一) 集中统一进货

由零售企业经理或专门商品采购部门全权负责采购商品,商品部只负责填报订货单和销售。

集中统一进货有许多优点:节省成本,由少数人员负责全店采购。统一使用资金,节约费用。防止进货渠道过于分散,有大批量进货的折扣优势。有利于各商品部集中精力做好商品销售工作。

另外,集中统一进货也有不足之处,如进货与销售脱节、商品脱销、增加内部手续、不利于商品内部流通等。所以必须加强商品采购的计划性。集中统一进货方式适用于中小型零售企业,大型企业不宜采用。

(二) 分散独立进货

分散独立进货是由各商品部直接负责商品的采购,零售企业只控制全局平衡,根

据各部门的销售情况来调节资金的分配和使用。

分散独立进货方式有以下优点：各商品部了解本部门销售动态，了解消费者的偏好，因而有利于及时组织适销对路的商品，节省时间；有利于加快资金周转速度，提高经营效率；充分发挥各商品部及营业员的工作主动性和积极性。

这种进货方式也有缺陷和不足，如增加了营业员的进货负担，不利于统一管理；要使用较多的人力、运力和财力，增加了营业员的进货负担，不利于提高服务质量。分散独立进货方式比较适合规模较大、就近采购的零售企业。

（三）集中与分散相结合进货

集中与分散相结合进货一般适合大型零售企业。其特点是就近采购时，由各商品部分散进货，到外地采购时，则由企业集中统一进货。这种综合方式不仅有利于零售企业集中统一使用资金和组织采购人员，还可以充分调动各商品部的积极性，如果在采购时加强计划性和衔接性，就可以起到上述两种进货方式所难以起到的作用。

（四）委托进货

委托进货主要适用于中小型零售企业。这类企业因为规模相对较小，所购商品种类较多而批量较小，加上手续复杂，没有专人负责进货，就委托中间商代为采购，付给对方一定代理费即可。采用委托进货方式时，必须对采购商品质量、规格、品种进行严格检查，对不符合采购标准的坚决退货。

五、商品采购策略

对于零售企业来说，如果商品采购策略运用得当，不仅可以采购到优质货源，还可以保证企业盈利的稳定性。因此这里介绍各种商品采购策略。

（一）买方市场下的采购策略

货源市场上供大于求，零售企业居于主导地位的情况，零售企业可以凭借主动权随意挑选商品，将主要精力放在商品销售方面，坚持以销定进、以需定进、勤进快销的采购原则，加快资金周转，节省采购成本，提高销售利润。

（二）卖方市场下的采购策略

针对货源市场上供不应求，商品供应紧张，供货商居于主导地位的情况，零售企业必须集中精力抓好商品采购环节，以保证货源供应的稳定性和充足性。其策略主要有：

（1）广开进货渠道，联系多家供应商。

（2）对生产企业联合，为其提供资金、设备等帮助。

（3）对生产商或供货商提供优惠，如由商店补助运输津贴、上门提货、提供广告援助等。

（三）不同生命周期商品的采购策略

商品从研制开发到畅销再到疲软有一个生命周期，即试销期、成长期、成熟期和衰退期。商品处于不同生命阶段时，所采取的进货策略也有所不同。

（1）试销期商品可以少量进货，待其市场看好再决定批量进货。

（2）成长期商品属畅销货，应积极扩大进货数量，利用广告进行促销。

（3）成熟期商品在前期市场还继续被看好，可组织大量进货；后期逐渐疲软，被新商品代替，应有计划的逐渐淘汰。

（4）衰退期的商品不应进货，或根据市场需求少量进货，并有计划的用其他商品代替，使顾客主动接受代替商品，从而淘汰衰退期商品。

> **• 小试身手 •**
>
> 我们现在已经进入网购的时代，近几年双十一数据的变化充分说明了这一点，如果我们从网上进行商品采购，将会节约大量的人力、物力和财力。查阅相关资料，我们应该怎样从网上进行商品采购。

六、采购商品要注意的问题

（一）别上廉价的当

供货商如果以比市面行情便宜许多的价格卖给你商品，那么这种商品一般是有问题的。采购人员不可贪小便宜。以廉价为目的的采购常见以下问题。

（1）扰乱零售店资金分配。因为资金的临时支出或额外支出，将是一笔相当可观的金额，勉强凑足资金，以后在资金与付款方面会受更多的困扰。

（2）扰乱正常的采购计划。临时将资金抽调出来，用于购买廉价商品，其他商店的采购就会因无资金支付而受到影响，扰乱了正常的采购计划。

（3）影响库存管理。价格低的商品通常不易畅销，虽然能侥幸的卖出一部分，但难以售完。到了最后，唯一的办法就是将价格再次降低，不惜亏本的大抛售。

（4）打乱商品销售计划。由于经营者急于将这些商品早日售完，将注意力集中在这，对于正常商品的经营反而会疏忽，同时极力地推销廉价产品，很可能丧失其他销售机会，最严重的是，也可能影响零售店的声誉。

• 多闻阁 •

某商品正常进价600元,销售价格是750元。有一家供货单位以300元价格出售给你,因此,你的购货成本是300元,购买100件这样的商品需30000元资金。

因为正常的售价750元,所以,以600元售出在你的期望中应非常畅销。但经过20天后,仍只卖出20件。由于采购时即刻付款,资金是借的,而货又不畅销,你心急如焚,在不得已的情况下脱货求现,以400元一件的价格出售,但经过一个月后,仍只卖出10件。这时你大失所望,把剩余的60件在一个月内以单价100元的价格卖给了同行。

这是最具有代表性的实例。让我们计算一下你的盈亏:直接损失 = 30000 − $(600 \times 20 + 400 \times 10 + 100 \times 60)$ = 30000 − 24000 = 8000(元)。

分析点评:由此可以看出,在采购过程中,如果贪图价格便宜,会使商店蒙受经济损失,所以切勿上廉价的当。

(二) 精美包装不可忽视

一件商品的包装,就像穿上一件衣服,漂亮的包装给人以好的感觉,蹩脚的包装会让人产生讨厌的印象。所以,许多商人总是花重金请人设计精美的包装。但这里有一个原则,即商品质量必须保证,如果用金玉其外的包装,却是"败絮其中",就成了欺骗行为。

当人们在购买商品时,往往从商品的包装来判断东西的好坏。虽然是同样品质和价格的东西,一个用塑料袋包着,一个用百货公司的包装纸包着,人们就会觉得后者的品质、价格都高于前者。商品中,药物和化妆品的包装特别重要,因为顾客不可能一看到药品或化妆品就能分辨出优劣,包装的好坏往往显示品质的好坏。尤其是女性化妆品,同样品质的化妆品,如果放在简单的容器里,必定比不上放在特别设计的容器中那样受欢迎。因此,包装在促进商品销售中的作用是不可低估的。

• 小试身手 •

在采购商品时,精美包装不可忽视,但是我们同时应该也要考虑环保问题,查阅相关资料,在环保方面,我们应该注意哪些问题。

七、商品采购谈判

商品采购不仅是零售企业的一项主要业务，而且还是一门商业艺术，其中商品采购谈判尤其重要。最佳的商品采购谈判往往会使顾客获得最大的实惠，同时也会使零售企业与供货商得到双赢。

商品采购谈判的核心是议价，也就是说，零售企业采购员与供货商就商品价格及交易条件直接进行谈判。

从企业利益角度出发，供需双方的谈判心态是有所区别的：供货商希望能以平常的售价（报价单上的标准）供应商品，而零售店则要求以折扣价格获得高利润率的商品。

零售店的采购如何才能达到目的，它确实需要采购员在谈判中不断总结经验，通常采购员需要做好以下几方面的工作。

（一）谈判前充分准备

首先要对供应商的资质进行调查，供应商的一般情况不难了解，关键是要确定供应商是属于哪个级别的批发商。很多商品的代理有全国性、区域性及地方性之分，在谈判前要制订两个以上可商议的目标，一个是理想目标即单赢，一个是合理目标即双赢。带好相关资料，如市场调查报告、竞争对手的海报、合同文本以及笔、会谈记录等，更重要的是各种有效证件。

（二）谈判中突出重点

（1）首先要讲礼貌，着装得体，遵守时间，提前五分钟到达谈判地点，要充满自信心。

（2）通过提问，从对方回答中获得有用的信息，引导供货商说出你所需要的东西。

（3）主动掌握谈判的过程。

（4）强调合作，谈判的最终结果有四种：单赢、单输、双赢、双输，而我们所倡导的是以信任、亲善为理念，追求的是双赢结果，强调的是双方合作。

（5）妥善处理异议，当供货商过分强调理由或提出较为苛刻的条件时，可以先保持短时间的沉默，然后询问原因，并试着有理有据地提出反驳理由，明确表示对方的条件是不能接受的，并提出自己的确切标的，最后告诉对方如果不能供货，将会失去一定的市场份额。这样一般会收到较为理想的成效。

（三）谈判后要追踪效果

商品采购谈判结束，并不是商品采购工作的终结。一个合格的零售店商品采购员，还要追踪因商品采购所延伸的一些工作，通常包括了解并掌握商品是否与样品品牌、价格、质量等相符，是否完全履行合同约定的条款，商品进入卖场后售货员的反应如何，销路是否畅通，商品质量是否符合国家、行业及企业规定的标准等。

> **博学堂**
>
> 我们要从以下六个方面对谈判后的效果进行追踪。
> （1）商品采购总量、商品结构、批量是否合适。
> （2）商品是否满足顾客的需求，顾客的满意度如何。
> （3）商品货源是否来自源头。
> （4）商品质量是否稳定，是否满足顾客的需求。
> （5）交货是否及时，供货量是否有弹性，交货时间是否合适，能否保证购货所需时间内的正常销售，过早送货会导致库存积压，过迟送货则会出现缺货。
> （6）售后服务是否良、可靠，对投诉是否能做出迅速反应，索赔是否简便易行。

八、商品采购员的职责要求

零售企业对采购员的职业素质要求很高，需要对采购员进行培训，以提高其能力素质。

（一）零售企业采购员的职责

（1）确保商品采购供应，随时了解各商品部销售状况，为商品采购供应做准备。

（2）拟订商品采购计划。按期制订商品采购计划，包括重点商品的选择、数量、商品价格、商品引进及配送、供应商协商条件等。

（3）商品业务管理。包括检查各商品部销售情况，发现畅销和滞销商品，处理滞销商品，整理存货、盘点等。

（4）具体采购。包括采价、议价、与供货商协商条件、商品引进及配送等。

（5）服务人员的培训。协助培训服务员，让服务员了解商品性能、特点等，掌握一定的商品知识，促进商品销售。

（6）协助商品销售。制订商品促销计划，制订销售特价商品的计划，市场行销调查，了解消费者动态及竞争对手促销措施和经营策略等。

（二）采购员的素质要求

对零售企业的采购人员来讲，能力素质要求较高，这些要求主要包括以下几方面。

（1）丰富的商品知识；

（2）与其他部门的沟通能力；

（3）熟悉企业的经营状况和销售情况；

（4）具有较强的讨价还价的谈判能力；

（5）具有吃苦耐劳的敬业精神；

（6）身体素质良好，外表精明干练；

（7）有较强的判断和决策能力。

小试身手

假如你是某公司的采购员，现需要你去采购产品，你将会做好哪些准备工作，在谈判中，你要注意哪些问题。

慎思园

一、选择题

1. 商品采购的原则不包括哪一项？　　　　　　　　　　　　　　　（　　）

　A. 以需定进　　　　B. 勤进快销　　　　C. 以进定销　　　　D. 储存保销

2. 可以减少中间环节，降低流通费用的商品采购渠道是哪种？　　　（　　）

　A. 商品系统批发企业　　　　　　　　B. 生产企业

　C. 批发交易市场　　　　　　　　　　D. 商品配送中心

3. 中小型零售企业适合采用哪种方式进货方式？　　　　　　　　　（　　）

　A. 集中统一进货　　　　　　　　　　B. 分散独立进货

　C. 集中分散相结合　　　　　　　　　D. 委托进货

4. 采购员的素质不包括哪一项？　　　　　　　　　　　　　　　　（　　）

　A. 商品知识　　　　B. 沟通能力　　　　C. 敬业精神　　　　D. 管理能力

5. 商品采购谈判的核心是哪一项？　　　　　　　　　　　　　　　（　　）

　A. 议价　　　　　　B. 礼仪　　　　　　C. 仪容仪表　　　　D. 守时

6. 具有节省成本，由少数人员负责全店采购优点的是哪种采购方式？（　　）

　A. 分散独立进货　　　　　　　　　　B. 集中统一进货

　C. 集中与分散相结合进货　　　　　　D. 委托进货

二、判断题

1. 对零售企业来说，买与卖的关系是买进什么商品就可以卖出什么商品。（　　）

2. 对那些处于新开发的，还是处于试销阶段的商品，要少进试销，只有证明被顾

客认可和接受以后，才可以批量进货。（　　）
3. 每个零售企业都有各自不同的特点，但商品采购渠道完全相同。（　　）
4. 分散独立进货方式比较适合小规模企业、就近采购的零售企业。（　　）
5. 商品采购谈判结束，是商品采购工作的终结。（　　）
6. 商品采购不仅是零售店的一项主要业务，而且还是一门商业艺术，其中商品采购谈判尤为重要。（　　）

• 多闻阁 •

海尔集团总裁带队到某地考察时，当地维修人员反映，由于当地常有人用洗衣机来洗地瓜，经常遇到出水管堵塞的问题。总裁回去后，多次谈起这件事，并要求技术部门对销往当地的洗衣机进行改造，解决排沙问题。随后，动植物洗衣机正式立项，并成立专门的课题组。新产品——小神螺地瓜洗衣机（除具备一般洗衣机的全部功能外，还可以洗地瓜、土豆、水果、海产品等）开发成功后并投入批量生产，销售量很好，深受消费者的欢迎。

想一想：

这个案例说明了什么呢？

主题二　进入商品销售

一、商品销售概述

商品销售，商品所有者经过出卖把商品让渡给购买者，使商品转变为货币，实现商品的价值形态转化的经济活动。商品销售是商品交换发展到一定阶段以后才出现的经济现象。只有当货币出现并作为商品交换的媒介，从而把商品交换分离为出卖和购买两种互相依存又互相对立的行为之后，才有商品销售。

（一）商品销售种类

生产者销售产品，可直接卖给消费者，也可卖给在生产者和消费者之间起媒介作用的商人。商人购买商品，并不是为了满足自己的消费需要，而是为了转卖，所以商人也有商品销售。商人销售商品，可以直接卖给消费者，也可以卖给其他商人。但商品无论在商人之间怎样买卖，最后终究要卖给消费者。因此，商品销售有以下几种：生产者出售给商人；商人出售给商人（包括批发商出售给批发商和批发商出售给零售商);商人(通常是零售商)出售给消费者;生产者直接出售给消费者。但商品无论怎样销售,只有出售给消费者才是最终实现商品的使用价值,实现生产的目的。因此,从严格意义上讲,商品销售是指卖给消费者的最终销售。

(二)商品销售意义

在资本主义条件下,为实现商品的剩余价值,资本家需要扩大商品销售。在社会主义条件下,努力实现和扩大商品销售不仅能更好地满足消费者的需要,而且能够加速商品流通,尽快地实现商品的价值,降低流通费用,弥补生产的劳动耗费,实现扩大再生产所需的积累。对于企业来说,采购、销售、储存是有机地结合在一起的,只有销售正常,采购和储存才能正常。

(三)商品销售方式

为了组织和管理市场商品的流通,国家通常对商品生产者和经营者销售商品的方式做出规定。在中国,商品销售方式基本上可分为两种。

(1)计划供应。即商品的生产者和经营者无权自行出售,货在出售有条件限制;反过来商品的购买者也无权自由购买,或购买时有条件限制。

(2)敞开供应。即商品的生产者和经营者有权自行出售,在出售时没有条件的限制;反过来商品的购买者也有权自由购买,在购买时没有条件的限制。计划供应主要用于基本生产资料,由国家或其委托的机构统一分配,销售者必须要按照国家分配计划的规定出售,消费者也只能按照国家分配计划的规定购买。但在社会主义初级阶段,随着商品经济的发展和经济体制改革的深化,计划供应的生产资料的范围逐渐缩小。在生活资料流通中,计划供应主要用在商业部门内部各企业间对重要商品的销售上,即批发企业之间、地区之间、批发企业和零售企业之间的商品调拨供应上。在商业部门对居民的销售中,一般不直接对消费者采取计划供应,而是采取敞开供应的方式。除非消费品的市场紧张,才会对某些商品采用计划供应,并且随着供求状况的好转而尽量减少采用这种销售方式的品种,缩小计划供应的范围,维护人们在购买商品时自由选择的权利。

二、商品销售流程

在商场的日常经营中,最重要的就是销售商品。所有活动围绕着销售做文章,没有销售就没有商场的存活。销售商品的成功与否主要靠的是服务员,就商品的销售做出了以下流程。

(一)必备的商品知识

(1)服务员要熟悉和掌握本柜经营的商品。商品的货号、品名、规格、价格和颜

色等；商品的种类、类别、档次；商品的性能、质量、用途、保管、结构和维修；商品的产地、商标、包装、生产日期；现有存货数量及存放地点。

（2）熟悉相关连带商品和同类商品的属性、区域、售卖专柜。

（3）熟悉和掌握本商场的经营布局。

（二）成交过程——五步骤

步骤一：善用前 30 秒与顾客建立良好的关系。当有顾客临近时，要在第一时间内（争取在前 30 秒）与客人打招呼；向顾客打招呼，可采用点头微笑的态度，并同时说："欢迎光临"等礼貌用语，然后让顾客轻松浏览和挑选商品。

分析不同类型的顾客。对于全确定型顾客（买客）应快速提供服务，尽快完成成交。对于半确定型顾客（看客）应态度热情、耐心周到，并揣摩其心理，启发和引导其购买行为。对于不确定性顾客（游客）应满腔热情，留给他们良好的印象。

步骤二：主动促成成交。首先要掌握接近顾客的最佳时机。例如，顾客手拿商品考虑时；不停地对商品鉴赏时；四处张望，找营业员询问时等。其次要在不同的情况下按下列要求接待顾客。等待顾客时，坚守固定的位置，保持良好的姿势，进行商品整理，做小范围的清洁卫生。正在工作时，例如文件、清洁货架、处理单据、补充货架等，顾客到来时，应立刻放下工作，先向自己范围内的顾客打招呼。顾客高峰时，按顾客先后顺序接待；尽量缩短接待顾客的时间；接待中如果被打岔或被其他人叫时，必须对顾客说："对不起，请稍等。"缺货时，要向顾客深切的道歉；介绍替代的商品；如果有确切的到货日期，要明确告知；遇到商品断货时，要注意服务方式；快打烊时，不能有任何准备打烊的动作；不可急着想下班；不可催促或变相催促顾客。

步骤三：处理顾客异议。遇到顾客对所介绍商品提出异议时，要明确异议原因。以冷静和友善的态度回应，保持轻松和微笑，才能得到顾客好感。无论事实怎样，永远不要对顾客说："不，你错了！"或类似的言语。扼要而全面地回答问题。向顾客小心的提问，并留意他们回答时的反应。加强自己对顾客的认识，并针对常见的异议作充分准备。加强对所售商品的认知。

步骤四：成交。当顾客选取商品后，营业员对照商品逐项填写一式三联的销售单。销售凭证开好后，为顾客暂存商品，将三联一并交顾客，向顾客告知收银台位置交款。顾客交完款后返回柜台，营业员收回第二联、第三联销售凭证及机制小票审验收银记录。核查机制小票日期、累计金额与销售凭证合计金额是否相符。均无误后，将销售凭证顾客联和商品交给顾客，营业员留下卖场联、机制小票，集中存放（日结日清）。

步骤五：跟进与道别。有礼貌的询问顾客是否需要相关配套的商品，或其他商品。如需送货，要详细告知顾客具体办理手续。与顾客告别时，如果顾客已购物，双手把商品交给顾客，提醒顾客带好随身物品，请顾客妥善保管好销售凭证顾客联、保修卡、信誉卡等凭证，以便商品出现质量问题时使用，感谢顾客购买本商场的商品，鼓励顾客去商场其他部门或向顾客介绍连带商品，对顾客用"欢迎下次光临"等文明用语道别。如果顾客没有购物，微笑、眼神接触，道别，邀请顾客下次再来。

（三）发票的开具

必须在发生经营业务后，确认营业收入时才能开具发票，未发生经营业务一律不得开具发票；发票的开具应该在商场的客户服务中心，其负责发票开具的负责人到财务领用发票，非开票人员无权领用发票；开具普通发票必须分清限额，一次销售金额在两千元以上的发票单独一本开具，两千元以下同本开具；开具增值税专用发票必须在索取方出具税务登记证副本复印件后（本市的还必须持有增值税罚款索取证），指引顾客到财务收银部开具；填写发票项目要齐全，内容要真实完整，字迹清晰，做到票物相符，全部联次一次复写填写；填写发票必须按顺序开具，不得拆本使用，更不得带出本公司使用；开具发票后因退货需收回发票联（增值税票还需收回抵扣联），并且全部联次加盖作废章或复写作废字样；误填作废发票必须加盖公司发票专用章、税务局监制长条章。

• 小试身手 •

一位顾客气愤地向理发店主管投诉："你们的发型师染发也太不小心了！把我的衣领都染了，这怎么穿？我这件衣服可是很贵的，你说怎么办呢？"如果你是理发店主管，如何解决这一顾客投诉呢？

三、商品营销策略

（一）产品策略

• 多闻阁 •

多少年来，大家只知道西瓜是圆的，如今，日本有人生产出方形西瓜。西瓜如何由圆变方的呢？在小西瓜上套上事先做好的一定规格的方形模具，在后期生长中，西瓜就会按照人们的意愿长成方形。

传统的西瓜惹人喜爱，但是日本人认为圆西瓜占据空间、容易滚动、易损坏，同时不利于长途运输、储藏和最佳经济效益。西瓜由圆变方后，其销量大增，获利可观。

引导问题：

从"西瓜变方"这一案例中你得到了什么启示？

1. 产品的认识

如何开发满足消费者需求的产品，并将产品迅速、有效地传送到消费者手中，构成了企业营销活动的主体。那么，产品是什么呢？第一，一般意义的产品，一般意义的产品是指具有某种物质形状，能提供某种用途的物质实体；第二，整体意义的产品，现代市场营销理论认为，整体意义上的产品包括实质产品、形式产品、附加产品和心理产品四个层次，即营销理论中产品的整体概念。

> **博学堂**
>
> （1）实质产品。实质产品也称核心产品，是指向消费者提供的、最起码的效用和性能，也是最基本、最主要的内容。
>
> （2）形式产品。形式产品是指产品是形体，是核心产品借以实现的各种具体形式，即向市场提供的实体和服务的外观或形象。
>
> （3）附加产品。附加产品是消费者购买产品时所获得的全部附加服务和利益，包括提供信贷、免费送货、保证、安排、售后服务等。
>
> （4）心理产品。心理产品指产品的品牌和形象给顾客提供心理上的满足。随着人们生活水平的不断提高，人们对产品的品牌和形象越来越注意，因而它也是产品整体概念的重要组成部分。

2. 产品组合

产品组合也叫产品搭配，是指一个企业提供给市场的全部产品的大类项目组合。产品线是指在技术和结构上密切相关，具有类似功能、规格，能满足同类需求的一组产品，里面又包含多个产品项目。

产品组合表现在产品组合的宽度、长度及关联度三个方面。

（1）产品组合的宽度。产品组合的宽度是指企业生产和经营频现的数量，及有多少产品大类。企业的产品线众多，可以称作宽产品线；反之，称为窄产品线。

（2）产品组合的长度。产品组合的长度是指企业每一产品线中产品项目的数量。企业某一产品线中产品的项目较多，就以为这其组合较长；相反，则意味着产品组合较短。

（3）产品组合的关联度。产品组合的关联度是指各生产线的最终用途、生产条件、分销渠道等方面相互关联的程度。

3. 产品组合策略

产品组合策略是指企业根据市场需要及自身条件，选择适当的产品组合宽度、长度和关联度来确定经营规模和范畴的策略。企业采用的产品组合策略有以下三种。

（1）扩大产品组合策略。包括开拓产品组合的宽度和加强产品组合的长度。前者是指在原有产品组合中增加产品线，扩大产品经营范围；后者是在原有产品线内增加新的产品项目，发展系列产品。

（2）缩小产品组合策略。当市场繁荣是，较广、较长的产品组合会给企业带来更多的盈利机会。但是，当市场不景气时，缩短产品线反而能实成本降低，提高利润。

（3）产品延伸策略。产品延伸策略是指全部或部分的改变公司原有产品的市场定位，包括向下延伸、向上延伸和双向延伸三中实现方式。所谓向下延伸，是指在高档产品线中增加低档产品项目。而在原有的产品线中增加高档产品项目，就是向上延伸。双向延伸就是定位于中档产品市场的企业在占据市场优势后，把产品线向上、下两个方向延伸。

4. 产品生命周期各阶段营销策略是不同的

（1）介绍期营销策略。根据这一阶段的特点，企业应努力做到"快"字当先。投入市场的产品要有针对性，进入市场的时机要合适，应尽快让消费者接受产品，以缩短介绍期，更快地进入成长期。

（2）成长期营销策略。新产品经过市场介绍期以后，消费者对该产品已经熟悉，消费习惯基本形成，销量迅速增长。在成长期，企业应努力做到"好"字当先。可采用的策略有：改革产品，吸引不同需求的顾客；开发新的目标市场；加大产品促销力度，刺激销量的回升。

（3）成熟期的营销策略。成熟期的产品开始出现过剩，企业想继续扩大市场份额难度很大，精力不宜分散。因此，成熟期营销策略的基本原则是"防守"为主，"攻取"为辅，即防守已有的市场占有率，稳住现有的市场地位，尽力寻求有利的增长点，设法将成熟期延长。

（4）衰退期营销策略。在衰退期，产品销量急剧下降，企业从产品中获得的利润很低甚至为零，大量的竞争者退出市场，消费者的消费习惯发生改变。对于衰退期的产品，企业应该做到"变"字当先。可以采取的策略有：集中策略，把企业能力和资源集中在最有利的细分市场和分销渠道上；维持策略，继续沿用过去的营销策略，知道这种产品完全退出市场；收缩策略，抛弃无希望的顾客群体，尽量减少促销费用，以增加目前的利润；放弃策略，对于衰退比较迅速的产品，应该当机立断，放弃经营。

小试身手

连连看

介绍期   "防守"为主,"攻取"为辅

成长期   "变"字当先

成熟期   "快"字当先

衰退期   "好"字当先

(二)价格策略

多闻阁

如果有人告诉你,一辆汽车只卖1元,你会相信吗?疯狂的美国人就曾经干过这样的事情!

在汽车业不景气的情况下,美国芝加哥一家汽车经销商为了刺激销售,消费者只要购买定价4万美元的全新克莱勒斯SUV,就能够用1美元购一辆二手克莱斯勒PT漫步者。尽管是二手车,但他们都是本年度刚出厂的,车况还不错,通常零售价在1.2万美元。许多人听到这项优惠方案都不敢相信自己的耳朵。购车者还对销售商表示:"我说你在开玩笑吗?这根本是你无法相信的优惠啊!"

销售商则强调,此次的亿美元买车方案虽然让他赔钱,但至少能吸引不少媒体的注意,也等于是帮他做了免费的宣传。果然,店内的SUV很快就已卖得所剩无几了。

请思考:如果你是该汽车公司的负责人,你会怎么做?

1. 产品价格

关于价格的概念阐述,从经济学与市场营销活动的角度看,其含义是不同的。

(1)经济学中的价格。从经济学角度看,价格是商品的交换价值在流通过程中所取得的转化形式。价格与利润的关系十分紧密,具有数据上的逻辑性。即价格=总成本+利润。

(2)市场营销活动中的价格。从市场营销角度看,价格是非常活跃的因素,可以随时适应营销活动的需要而变动。在市场营销活动中,商品价格的形成,如图4-1所示。

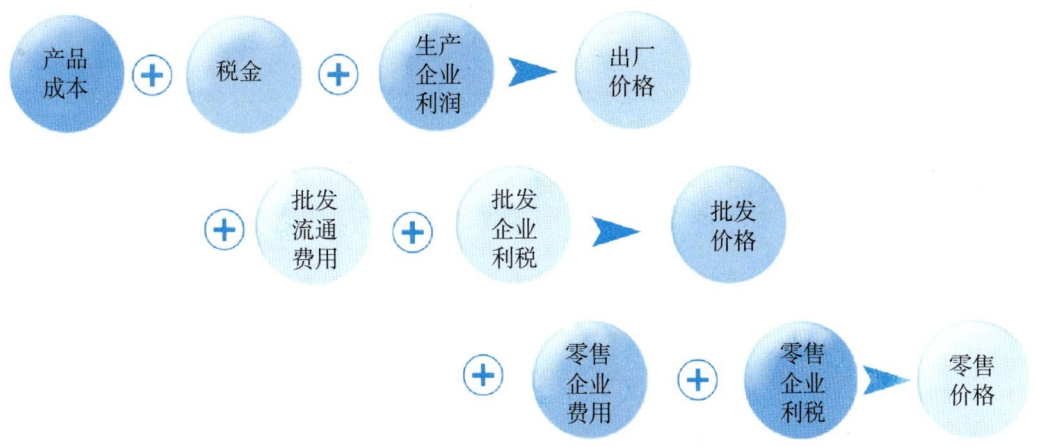

图 4-1 商品价格的形成

2. 价格的影响因素

企业在进行新产品定价或老产品价格变动时，首先考虑的因素主要包括产品成本、供求状况和市场竞争情况的等。

3. 产品定价策略

首先是新产品定价策略。新产品定价是企业价格策略中一项十分重要的工作，不仅关系到新产品能否顺利进入市场，为以后占领市场打下基础，而且还可能影响到竞争者数量。企业通常会选择以下三种策略。

（1）撇脂定价策略。撇脂定价策略是一种高定价策略。在新产品投放市场初期，生产企业把价格定地很高，以求在尽可能短的期限内获取高利润。随着竞争者的加入，商品进一步成长，然后再逐步降低价格。

• 多闻阁 •

iPad 新产品定价

苹果 iPad 是近几年最成功的消费类数码产品之一。第一款 iPad 零售价高达 399 美元，即使对美国人来说，也属于高价位产品，但是很多"苹果迷"既有钱又愿意花钱，所以纷纷购买；苹果认为还可以"撇到更多的脂"，于是不到半年的时间又推出了一款容量更大的 iPad，定价 499 美元，销售量又创新高。苹果的撇脂定价大获成功。

（2）渗透定价策略。渗透定价策略是指企业在新产品投放市场的初期，将产品价格定得相对较低，以吸引大量购买者，获得较多的销量和市场占有率。

（3）满意定价策略。满意定价策略是一种介于去指定价和参透定价之间的折中定价策略，其新产品的价格水平适中，同时兼顾生产企业、中间商和购买者的利益，能较好的使各方面接受。

其次是心理定价策略。心理定价策略是指在进行价格决策时，以消费者心理状况为主要因素进行定价，一般在零售企业中对最终消费者应用得比较多。常用的有以下几种方法。

（1）尾数定价。尾数定价又称为"零数定价""非整数定价"，是指企业利用顾客数字认知的某种心理，让价格带有零头结尾，而非整数的一种定价策略。

（2）整数定价。整数定价是指商品的价格以整数结尾的定价策略，常常以偶数，特别是以零为结尾。

（3）声望定价。声望定价是指企业利用消费者仰慕有声望的商品或名店的心理来制定商品的价格，这种价格往往会很高。

（4）习惯性定价。某种商品由于同类产品多，在市场上形成了一种消费者共同认可的习惯价格，个别生产者难以改变。

（5）招徕定价。招徕定价即利用部分顾客求廉的心理，特意将某几种商品的价格定的较低以吸引顾客。

再次是折扣定价策略。折扣定价策略是中间价策略，是利用各种折扣吸引经销商和消费者，促使他们积极推销或购买本企业产品，从而达到扩大销售和提高市场占有率的目的。

4. 价格调整策略

企业产品定价后，由于自身或竞争者的情况发生了变化，产品价格也需要经常调整。价格调整包括降价和提价两种。

（1）降价策略。常用的降价方式有实行价格折扣、增加产品价值和采用营业推广方式三种。

（2）提价策略。企业提价方式有以下几种：第一，取消原有的价格折扣；第二，目录价格不变，减少产品分量以及附赠产品，或是降低产品质量、减少功能、简化包装等；第三，目录价格不变但减少产品的附加服务或是对原来免费的服务收取服务费；第四，在通货膨胀情况下可以推迟报价，等到产品制成或交货时再给出最后价格；第五，在产品组合中取消低利润产品或增加高利润产品的比重。

 博学堂

产品不同阶段定价策略

（1）介绍期定价策略。一般可参考新产品的定价策略，上市的新产品（或者

是经过改造的老产品）采取较高或较低的定价。

（2）成长期定价策略。在成长期，消费者接受了新产品进入市场时的价格，销售量增加，若竞争者不多，企业就应该采取稳定价格策略，一般不贸然降价。但如果产品进入市场时价格较高，成批生产后成本下降较快，市场上又出现了强有力的竞争者，企业为迅速地提高市场占有率，也可以适当降价。

（3）成熟期定价策略。在成熟期，消费者人数和销量都达到最高水平，开始出现回落趋势，市场竞争比较激烈，一般宜采取降价销售策略。若竞争者少也可维持原价。

（4）衰退期定价策略。在衰退期，消费者兴趣转移，销售量剧烈下降，一般可采取果断的降价销售策略，甚至销售价格低于成本。但如果同行业的竞争者都已退出市场，或经营的商品有保存价值，也可维持原价，甚至提高价格。

小试身手

举例说明在日常生活中哪些产品采用的是新产品定价策略和心理定价策略。

（三）分销渠道策略

1. 分销渠道的含义

分销渠道是指某种产品或服务从生产者向消费者转移过程中，取得这种产品或服务的所有权或帮助其所有权转移的所有企业和个人，包括中间商、代理商、生产者和最终消费者或用户。

博学堂

每天清晨，匆匆赶往教室的同学总会在校园附近的小超市"消费"：一个汉堡、一盒牛奶。可能我们谁也没想过直接去牛奶厂买牛奶。这样的例子还有很多，我们日常生活中消费的许多商品都是从各种各样的零售商那里购买，很少跟生产厂家直接交易。生产厂家通过这些零售商，将各种产品送到消费者手中，这一过程中，发挥作用的就是分销渠道。

2. 分销渠道的中间商

渠道中的中间商是指在生产者与消费者之间，专门从事产品经营，促使买卖行为发生的组织和个人。可以分为批发商、代理商和零售商。

（1）批发商。批发商是指大批量向制造商或经销单位采购商品，再将其转卖或者用于其他商业用途的组织或个人。

（2）代理商。代理商是指接受生产者委托从事产品销售，但不取得产品所有权的企业或个人。

（3）零售商。零售商是指所有向最终消费者直接销售产品和服务、用于个人及非商业性用途的中间商。

• 多闻阁 •

电商冲击传统零售业

2014年11月11日，著名的"光棍节"，杭州阿里巴巴西溪园区的"双11"天猫数据直播监控屏幕显示着当天24小时实时的交易情况及走势。根据天猫提供的数据，在"双11"零点开抢10分钟后破36亿元，38分钟后破100亿元，最终，天猫一天销售额突破571亿元。

电商的快速发展犹如兵临城下，传统零售业面临怎样的冲击？图书行业是最先遭受电商冲击的，也是损失最惨重的一个行业。当当网与卓越亚马逊发起价格大战，之后，各地的书店尤其是民营书店陷入倒闭潮。尽管电商和传统零售商的矛盾不可调和，但并不代表两者之间不能融合，苏宁易购的线上线下融合的趋势正在显现。

3. 分销渠道的结构

企业产品从生产厂家到达消费者手中，经过多个销售渠道，根据不同的标准，分销渠道可以分为以下不同结构形式。

（1）分销渠道的长度结构。渠道的长度结构又称为层级结构，是指流通环节中渠道中间商的层级递进关系。按照产品分销过程中经历流通环节的多少，可将分销渠道分为长渠道与短渠道。

第一，零层渠道。零层渠道又叫直接渠道，是指生产企业在产品分销过程中没有中间商参与，商品由生产者直接销售给最终消费者或用户的渠道形式，如图4-2所示。

第二，一级渠道。一级渠道是指生产者把产品销售给零售商。再由零售商产品销售给消费者的渠道形式，如图4-3所示。

第三，二级渠道。二级渠道是指生产者将产品销售给批发商或代理商，再由他们

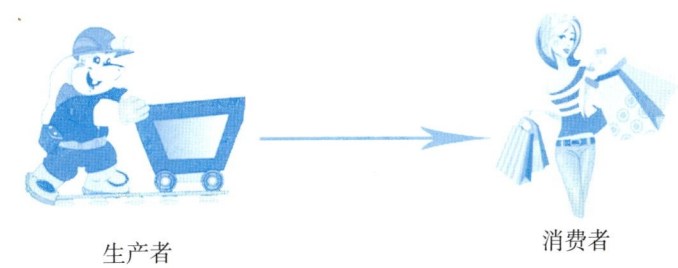

图 4-2 零层渠道

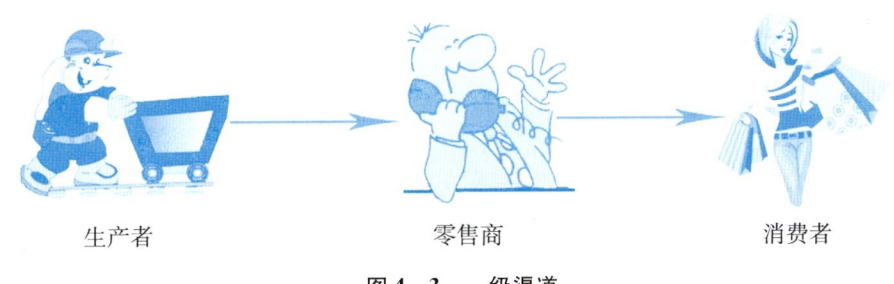

图 4-3 一级渠道

将产品销售给零售商,通过零售商再将产品销售给消费者的一种渠道形式。如图 4-4 所示。

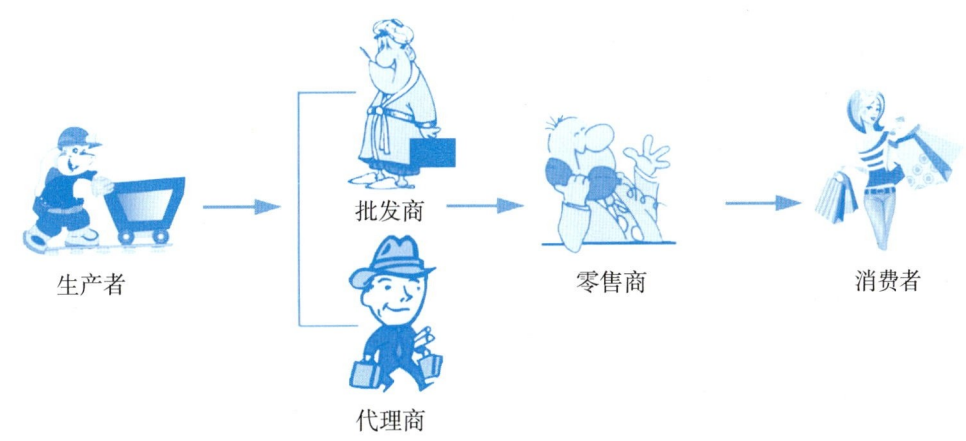

图 4-4 二级渠道

第四,三级渠道。三级渠道是指一个渠道系统中包含三层中间机构。如图 4-5 所示。

(2) 分销渠道的宽度结构。渠道的宽度结构是根据企业在分销过程中每一层级中间商数量的多少来定义的一种渠道结构形式。

第一,密集分销。密集分销也称广泛性分销渠道或叫普遍性分销渠道,是指生产企业通过尽可能多的中间商来销售产品,把销售网点广泛地分布在市场各个角落。如

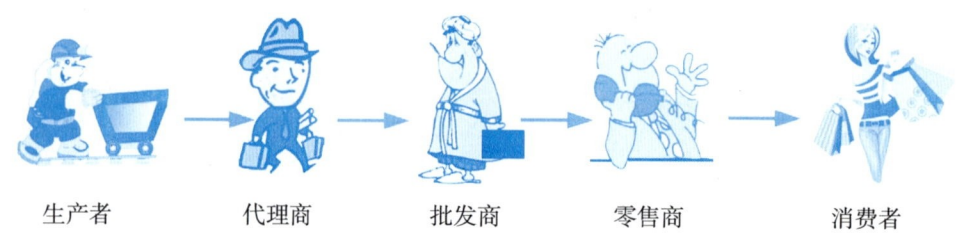

图 4-5 三级渠道

图 4-6 所示。

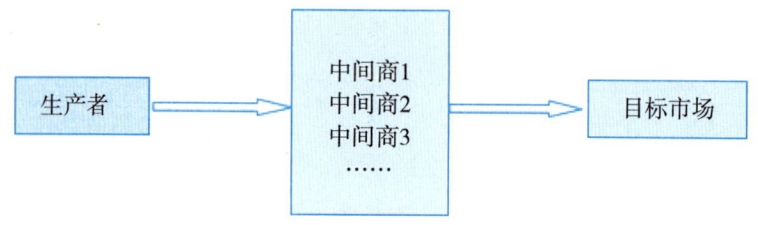

图 4-6 密集分销渠道

第二，选择分销。选择分销是指企业精心选择部分中间商销售自己的产品。该策略着眼于维护本企业产品的良好声誉，巩固企业的市场地位。如图 4-7 所示。

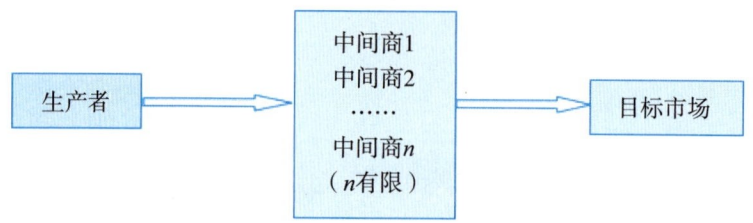

图 4-7 选择分销渠道

第三，独家分销。独家分销也称专营性分销或专一性分销，是指生产企业在特定地区仅选择一家中间商销售其产品。这是最窄的分销渠道，通常只对技术性较强的耐用品或名牌产品适用。如图 4-8 所示。

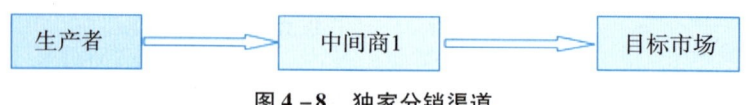

图 4-8 独家分销渠道

4. 分销渠道选择的影响因素

在现实营销活动中，影响分销渠道选择的因素主要有产品因素、市场因素、企业因素、环境因素等。

（1）产品因素。产品不同，适合采用的分销渠道也不同，这是企业选择分销渠道时必须考虑的。

（2）市场因素。市场因素是影响分销渠道选择的又一重要因素。市场因素主要包括目标市场范围、购买批量大小、消费者的集中程度、消费者购买习惯、市场竞争状况等。

（3）企业因素。影响渠道选择的企业自身因素主要有总体规模和声誉、营销经验及能力、服务能力水平。

（4）环境因素。渠道的设计与选择还受到环境因素的影响，如经济发展状况、竞争结构以及国家有关商品流通的政策法令。

5. 分销渠道选择的操作

企业在设计选择分销渠道时一般要经过分析消费者需要、确立渠道目标、制定可供选择的主要渠道方案以及其进行评估等几个阶段。

（1）分析消费者需要。企业要了解在其选择的目标市场上，消费者购买什么商品、在什么地方购买、为何购买、何时购买和怎样购买等问题。

（2）确立渠道目标。渠道目标也就是在企业营销目标的总体要求下，选择分销渠道应达成的服务产出目标。

（3）制订可供选择的主要渠道方案。渠道选择方案通常要考虑三种因素：中间商类型、中间商数目以及渠道成员的条件和责任。

（4）评估渠道方案。一般情况下，企业可能面临多种渠道方案选择。在选定方案之前，要进行渠道方案评估。

•小试身手•

小组活动：学生分组，收集几个不同的渠道结构的产品，分析他们是哪种结构，并说明理由。

（四）促销策略

1. 促销的含义

促销是指企业通过人员推销或非人员推销的方式向目标顾客传递商品或劳务的存在及其性能、特征等信息，帮助消费者认识商品或劳务带给购买者的利益，从而引起消费者的兴趣，激发消费者的购买欲望及购买行为的活动。

2. 促销的作用

促销作用主要有：传递产品信息；影响消费，扩大销售；突出产品特色，增强市场竞争力；收集市场信息。

3. 促销的方式

促销的方式有广告、人员推销、营业推广和公共关系。

（1）广告。广告是企业按照一定的方式，支付一定数额的费用，通过不同的媒体（如广播、电视、报纸、期刊等）对产品进行广泛宣传的一种促销方式。

（2）人员推销。人员推销是指企业运用推销人员直接向目标顾客进行有关产品的介绍、推广、宣传和销售。

（3）营业推广。营业推广是一种适宜于短期推销的促销方法，是企业为鼓励购买、销售商品和劳务而采取的除广告、公关和人员推销之外的所有企业营销活动的总称。

（4）公共关系。公共关系是指社会组织通过有效的管理和双向信息沟通，在公共中树立良好的形象与信誉，以赢得组织内外相关公众的理解、信任、支持与合作。

4. 促销组合的认识

所谓促销组合，是指企业运用广告、人员推销、公关宣传、营业推广四中基本促销方式组合成一个策略系统，使企业的全部促销活动互相配合、协调一致，最大限度地发挥整体效果，从而顺利实现企业促销目标。

5. 总体促销策略

企业促销活动的总策略有"推式"和"拉式"之分。推式策略就是以中间商为主要促销对象，把产品推进分销渠道，最终推上市场。拉式策略则是以最终消费者为主要促销对象，首先引发因其潜在购买者对产品的需求和兴趣，由消费者向中间商征询该产品，从而引起其向制造商进货。

• 小试身手 •

1. 学生分组，收集几种促销产品，分析其促销方式，并辨别是单一方式，还是组合方式。

2. 选择组合促销商品，讨论其促销目标，分析自己是否受到促销的影响，总结其原因。

• 慎思园 •

一、选择题

1. 对哪种类型顾客应尽快提供服务，尽快完成成交？　　　　　（　　）

A. 已确定型　　　B. 不确定型　　　C. 半确定型　　　D. 决定在顾客

2. 销售单第一联由谁留存？   （   ）
   A. 收银台   B. 销售柜组   C. 顾客   D. 税务企业
3. "您走好""欢迎下次再来"等文明用语运用于哪一步骤？   （   ）
   A. 促成成交阶段   B. 处理顾客异议阶段   C. 成交阶段   D. 跟进与道别阶段
4. 企业的定价目标一般有哪些？   （   ）
   A. 获取利润   B. 扩大销售
   C. 市场占有   D. 改善形象   E. 应对竞争
5. 企业在调整产品组合时，根据实际情况的不同可以选择哪些策略？（   ）
   A. 扩大产品组合   B. 缩减产品组合
   C. 产品线延伸   D. 产品线现代化   E. 向下延伸
6. 一般情况下顾客多而分散，顾客需求量下降或购买频率高的产品，宜采用哪种渠道？   （   ）
   A. 间接渠道   B. 直接渠道
   C. 长渠道   D. 短渠道   E. 宽渠道

二、实训题

实训名称：营销策略认知。

目的：认识产品营销策略，理解其实际意义。

安排实训：

1. 学生分组，选择日常生活中的商品，分析其营销策略的意义。
2. 讨论其营销策略的特点，并从营销人员的角度提出一些改进建议。

• 多闻阁 •

某运输公司有两批货要运往异地，一批是急需药品，需要当天由天津运往受洪水灾害严重的嫩江地区，一批是 500 台电视机，需要由天津运往山东某地、铁路运输并不发达的山区。该运输公司应拟定什么样的运输方案呢？通过这一环节的学习，有助于我们解决这个问题。

想一想：该运输公司应拟定什么样的运输方案呢？

主题三　了解商品运输与储存

一、商品运输业务

商品运输是指通过动力实现商品在地区之间转移的活动。它是链接生产和消费、

链接城市和乡村的枢纽,是商品流通过程中的一个重要环节。

商品运输不能直接创造物质产品,但却能创造产品的空间效用。生产领域生产出来的产品,只有通过运输才能进入流通领域,同时也只能再经过运输才能进入消费领域。因此,商品运输对于加速商品流转、促进经营发展、活跃城乡市场有重要作用。

(一) 运输原则

商业部门的商品运输工作,要遵循及时、准确、安全、经济的原则,做到加快商品流通速度,降低商品流通费用,提高货运质量,多快好省的完成商品运输任务。

1. 及时

及时就是要求按照客户需要的时间把商品运往消费地,不失时机的满足市场和消费者的需要。缩短流通时间的手段是改善交通条件,实现运输现代化。但对于商业部门来说,关键是在于货物的衔接工作,及时发运商品。同时要做好商业部门之间的委托中转工作,及时把商品运出去。

2. 准确

准确就是要防止商品发生意外,保证在整个运输过程中,把商品准确无误的送到消费者手中,中间要经过不少环节,稍有疏忽,就容易发生差错。运输的商品不仅要件数准确,规格也不能搞错。因此,准确无误的发运和接运商品,降低差错事故率,是商业运输工作需要认真对待的一个方面。

3. 安全

安全就是在运输过程中要确保商品的使用价值。商品的使用价值就是能满足消费者的需要。若商品因运输或装卸不当而失去使用价值,那就成为无用之物。商品在运输中的安全,一是要注意运输装卸过程中的震动和冲击等外力的作用,防止商品的破损;二是要防止商品由物理、化学或生物学变化等自然原因所引起的商品减量和商品变质。尤其对石油、化学危险品、易腐商品、易碎、鲜活、流质等商品,安全运输十分重要。

●多闻阁●

在某地隧道内,载有液态甲醇的燃料车因追尾而导致甲醇泄漏燃烧,当时同在隧道内行驶的还有其他十多辆运煤大货车,爆炸大火引发运煤车上的煤炭燃烧,并引爆了隧道内一辆运载液态天然气的货车。

燃料车的追尾事故后,但由于司机擅自违规处理,造成隧道内42辆汽车、1500多吨煤炭燃烧,并引发液态天然气车辆爆炸,大火烧了73小时才被扑灭。事故造成30多人死亡,9人失踪。

4. 经济

经济就是以最经济的方法调运商品，降低运输成本，降低运输成本的主要方法是节约运输费用。节约费用的主要途径则是进行合理运输，即选择最经济合理的运输方式和运输线路，尽可能减少运输环节，缩短运输里程，力求花最少的钱，把商品运到消费地。另外，还要提高商业部门运输工具和运输设备的利用率，加强对运输工具和运输设备的保养，提高劳动生产率，从而获取更大的经济效益。

（二）合理运输

在发运地与到达地之间，组织商品合理运输，往往有多条运输路线，存在多种运输方式，可以使用多种运输工具。一般的要求是：里程短、环节少、时间快、费用低。但实际上不管采用哪种方式，选用什么运输工具，很难同时满足这几方面的要求。组织商品合理运输，必须从实际出发，在有利于有利于加速资金周转和降低商品流通费用，保证市场供应的条件下，按照当前的运输条件，合理选择运输线路和运输工具，保证商品运输任务的顺利完成。开展合理运输与商品生产单位、商品采购供应单位、销售单位以及交通部门都有密切关系。

在物流企业内部，又涉及计划、业务、财会、储运等各个环节。因此，必须要加强同各部门的联系，做到环环紧扣，协作密切，使商品合理运输能顺利进行。

1. 影响合理运输的因素

影响合理运输的因素有很多，但主要因素有以下五个方面。

（1）运输距离。运输既然是商品在空间上的移动，或称"位移"，因此商品运输里程的远近，就是决定其合理与否的一个最基本的因素。物流部门在组织商品运输时，首先要考虑的因素就是运输距离，尽可能实行近产近销，避免舍近求远。

（2）运输环节。在物流过程的各个环节中，运输环节是非常重要的，也是决定物流合理性的一个重要因素。因为运输业务还需要进行装卸、搬运、包装等工作，多一道环节，就需要花很多劳动。因此物流部门在调运商品时，对有条件直运的，尽可能组织直达、直拨运输，让商品不进入中转仓库，越过一切不必要的中间环节，由产地直接运到销地或用户，减少二次运输。

（3）运输工具。要根据商品不同的特点，分别利用铁路、水路、汽车运输等不同运输方式，选择最佳的运输路线，合理使用运输工具。改进车船的装载技术和装载方法，提高装载量；使用最少的运力，运输更多的商品，提高运输效率。

（4）运输时间。对于商业物流来说，为了更好地服务顾客，及时满足顾客的需要，时间是一个决定性因素。运输不及时，不仅容易失去销售机会，而且还能造成货物脱销或积压。同时商品在运输过程中停留时间过长，也容易引起商品的货损货差，增加物流管理成本，降低运输效率，所以在市场变化很大的情况下，时间问题更为突出。因此在物流过程中，要特别重视运输时间，要抢时间，争速度，要想方设法加快货物运输速度，尽量压缩待运时间，让货物不要长期停留在运输途中。

（5）运输费用。运输费用占物流费用的比例很大，是衡量物流经济效益的重要指标，也是组织合理运输的主要目的之一。运输费用的高低，直接影响到商业物流企业或运输部门的经济效益以及销售成本。

上述因素，既相互联系，又互相影响，有的还相互矛盾。如果在一定条件下，运输时间短了，费用却不一定省，或者运输费用低了，而运输时间却又长了。这就要求必须要进行综合分析，寻求最佳运输方案。一般而言，运输时间快、运输费用省，是考虑合理运输的两个主要因素，集中体现了物流过程中的经济效益。

2. 不合理运输的表现

商品不合理运输，是指不考虑经济效果，违反商品合理流向和各种动力的合理分工，不充分利用运输工具的装载能力，环节过多，导致浪费国家运力，增加商品流转费用，延缓商品流转速度，增加商品耗损等不良的后果。不合理的运输，一般有以下几方面。

（1）对流运输。对流运输指同一种商品，或可代用的商品，在同一运输线或平行线作相对方向的运输与对方的全部或一部分商品发生重叠的现象。但为了丰富人们生活，繁荣市场经济，在地区间对同类商品花色品种进行调剂是必要的，不能视作不合理运输。

（2）迂回运输。迂回运输指商品运输绕道而行的现象。物流过程中的组织不善、计划不周或调运差错都容易造成迂回运输。因为自然灾害或其他事故的影响，为了保证商品的及时运输，采取绕道的办法则是允许的。

（3）重复运输。重复运输指可直达运输的产品由于批发机构或商业仓库设置不当，或计划不周而在路途停留，又重复装运的不合理现象。重复运输增加了一道中间装卸环节，增加了装卸搬运成本，延长了商品在途时间。

（4）倒流运输。倒流运输指商品从消费地向生产地回流的一种不合理运输现象。倒流运输有两种形式：一是同一商品由销地运回产地或转运地；二是同类的商品由别的产地、供应地或销地，运回另一产地或转运地。

（5）过远运输。过远运输指舍近求远的运输现象。就是不从最近的供应地采购商品，而超过商品合理流向的范围，从远地运来；或产品不是就近供应消费地，却调给较远的其他消费地，违背了近产近销的原则。

3. 合理运输的方法

合理的运输方法主要包含以下三种。

第一，分区产销合理运输。它是对数量较大、多地生产、品种单一、调运面广的大宗商品，如煤炭、粮食、木材、食盐、食糖、石油等，根据近产近销的原则，在产销平衡的基础上，划定商品调运区域，制定商品合理流动方案。"商品流向"就是把商品从生产、分配、调拨、仓储和运输路线，以及运输工具方面固定下来，避免商品盲目乱流，消除不合理的对流运输、迂回运输和过远运输。

第二，直达、直线运输。直达运输是指把商品从产地直接运达到要货单位的运输，中间不需要经过各级批发企业仓库的运输；直线运输是指减少商品流通环节，采取最短运距的运输。直达、直线运输是合理组织商品运输的重要措施之一，可以减少商品的周转环节，消除商品的迂回、对流等不合理运输，从而减少商品的损耗，节省运输费用。品种简单、数量很大的商品或需要尽可能缩短周转时间的商品，应尽可能采取直达运输。

第三，"四就"直拨运输。"四就"直拨，即就厂直拨、就站直拨、就库直拨和就船过载。"四就"直拨，需要各部门紧密配合，加强协作，才能做到及时、准确、安全、经济。

> **他山石**
>
> 就厂直拨，是将商品由生产厂家直接发送到要货单位，又分为厂际直拨、厂库直拨、厂站直拨等几种形式。一般日用工业品多采用就厂直拨的方式。
>
> 就站直拨，是将到达车站或码头的商品，不经过中间环节，直接分拨给要货单位。
>
> 就库直拨，是将由工厂送入一级、二级批发企业仓库的商品，由批发企业调拨给要货单位或直接送到基层商店。
>
> 就船过载，是将到达消费地或集散地的商品，在卸船的同时，装上另外的船，分送给要货单位，中间不再经过其他环节。

（三）商品的安全运输

1. 鲜活商品的运输

我国出产鲜活类货物有几千种之多，性质各不相同，不仅同一地区在不同季节需要不同的运输条件，就是在同一季节，当车辆行经不同地区时，也要变换运输条件。在一次运送过程中，可能兼有冷藏、保温和加温三种运送方法。

2. 冻结易腐商品的运输

针对畜禽肉、鱼、蛋制品等冻结食品的运输，要选择符合商品性质、保温性能的冷藏车或船运输；装车、船时，为防止扩大热源，商品要紧密，不留空隙；商品与车、船顶板至少要留30厘米空隙，以减少顶部传热；运单要注明商品允许运到的期限和途中需要的加冰站。

3. 非冻结易腐商品的运输

鲜菜、鲜果、鲜蛋等非冻结易腐食品运输，要根据所运商品的品种及特点，采取防护措施；放热量大、后熟期快的商品不要同一般商品混装；要根据商品的特性和运输季节进行合理包装。例如鲜蛋的外包装一定要坚实，包装内要垫好衬垫物，装卸时要轻拿轻放，按层次堆放整齐、稳固，包装要留有一定缝隙。如果使用棚车运输，夏季要通风散热，冬季要防冻。

4. 易碎流汁商品的运输

易碎商品包括玻璃制品、陶瓷制品、灯泡、电视机、照相机和精密仪器等。流汁商品包括酒水、饮料等。运输此类商品，包装要牢固，在包装明显处要有"请勿倒置""小心轻放"等标志，按包装标识堆放，不能以重压轻，以大压小。冬季运输流汁商品要注意防冻。

5. 石油商品的运输

针对石油商品具有易燃、易蒸发、易产生静电等特性，要选择合适的车、船进行运输。此外，石油商品装车、船的位置要远离电源、火源、热源等部位，严禁使用以煤为燃料的货轮装运。在搬运过程中不能撞击、摩擦和接近明火。

6. 具有易燃、易爆、有毒、易腐、有放射性等特点化学危险品的运输

运输此类商品时，按所发运商品的性质，对车、船进行严格的检查，对过去运过危险品的车、船必须彻底清洗，危险品不可以与普通商品拼装。产品性质和消防方法互相抵触的危险品不能拼装；靠近铁器的商品用木板隔开，装卸时要轻拿轻放，防止包装破损，不可撞击、摔落、翻滚；要防火、防热、不能靠近电源、不能与明火接触等。

●小试身手●

在商品运输过程中，安全问题是重中之重，但在现实生活中，发生商品运输安全事故的案例屡见不鲜。查阅相关资料，我们在商品的运输过程中，应采取哪些措施可以避免安全事故的发生。

二、商品储存业务

商品在流通领域中暂时的停滞过程，就是商品储存。如果说运输是创造产品的"地点价值"，那么商品储存则是创造产品的"时间价值"。储存是处在生产和消费两大活动之间，在物流中起"蓄水池"作用。储存的地点是仓库，所以储存的合理化与现代化是以仓库的合理化与现代化来衡量的，现代仓储业的发展趋势是仓库由储藏型向流通型的转变。

（一）储存的概念

储存是指商品在从生产地向消费地的转移过程中，在一定地点、一定场所、一定

时间的停滞。储存是物流的一种运动状态，是商品流转中的一种作业方式，在这里对商品进行检验、加工、集散、保管、转换运输方式等多种作业。储存是物流的主要职能，又是商品流通不可缺少的环节。在流通领域的商品储存，既包括交通运输部门，为衔接各种运输方式，在码头、港口、车站和机场所建立的商品储存，也包括商业和物资部门为保证销售和供应而建立的商品储存，还包括生产企业待销待运的成品储存等。

（二）储存的功能

储存主要是对流通中的商品进行检验、保管、加工、集散和转换运输方式，并解决供求之间和不同运输方式之间的矛盾，提供时间效益和场所价值，使商品的所有权和使用价值得到保护，加速商品流转，提高物流效率和社会效益。概括起来，储存的功能可分为以下几个方面。

1. 调节功能

储存在物流中起着"蓄水池"的作用，一方面，储存能调节生产与消费的关系，使它们在时间和空间上得到协调，确保社会再生产的顺利进行；另一方面，储存可以实现对运输的调节，因为产品从生产地向销售地流转，主要依靠运输完成，但不同的运输方式在运向、运程、运量及运输线路和运输时间上存在着差异，一种运输方式一般不能直达目的地，需要在中途改变运输方式、运输线路、运输方法和运输工具，以及为协调运输时间和完成产品倒装、转运、分装等物流作业，还需要在产品运输的中途停留，即储存。

2. 检验功能

在物流过程中，为保障商品的数量准确无误，分清责任事故，维护各方面的经济利益，要求必须对商品及有关事项进行严格的检验，以满足生产、运输、销售的要求，储存为组织检验提供了场地和条件。

3. 集散功能

储存把企业的产品汇集起来，形成规模，然后根据需要分散发送到消费地。通过一集一散，衔接产量，均衡运输，提高物流速度。

4. 配送功能

根据用户的需要，对商品进行分拣、组配、包装和配发等作业，并将配好的商品送货上门。储存配送功能是储存保管功能的外延，提高了储存的社会服务效能。

（三）合理储存

合理储存，就是要保证货畅其流，要以满足市场供应不间断为依据，为此确定恰当的储存定额和商品品种结构实现储存的合理化。否则，储存过多，就会造成商品的积压，增加资金占用，提高了储存保管费用，并造成商品在库损失，造成巨大的浪费。

如果储存过少，又会造成市场脱销，影响社会消费，最终也会影响国民经济的发展。所以，储存的合理化，具有很重要的意义。

1. 选址合理

商品储存，离不开仓库，仓库建设要求布局合理。仓库的位置，对于商品流畅速度的快慢和流通费用的大小有着直接的影响。仓库的布局要与工农业生产的布局相适应，尽可能地与供货单位相靠近，这就是所谓"近厂近储"的原则；否则，就会造成工厂远距离送货的矛盾。

• 博学堂 •

商品供应是外地的，仓库选址要考虑邻近原则，力求靠近车站码头以有利于商品发运；如果商品主要供应本地，则宜建于中心地，与各销售单位呈辐射状。总之，在布局时应以物流距离最短为原则，尽可能避免商品运输的迂回倒流。选择建设大型仓库的地理位置时，最好能具备铺设铁路专用线或兴建水运码头的条件；考虑到集装箱运输的发展，还要具备大型集装箱运输车进出的条件，附近的道路和桥梁要有相应的通过能力。

2. 储存量合理

储存量合理是指商品储存有合理的数量。在新的产品运到之前有一个正常的能保证供应的库存量。影响库存量的因素很多，首先决定于社会需求量，社会需求量越大，库存储备量就越多；其次，是运输条件，运输条件好，运输时间短，则储存数量可以相应减少；最后，是物流管理水平和技术装备条件，如进货渠道、中间环节、仓库技术作业等，都将直接或间接地影响商品库存量的水平。

3. 储存结构合理

储存结构合理，就是指对不同品种、规格、型号的商品，根据消费的要求，在库存数量上，确定彼此之间有合理的比例关系。它反映了库存商品的齐备性、配套性、全面性和供应的保证性。储存结构主要是根据消费的需要和市场的需求变化等因素确定。

4. 储存时间合理

储存时间合理，就是每类商品要有恰当的储备保管天数。要求储备天数不能太长也不能太短，储备天数过长就会增加储存费用。储备天数过短，就不能保证产品供应。储存时间主要根据销售速度来确定，其他如运输时间、验收时间等也是应考虑的影响因素。此外，某些商品的储存时间，还受到该商品的性质和特点制约。如储存时间过长，产品就会发生物理、化学变化，造成其变质或损坏。

小试身手

小组活动：各小组查阅相关资料，选择一种产品，进行合理储存。从选址合理、储存量合理、储存结构合理、储存时间合理四个方面进行阐述。

慎思园

一、选择题

1. 运输的原则不包括哪一项？　　　　　　　　　　　　　　　　　　　（　）
   A. 及时　　　　　B. 准确　　　　　C. 高效　　　　　D. 经济
2. 物流部门在组织商品运输时首先要考虑哪项因素？　　　　　　　　　（　）
   A. 对流运输　　　B. 运输环节　　　C. 运输工具　　　D. 运输时间
3. 商品运输绕道而行的现象是哪种运输？　　　　　　　　　　　　　　（　）
   A. 对流运输　　　B. 迂回运输　　　C. 重复运输　　　D. 倒流运输
4. "蓄水池"的作用体现了储存的哪种功能？　　　　　　　　　　　　　（　）
   A. 调节功能　　　B. 检验功能　　　C. 集散功能　　　D. 配送功能
5. 什么是将到达消费地或集散地的商品，在卸船的同时，装上另外的船，分送给要货单位，中间不再经过其他环节？　　　　　　　　　　　　　　　　　　　（　）
   A. 就厂直拨　　　B. 就站直拨　　　C. 就库直拨　　　D. 就船过载
6. 在一般情况下，运输费用省和下列哪个选项是考虑合理运输的两个主要因素，集中体现了物流过程中的经济效益？　　　　　　　　　　　　　　　　　　（　）
   A. 运输时间快　　B. 运输距离短　　C. 运输环节少　　D. 运输工具合理

二、判断题

1. 商品储存是链接生产和消费、链接城市和乡村的枢纽，是商品流通过程中的一个重要环节。　　　　　　　　　　　　　　　　　　　　　　　　　　　　（　）
2. 在实际操作过程中，不管采用哪种运输方式，选用什么运载工具，只要合理安排，就可以同时满足里程短、环节少、时间快、费用低的要求。　　　　　　（　）
3. "商品流向"就是把商品从生产、分配、调拨、仓储和运输路线，以及运输工具方面固定下来，防止商品盲目乱流，消除不合理的对流运输、迂回运输和过远运输。　　　　　　　　　　　　　　　　　　　　　　　　　　　　　　　（　）
4. 储存时间合理，是为了降低费用，每类商品储存的时间越短越好。　（　）

光明顶

综合分析题

一、某企业新上一种新产品,处于试销阶段,请为其经营商制订一个进货策略,并说明不同生命周期商品的采购策略有哪些不同。

二、世界杯期间无数品牌重金轰炸,用户视角早已被抢占一空,还有没有漏洞可捡?燕京啤酒这次可谓是另辟蹊径,利用gif贴图,世界杯视频不能第一时间在微博平台传播,gif却可以实现。燕京啤酒与微博达成合作,新浪体育官方微博在世界杯期间第一时间发布的进球动图,都会出现燕京啤酒2014世界杯广告图片,这种方法讨巧又有效。以最便捷的方式,让用户进行二次传播,借由gif图的广泛传播,小组赛期间GIF图片的传播量已经超过4亿次,让燕京啤酒获得了巨大品牌曝光量。

1. 如果你是燕京啤酒的负责人,你会采用哪些营销策略。
2. 帮燕京啤酒设计一下它的定价策略和营销渠道结构,并说明你的理由。

三、大发运输公司有两批货物需要运往异地。一批是少量的精密仪器,客户要求一天内由北京运往昆明;另一批货物是电风扇,由北京运往山东某地。由于情况特殊,两批货物运输均不考虑节约运费。大发公司拟定运输方案为:精密仪器采用飞机运输,电风扇采用铁路运输。

1. 分析大发公司拟定的运输方案是否合理,并说明理由。
2. 如果你是大发公司的负责人,你将会采用怎样的运输方案。

单元五　商业财务初步

•学习目标•

◎ 了解财务管理的基本概念和意义
◎ 了解营运资金管理的主要内容
◎ 掌握筹资管理的主要内容
◎ 掌握财务分析的主要内容和方法

李经理成立了一家公司，公司前几年效益还行，但从去年开始，公司购入的商品出现积压现象，销售不出去，资金不能及时回收，有的应收款甚至成了坏账。公司没有足够的资金，进货也成了问题，由于长期拖欠货款，公司和供应商关系变得紧张……

公司经营不善，怎样融通资金呢？发行股票、发行债券、向银行借款……这些都是有效的方法……那么这些方法哪种成本比较高呢？哪种时间最短呢？哪种方法筹资金额大呢？读完本章，您将会知道答案。

另外，李经理要制订明年的销售计划，预测明年的销售利润，或者他想知道公司的资金结构和盈利能力，比如资产负债率、销售毛利率，应该怎样进行计算呢？如果您想知道结果，那么让我陪着您，一起进入财务管理的神秘殿堂吧！

主题一　认识财务管理

一、财务管理的内涵

财务管理（Financial Management）是指有关商业企业营运过程中各项资金收支的管理活动，是在一定的整体目标下，关于资产的购置（投资），资本的融通（筹资）和经营中现金流量（营运资金）以及利润分配的管理。财务管理是商业企业管理的一个组成部分，它是根据财经法规制度，按照财务管理的原则，组织商业企业财务活动，处理财务关系的一项经济管理活动。

二、财务管理的目标

现行商业企业财务管理有以下几种具有代表性的理论。

（一）利润最大化

利润最大化就是假定商业企业财务管理以实现利润最大为目标。利润最大化目标的主要优点是：企业追求利润最大化，就必须讲求经济效益，加强管理，改进技术，提高劳动生产率，降低产品成本。这些措施都有利于企业资源的合理配置，有利于整体经济效益的提高。

但是，以利润最大化作为财务管理目标存在以下缺陷。

（1）没有考虑利润实现时间和资金的时间价值。比如，商业企业今年实现500万元的利润和三年以后实现500万元的利润，其实际价值是不一样的。

（2）没有考虑风险问题。比如，风险比较高的商业企业和风险低的企业无法进行简单比较。

（3）没有反映创造的利润与投入资本之间的关系。

(4) 可能会导致商业企业短期财务决策倾向。

• 小试身手 •

你现在有 1000 元的现金和两年之后有同样数额的现金，它们的价值是一样的吗？试说明你的理由。

（二）股东财富最大化

股东财富最大化是指商业企业财务管理以实现股东财富最大为目标。在上市公司，股东财富是由其所持有的股票数量和股票市场价格两方面决定的。在股票数量一定时，股票价格达到最高，股东财富也就达到最大。

以股东财富最大化作为财务管理的目标存在以下缺点。

（1）通常只能用于上市公司，非上市公司难以应用，因为非上市公司无法像上市公司一样随时准确获得公司股价。

（2）股价受众多因素的影响，有时不能完全准确反映商业企业财务管理状况。

（3）它强调得更多的是股东利益，而对其他相关者的利益重视不够。

• 小试身手 •

根据你通过各种媒体，或者是身边的人和事所获得的关于股票的知识，解释上市公司的股价一般受哪些因素的影响？

（三）企业价值最大化

企业价值最大化是指商业企业财务管理行为以实现企业的价值最大为目标。企业价值可以理解为企业所有者权益和债权人权益的市场价值，也可以理解为是企业所能创造的预计未来现金流量的现值。

以企业价值最大化作为财务管理目标，具有以下优点。

（1）考虑了取得报酬的时间，并用时间价值的原理进行了计量。

（2）考虑了风险与报酬的关系。

（3）将企业长期、稳定的发展和持续的获利能力放在首位，能克服企业在追求利润上的短期行为，因为不仅当前利润会影响企业的价值，预期未来的利润对企业价值增加也会产生重大影响。

（4）用价值代替其价格，避免了过多外界市场因素的干扰，有效地规避了商业企业的短期行为。但是，以企业价值最大化作为财务管理目标过于理论化，不易操作。

（四）相关者利益最大化

股东作为商业企业所有者，在企业中拥有最高的权力，并承担着最大的义务和风险，但是债权人、员工、企业经营者、客户、供应商和政府也为企业承担着风险。因此，企业的利益相关者不仅包括股东，还包括债权人、企业经营者、客户、供应商、员工、政府等。在确定企业财务管理目标时，也不能忽视这些相关利益群体的利益。如图5-1所示。

以相关者利益最大化作为财务管理目标，具有以下优点。

（1）有利于商业企业长期稳定的发展。

（2）体现了合作共赢的价值理念，有利于实现商业企业经济效益和社会效益的统一。

（3）较好地兼顾了各利益群体的利益。

（4）体现了前瞻性和现实性的统一。

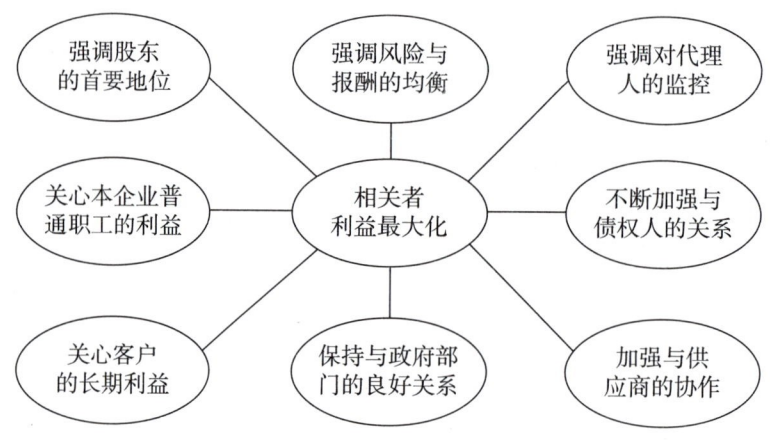

图5-1 相关者利益最大化示意

博学堂

利润最大化、股东财富最大化、企业价值最大化以及相关者利益最大化等各种财务管理目标，都以股东财富最大化为基础。这是因为企业是市场经济的主要参与者，企业的创立和发展都必须以股东的投入为基础，离开股东的投入，企业无法存在，您能说股东的投入不重要吗？比如，甲、乙、丙3个人成立一家公司，注册资本共100万元，甲出资50万元，乙出资30万元，丙出资20万元，那么甲、乙、丙就是公司的股东，根据公司章程，可以按照各自的出资比例50%、

30%和20%分配股利。当然,以股东财富最大化为核心和基础,还应该考虑利益相关者的利益。

◆ 慎思园 ◆

一、选择题

1. 企业营运中各项资金的收支管理活动称为_____。　　　　　　　　(　　)
   A. 人力资源管理　　B. 财务管理　　C. 研发管理　　D. 营销管理

2. 股东财富最大化强调得更多的是_____。　　　　　　　　　　　　(　　)
   A. 股东的利益　　B. 客户的利益　　C. 供应商的利益　　D. 政府的利益

3. 财务管理的各种目标,都将其作为基础的目标是_____。　　　　　(　　)
   A. 利润最大化　　　　　　　　　B. 价值最大化
   C. 股东财富最大化　　　　　　　D. 相关者利益最大化

4. 以下只能用于上市公司的财务管理目标是_____。　　　　　　　　(　　)
   A. 利润最大化　　　　　　　　　B. 股东财富最大化
   C. 价值最大化　　　　　　　　　D. 相关者利益最大化

二、业务拓展题

1. 关于财务管理目标的几种代表性的理论各有什么优缺点?

2. 假定锦嘉园有限公司注册资本共1000万元,股东分别是老黄、小李和小刘,他们的投资比例分别是30%、50%和20%,年末实现未分配利润300万元,那么3个人获得的股利分别是多少?

◆ 多闻阁 ◆

在年底的经理办公会上,李经理对各部门的部分营运资金的管理提出了批评,李经理说:财务部的现金管理存在着不规范的现象,每天的现金没有及时盘点,没有做到日清日结;应收账款存在坏账现象,部分应收款不能及时收回,导致公司的资金周转出现困难;各办公室有的用品、物资出现闲置,造成资金浪费……

会议就要结束时,各部门负责人纷纷做出保证:赶紧处理并解决李经理提出的问题,并承诺加强对营运资金的管理。

那么什么是营运资金？营运资金为什么这么重要？它对商业企业的经营发展有什么重要作用？如果您想知道答案，那么请您愉快地阅读下面的内容。

主题二 营运资金管理

一、营运资金的内涵

（一）营运资金的含义

营运资金是指在商业企业经营活动中占用在流动资产上的资金。本书所讲的营运资金是指流动资产减去流动负债后的余额，是狭义的营运资金的概念。营运资金包括流动资产（包括现金、交易性金融资产、应收及预付款、存货等）以及流动负债（包括短期借款、应付票据、应付短期融资券等），就经营企业而言，营运资产的管理是一项相当重要的课题。

（二）营运资金的特点

（1）营运资金的来源具有多样性。商业企业筹集营运资金的方式通常有短期借款、短期融资券、商业信用等多种内外部融资方式。

（2）营运资金的数量具有波动性。流动资产的数量会随企业内外条件的变化而变化，波动很大。随着流动资产数量的变动，流动负债的数量也会相应发生变动。

（3）营运资金的周转具有短期性。商业企业占用在流动资产上的资金，通常会在一年或超过一年的一个营业周期内收回，对企业影响的时间比较短。

（4）营运资金的实物形态具有变动性和易变现性。商业企业营运资金的占用形态是经常变化的。

> **他山石**
>
> 流动资产是指企业可以在一年或者超过一年的一个营业周期内变现或者运用的资产，流动资产具有周转速度快、占用时间短、变现能力强等特点，比如企业保管的现金（库存现金）和存放在银行的各种款项（银行存款），企业应收但尚未收到的货款（应收账款），企业仓库中的各种商品（库存商品）等，流动资产是企业资产中必不可少的重要组成部分。

二、流动资产管理

（一）现金管理

1. 现金的定义

公司资产中现金是流动性最高的资产，是指在经营活动过程中以货币形态存在的现金，包括库存现金、银行存款和其他货币资金等。现金代表着企业直接的支付能力和应变能力，可用来满足经营开支的各种需要，也是还本付息和履行纳税义务的保证。拥有足够的现金对于降低企业的风险，增强商业企业资产的流动性和债务的可清偿性具有重要的意义。但现金收益性最弱，其持有量并不是越多越好。

> **小试身手**
>
> 我们平时所讲的"现金"和财务管理中的"现金"有什么不同？试举例说明。

2. 持有现金的动机

一般来说，公司持有现金主要有三项需求：交易性需求、预防性需求、投机性需求。分述如下：

（1）交易性需求。公司在面对日常商业交易活动如采购、薪资、赋税以及股利发放时，公司必须准备相当数量的现金。

（2）预防性需求。任何一家公司都必须做好预防准备，也就是必须准备好适当的现金以防范企业面临营运风险之需，使公司能够持续经营。

（3）投机性需求。公司若能有效预测未来利率变化，可以利用公司现有资金进行投资。

3. 现金管理的原则

良好的现金管理，可为公司带来更高收益，所以公司在正常营运的情况下，准确预估所需现金，以减少不必要的安全现金余额，增加短期获利。现金管理需要注意流动性、安全性与获利性三项基本原则。分述如下：

（1）流动性。为应付经常性费用与紧急性支出，公司必须备有相当的现金予以支付，不能全部进行投资。

（2）安全性。必须建立良好的内部控制制度以管理现金收支，防止现金被盗用。

（3）获利性。公司存放的现金没有实际获利，因此应适当地投资与运用以避免现金闲置过多。

• 小试身手 •

如果你有部分闲置资金（现金），你准备采用哪几种方式获利？试说明理由。

（二）应收账款管理

1. 应收账款的功能

应收账款是指通过提供商业信用，采取赊销、分期付款等方式可以扩大销售，增强竞争力，获得利润。应收账款作为商业企业为扩大销售和盈利的一项投资，也会发生一定的成本，所以企业需要在应收账款所增加的盈利和所增加的成本之间做出权衡。

应收账款的功能是指其在经营活动中的作用。主要有以下两个方面：第一是增加销售的功能。在激烈的市场竞争中，通过提供赊销可有效地促进销售；第二是减少存货的功能。企业持有一定产品的存货会相应占用资金，形成仓储费用、管理费用等，产生成本，而赊销则可避免这些成本的产生。

2. 应收账款的管理目标

发生应收账款的原因，主要有以下两种。第一，商业竞争。这是发生应收账款的主要原因。在社会主义市场经济的条件下，存在着激烈的商业竞争。竞争机制的作用促使企业以各种手段扩大销售。除了依靠产品质量、价格、广告、售后服务外，赊销也是扩大销售的手段之一，由竞争引起的应收账款，是一种商业信用；第二，销售和收款的时间差。商品成交的时间和收到货款的时间经常不一致，也导致了应收账款的发生。就一般商业批发企业来讲，发货的时间和收到货款的时间往往不同，这是因为货款结算需要时间的缘故。结算手段越是落后，结算所需时间就越长，销售方要承担由此产生的现金垫支。由于销售和收款的时间差造成的应收账款不属于商业信用，也不是应收账款管理的主要对象。

3. 信用政策

信用政策包括信用标准、信用条件和收账政策三个方面。如图 5 - 2 所示。

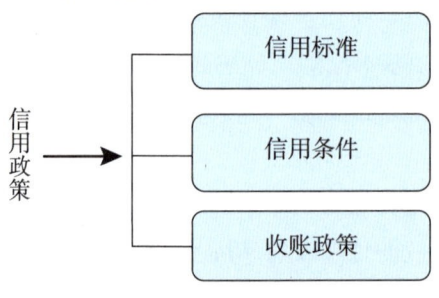

图 5 - 2　信用政策的内容

第一,信用标准。信用标准是指信用申请者获得企业提供信用所必须达到的最低信用水平,通常以预期的坏账损失率作为判别标准。常用的信用定性分析法是5C信用评价系统,即评估申请人信用品质的五个方面:品质、能力、资本、抵押和条件。

品质是指企业经营者(负责人、经营团队)的诚实和正直的表现。品质反映了个人或企业在以往的还款过程中所体现出的还款意图和愿望,这是5C中最主要的因素。

能力是指经营能力,分析经营者的专业能力、获利能力,以及同类行业或社会大众对其评价,商品销售是否正常,在市场上有无竞争力。

资本是指如果企业或个人当前的现金不足以还债,其在短期和长期时间内可供使用的财务资源。如果企业资本雄厚,则说明企业具有强大的物质基础和抗风险能力。

抵押是指当企业或个人不能满足还款条款时,可以用作债务担保的资产或其他担保物。

条件是指影响申请者还款能力和还款意愿的经济环境。

第二,信用条件。信用条件是指企业给予顾客赊账时所告知的条件,包括:信用期间、折扣期限、现金折扣等要素。

信用期间是指企业允许顾客从购货到付款之间的时间,或者说是企业给予顾客的付款期间,一般简称为信用期。

折扣条件包括现金折扣和折扣期两个方面。假设企业给予顾客提供现金折扣,那么顾客在折扣期内付款时少付的金额所产生的费用会影响企业的收益。现金折扣是企业促使顾客及时付款而给予对方的一种优惠,对企业而言,会缩短企业的平均收款期。现金折扣的表示常用类似"2/10,1/20,$N/30$"这样的符号表示。其含义为:2/10表示10天内付款,可享受2%的价格优惠;1/20表示20天内付款,可享受1%的价格优惠;$N/30$表示30天内付款无优惠。

● 小试身手 ●

1月3日,锦嘉园有限公司销售一批商品给客户,售价(应收款)共5000元,折扣条件为2/10、1/20、$N/30$,请回答以下问题。

1. 如果客户1月8日付款,应付款多少?
2. 如果客户1月15日付款,应付款多少?
3. 如果客户2月20日付款,应付款多少?

第三,收账政策。收账政策是指公司对于已过期的各项应收款项所进行的收账策略。好的收账策略是指公司能准时将每笔应收账款收回,以降低损失。但是在现实社会中,要完全准时收回应收账款的成功率并不高,故必须进行各种不同收账方式,包括:信函催收、电话告知、派人访问、利用收账代理人,甚至是诉诸法律。

（三）存货管理

1. 存货管理的目标

存货是指商业企业在经营过程中为销售或耗用而储备的物资，包括商品、包装物、低值易耗品等。存货的管理水平直接影响着企业的经营活动能否顺利进行，会最终影响企业的收益、风险等状况。存货管理是财务管理的一项重要内容。如图5-3所示。

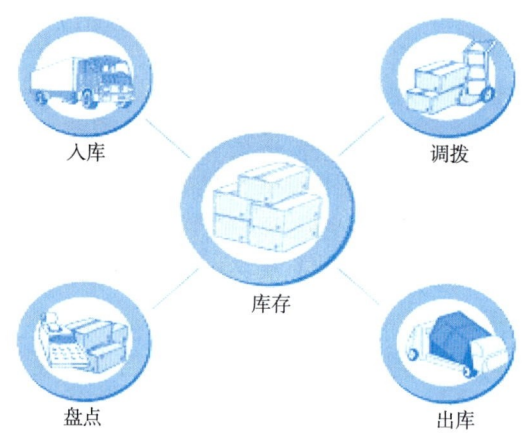

图5-3 存货管理

> **·小试身手·**
>
> 锦嘉园有限公司有材料、商品、办公大楼、商标等资产，属于存货的有哪些？

存货管理的目标具体有以下几个方面：第一，保证经营活动正常进行。为了保障经营活动的正常进行，商业企业必须储备一定的商品，否则会影响企业的正常经营活动，可能会造成经营中断、企业蒙受损失；第二，有利于销售。一定数量的存货储备会增加企业在经营方面的机动性和适应市场变化的能力；第三，降低存货取得成本。许多供应商为了鼓励客户多购买其产品，往往在客户采购量达到一定数量时，给予价格折扣，因此，企业应抓住时机，通过大批量集中进货，既可以享受价格折扣，降低购置成本，也可以因为减少订货次数，降低了订货成本，使总的进货成本降低；第四，防止意外事件的发生。商业企业在采购、运输、销售过程中，都有可能发生意外事故，如果保持必要的存货储备，可以避免和减少意外事故所造成的损失。

2. 存货的控制系统

存货管理不仅需要各种模型帮助确定适当的存货水平，还需要建立相应的存货控制系统。现在许多大企业采用了计算机存货控制系统。当存货数据输入计算机后，计算机就对这批存货开始跟踪。以后，每当有货物被发出时，计算机就能及时做出记录并修正库存余额。当存货下降到订货点时，计算机自动发出订单。

随着业务流程重组的兴起和计算机行业的发展，存货管理系统也得到了很大的发展。以下对 ABC 存货控制系统进行介绍。

ABC 控制系统：ABC 控制法将企业种类繁多的存货，依据其重要程度、价值大小或者资金占用等标准分为三大类，以区分重点进行分类管理。

第一类：存货价值高、品种占比低，此类存货应当重点监控，严格管理。

第二类：存货价值一般、品种占比较高，采取一般控制管理。

第三类：存货价值低，品种占比最高，应灵活管理。

存货 ABC 控制法对存货的分类、管理方法的比较如表 5-1 所示。

表 5-1 　　　　　　　存货 ABC 分类和管理方法比较表

分类	一般划分标准		特点		管理方法
	品种数量（%）	金额（%）	存货价值	品种数量	
A 类	10~15	50~70	存货价值高	金额大，品种数量较少	分品种重点监管
B 类	20~25	15~20	存货价值一般	金额一般，品种数量相对较多	按类别一般控制
C 类	60~70	10~35	存货价值低	品种数量繁多，价值金额很小	按总额灵活掌握

· 小试身手 ·

锦嘉园有限公司采用 ABC 控制法对存货进行分类，其中有一类存货品种数量占 65%，存货的价值较低，品种数量较多，应该将此类存货划分为哪一类？

· 他山石 ·

流动负债又称短期负债，是指在一年或超过一年的一个营业周期内必须偿还的债务，其特点是成本低、偿还时间短，比如企业向银行借入的流动资金贷款（短期借款）、应付尚未支付的货款（应付账款）、应交但尚未缴纳的税费（应交税费）以及应付但尚未支付的职工工资和福利费（应付职工薪酬）等。

非流动负债也叫长期负债，是指流动负债以外的负债。

三、流动负债管理

流动负债主要有短期借款、短期融资券和商业信用，它们具有不同的获取速度、灵活性、成本和风险。如图 5-4 所示。

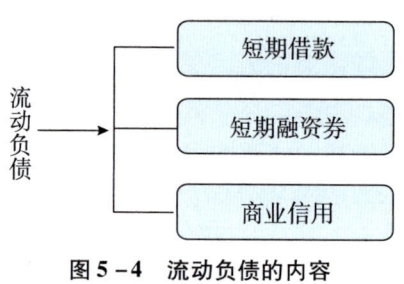

图 5-4　流动负债的内容

（一）短期借款

借款分为短期借款和长期借款两种。短期借款是指企业为了维持正常的生产经营所需资金或者为了抵偿债务而向银行或其他金融机构借入的、偿还期限在一年以下（含一年）的借款。短期借款的优点是灵活、便捷，缺点是归还时间短，有可能会附带附加条件。

（二）短期融资券

在我国，短期融资券是指企业依照《银行间债券市场非金融企业债务融资工具管理办法》的条件和程序，在银行间债券市场发行和交易并约定在一定期限内还本付息的有价证券，是企业筹措短期资金（一年以内）的直接融资方式，它是由企业发行的无担保短期本票。

短期融资券的筹资特点主要有以下内容。

(1) 筹资成本较低。与发行公司债券筹资相比，发行短期融资券的筹资成本较低。

(2) 筹资数额比较大。与银行借款筹资比较，短期融资券一次性的筹资数额比较大。

(3) 发行条件比较严格。必须具备一定信用等级并且实力强的企业才能发行短期融资券筹资。

(三) 商业信用

商业信用是指商业企业在商品或劳务交易中，以延期付款或预收货款方式进行购销活动而形成的借贷关系，是企业之间的直接信用行为，也是企业短期资金的重要来源。商业信用的形式有应付账款、应付票据、预收货款和应计未付款等。商业信用的优缺点主要有以下内容。

1. 商业信用筹资的优点

第一，商业信用容易获得。应收账款等信贷形式是基于企业之间发生的购销行为，由于企业间的购销关系具有信用基础，因此是自然发生并且是可连续的，不必办理复杂的筹资手续。第二，企业有较大的机动权。企业可以根据自己的需要，选择筹资的金额大小和时间的长短，如不能按期付款或交货，可以与客户协商延长时限。第三，企业一般不需要提供担保。商业信用是企业时间发生的直接信用行为，不需要筹资方进行担保，也无须第三方担保，这样就可以避免像抵押借款之类的筹资方式可能面临抵押的资产被处置的风险。

2. 商业信用筹资的缺点

一是商业信用筹资成本高。其筹资成本比银行信用要高。二是容易恶化企业的信用水平。商业信用对时间的要求较高，如果长期和经常性拖欠货款，企业的信誉会恶化，信用会降低。三是受外部环境影响较大。

商业信用筹资的优缺点，如表 5-2 所示。

表 5-2　　　　　　　　商业信用筹资的优缺点

商业信用筹资	优点	商业信用容易获得
		企业有较大的机动权
		一般不需要提供担保
	缺点	商业信用筹资成本高
		容易恶化企业的信用水平
		受外部环境影响较大

• 小试身手 •

简述商业信用筹资的优缺点并举例说明。

博学堂

营运资金是商业企业资金结构中最具活力的部分，营运资金的运转效率很大程度上决定了企业的生存与发展。从会计角度讲，营运资金是指某时点内企业的流动资产与流动负债的差额。例如企业的现金、存款、应收账款、存货、银行借款等都属于营运资金。

营运资金主要在研究商业企业的偿债能力和财务风险时使用。如果营运资金过量，说明资产利用率不高；如果营运资金过少，说明固定资产投资依赖短期债务融资的程度较高，经营上会受到影响。因此，营运资金管理是企业财务管理的重要组成部分。

营运资产是衡量公司资产规模大小的尺度，可以作为确定信用额度的基础标准。

慎思园

一、选择题

1. 下列是企业持有现金的动机的是_____。　　　　　　　　（　　）
   A. 交易性需求　　　B. 预防性需求　　　C. 投机性需求　　　D. 以上皆是

2. 以下不是营运资金的是_____。　　　　　　　　　　　　（　　）
   A. 现金　　　B. 交易性金融资产　　　C. 应收账款　　　D. 无形资产

3. 下列关于短期融资券的表述中，错误的是_____。　　　　（　　）
   A. 短期融资券不向社会公众发行
   B. 必须具备一定信用等级的企业才能发行短期融资券
   C. 相对于发行公司债券而言，短期融资券的筹资成本较高
   D. 相对于银行借款筹资而言，短期融资券的一次性筹资数额较大

4. 下列各项中，属于商业信用筹资方式的是_____。　　　　（　　）
   A. 发行短期融资券　B. 应付账款筹资　　C. 短期借款　　　D. 预收货款筹资

二、配合题

下列各项若为流动资产请填○，若为非流动资产请填△。

1. 现金：_____
2. 固定资产：_____
3. 无形资产：_____

4. 应收账款：_____

三、业务拓展题

锦嘉园有限公司最近由于大量赊销商品，造成很多应收款无法及时收回，甚至部分应收款出现坏账，针对这种现象，请回答以下问题。

1. 你认为应采取哪些措施收回应收款？
2. 可以通过哪些渠道筹集营运资金？

• 多闻阁 •

股东大会授权董事会讨论下一步如何进行筹资，采用哪种方式进行筹资的问题。会上，董事会成员纷纷发言，好不热闹，小刘说：我看不如发行股票，发行股票时间长，筹资数额大；小陈说：发行股票还不如发行债券，发行债券手续简单，费用较低；老黄说：发行股票和债券还不如向银行贷款，银行贷款时间快，是费用最低的。三个人争论起来，谁也说服不了谁。李董事长说：三种筹资方式时间上有差别，筹资金额也有不同，费用也有高有低……那么，它们到底有什么不同呢？

主题三　筹资

一、筹资管理的内容

筹资管理要求解决商业企业筹资的原因、筹集多少资金、从什么渠道以何种方式筹资，以及怎样协调财务风险和资本成本，合理安排资本结构等问题。筹资活动往往是商业企业资金流转运动的起点。

（一）科学预计资金需要量

任何一个商业企业，为了保证经营活动正常运行，必须持有一定数量的资金。一般企业资金的需求来源于两个基本目的：满足经营运转的资金需要和满足投资发展的资金需要。商业企业在创立时，要按照规划的经营规模，核定长期资本需要量和流动资金需要量。企业在正常运营时，要根据年度经营计划和资金周转水平，核定维持营业活动的日常资金需求量；企业扩张发展时，要根据扩张规模或者对外投资对大额资金的需求，安排专项的资金。

（二）合理安排筹资渠道，选择筹资方式

商业企业要筹资，首先要解决的问题是资金从哪里来、以什么方式取得，这是筹资渠道和筹资方式的问题。

安排筹资渠道和选择筹资方式是一项重要的财务工作，会直接关系到商业企业所能筹措资金的数量、成本和风险，因而要深刻认识筹资渠道和筹资方式的特征、性质以及与商业企业筹资要求的适应性。要在权衡不同性质资金的数量、成本和风险的基础上，按照不同的筹资渠道，并合理选择筹资方式来筹集资金。

> **小试身手**
>
> 锦嘉园有限公司要筹集资金200万元，你认为公司可以采用什么方式筹资？（至少说出三种）

（三）降低资本成本、控制财务风险

资本成本是商业企业筹集和使用资金所付出的代价，包括资金筹集费用和使用费用。按不同方式取得的资金，其资本成本是不同的。一般来说，债务资金比股权资金的资本成本要低，而且债务资金的资金成本在签订债务合同时就已经确定，与企业的经营业绩和盈亏状况无关。即便同是债务资金，由于借款、债券和租赁的性质不同，其资本成本也有差异。

财务风险，是指商业企业无法足额偿付到期债务的本金和利息、支付股东股利的风险，主要表现为偿债风险。由于如果无力清偿债权人的债务，可能会导致企业的破产，因而商业企业筹集资金在降低资本成本率的同时，要充分考虑财务风险，防范企业破产的财务危机。

二、筹资方式

筹资方式，是指商业企业筹集资金所采取的具体形式，它受到法律环境、经济体制、融资市场等筹资环境的制约，特别是受国家对金融市场和融资行为方面的法律法规制约。商业企业最基本的投资方式一般包括股权筹资和债务筹资两大类，股权筹资具体包括吸收直接投资、发行股票、留存收益，债务筹资具体包括发行债券、向金融机构借款、融资租赁、商业信用等。如图5-5所示。

（一）吸收直接投资

吸收直接投资是指商业企业以投资合同、协议等形式定向地吸收国家、法人单位、

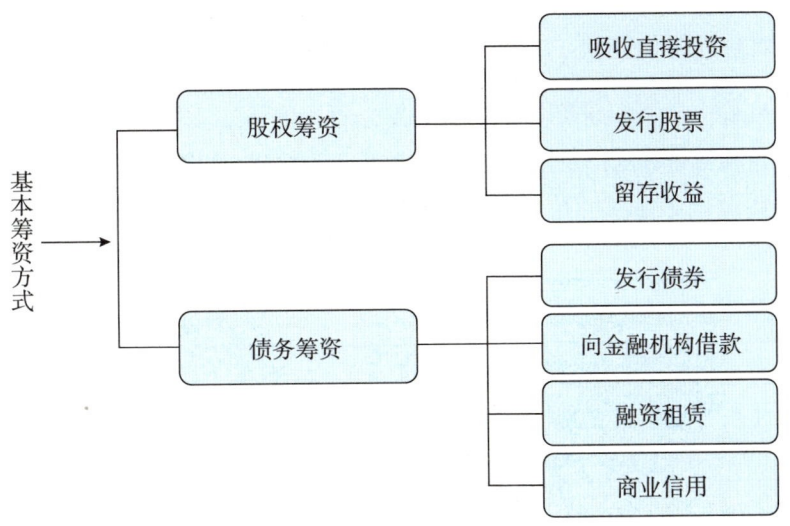

图 5-5 基本筹资方式

自然人等投资主体资金的筹资方式。这种筹资方式主要适用于非股份有限公司筹集股权资本。

(二) 发行股票

发行股票是指商业企业以发售股票的方式取得资金的筹资方式。发行股票是股权筹资的方式之一,这种筹资方式只适用于股份有限公司,必须以股票作为载体。

• 他山石 •

留存收益是指企业从历年实现的利润中提取或形成的留存于企业的内部积累,包括盈余公积和未分配利润两大类。比如企业年末形成利润总额,根据利润总额进行调整作为基数计算企业所得税,利润总额扣除企业所得税剩下的部分称为净利润,然后从净利润中按照一定比率提取盈余公积,净利润扣除盈余公积后余下的部分为未分配利润。

(三) 留存收益

留存收益是指商业企业从税后净利润中提取的盈余公积以及从企业可供分配利润中留存的未分配利润。留存收益筹资指商业企业将当年利润转化成股东对企业追加投资的过程。留存收益是股权筹资方式之一。

（四）向金融机构借款

向金融机构借款是指商业企业根据借款合同从银行或非银行金融机构取得资金的筹资方式。这种筹资方式广泛适用于各类企业，既可以筹集长期资金也可以筹资短期融通资金，特点是灵活、方便。向金融机构借款是债务筹资的方式之一。

• 小试身手 •

锦嘉园有限公司向银行借款 100 万元，年利率 8%，借款一年，到期后公司应该还银行多少钱？怎样计算呢？

（五）商业信用

商业信用是指商业企业之间在商品或劳务交易过程中，由于延期付款或交货形成的信用关系。它是商业企业短期资金的一种重要的、经常性的来源。利用商业信用是债务筹资的方式之一。

（六）发行债券

发行债券是指商业企业以发售公司债券的方式取得资金的筹集方式。公司债券是公司按照法定程序、约定还本付息期限、标明债权债务关系的有价证券。发行公司债券的渠道有面向法人单位和自然人两种渠道。发行公司债券是债务筹资方式之一。

（七）融资租赁

融资租赁也称为资本租赁或财务租赁，是指商业企业与租赁公司签订租赁合同，从租赁公司取得租赁物资，通过对租赁物资的占有取得资金的筹资方式。融资租赁是债务筹资的方式之一。

三、债务筹资和股权筹资的优缺点

（一）债务筹资的优缺点

1. 债务筹资的优点

债务筹资的优点是筹资速度较快、筹资弹性大、资本成本负担较轻、可以利用财务杠杆以及稳定公司的控制权。

2. 债务筹资的缺点

债务筹资的缺点是不能形成商业企业稳定的资本基础、财务风险较大以及筹资数额有限。

(二) 股权筹资的优缺点

1. 股权筹资的优点

股权筹资的优点有股权筹资是商业企业稳定的资本基础、是商业企业良好的信用基础、财务风险较小。

2. 股权筹资的缺点

股权筹资的缺点有资本成本负担较重、容易分散公司的控制权以及信息沟通与披露成本较大。

四、筹资管理的原则

权衡资金的性质、数量、成本和风险，在严格遵守国家法律法规的基础上合理选择筹资方式，分析影响筹资的各方面因素，提高筹资效果，这就是企业商业筹资管理的基本要求。

(一) 筹措合法

筹措合法原则是指商业企业筹资要遵循国家法律法规，合法筹措资金。商业企业的筹资活动不仅是自身的资金来源问题，也会影响投资者的经济利益，影响社会经济秩序，因此合法合规筹资才能维护各方面的合法权益。

(二) 规模适当

规模适当原则就是要依据商业企业的实际经营和发展的要求，科学合理的预测、安排资金的需求量。筹资规模既不能过大，造成资金的闲置浪费，又不能筹资不足，影响经营活动的正常运转。

(三) 取得及时

取得及时原则是指合理安排筹资时间，适时取得资金。要根据用资要求合理安排筹资的到位时间，既不能过早筹到资金，造成浪费，又不能让所筹资金时间滞后，贻误资金投放的最佳时间。

(四) 来源经济

来源经济原则是指从各种渠道中选择经济、可行的筹资来源。各种筹资渠道的成本是不一样的，难易程度也是不同的，商业企业应力求降低筹资成本。

(五) 结构合理

结构合理原则是指在优化资本结构时要综合考虑各种筹资方式的特点及其关系，

要保持适当的偿债能力，避免出现财务危机。

•小试身手•

锦嘉园有限公司2月销售一批商品，货款20000元尚未收回，又过了几个月，对方仍然没有付款，试考虑可以通过哪几种途径追回这笔货款？

•博学堂•

筹资资方式的选择应遵循先"内部筹资"后"外部筹资"的优序理论。按照现代资本结构理论中的"优序理论"，商业企业筹资的首选是企业的内部资金，主要是指企业留存的税后利润，在内部筹资不足时，再进行外部筹资。而在外部筹资时，先选择低风险类型的债务筹资，后选择发行新的股票，也就是说企业筹资时先筹集自己赚的钱，不足时再向银行贷款，最后发行股票。

•慎思园•

一、选择题

1. 商业企业筹资依据资金来源区分可分为_____。　　　　　　（　　）
   A. 短期筹资与长期筹资　　　　B. 长期筹资与外部筹资
   C. 内部筹资与外部筹资　　　　D. 短期筹资与内部筹资
2. 下列不是普通股东所具备的权益的是_____。　　　　　　　（　　）
   A. 新股认购权　　B. 剩余资产分配权　　C. 公司管理经营权　　D. 以上皆是
3. 下列不是债务筹资的是_____。　　　　　　　　　　　　　　（　　）
   A. 商业信用　　　B. 发行债券　　　　　C. 融资租赁　　　　　D. 留存收益
4. 下列不是股权筹资的是_____。　　　　　　　　　　　　　　（　　）
   A. 发行新股　　　B. 吸收直接投资　　　C. 留存收益　　　　　D. 商业信用

二、业务拓展题

锦嘉园有限公司经股东大会通过，决定采取以下方式之一筹集长期资金：第一是发行股票，第二是发行债券，并授权董事会通过。在董事会会议上，大家纷纷发表意见。

请回答：你认为公司这两种融资方式各有什么优缺点？为什么？

> **• 多闻阁 •**
>
> 李经理找到会计小王，让小王提供以下数据：本年度的流动比率，速动比率，存货周转率，应收账款周转率……小王感到不解：这些指标有什么用呢？李经理似乎看出了小王的心思，对小王说：它们可用来分析公司经营状况、发展潜力、资金周转能力、盈利能力，据以制订经营计划，确立发展目标。小王心想：没想到这些指标用处这么大呢。

主题四　财务分析

一、财务分析的主要内容

（一）财务分析的意义和内容

财务分析是根据商业企业财务报表等信息资料，采用专门方法，系统分析和评价企业财务状况、经营成果以及未来发展趋势的过程。

财务分析以商业企业财务报告及其他相关资料为主要依据，对企业的财务状况和经营成果进行分析评价和剖析，反映企业在经营过程中的利弊得失和发展趋势，从而为改进企业财务管理工作和优化经济决策提供重要财务信息。

1. 财务分析的意义

财务分析的意义主要体现在以下几方面。第一，判断商业企业的财务实力。通过对资产负债表和利润表有关资料进行分析，计算相关指标，可以了解企业的资产结构和负债水平是否合理，从而判断企业的偿债能力、营运能力以及盈利能力等财务实力，揭示企业在财务状况方面可能存在的问题。第二，评价和考核商业企业的经营业绩，揭示财务活动存在的问题。第三，挖掘商业企业潜力，寻求提高企业经营管理水平和经济效益的途径。通过财务分析，保持和进一步发挥经营管理中成功的经验，对存在的问题应提出解决的策略和措施，以达到扬长避短、提高经营管理水平和经济效益的目的。第四，评价商业企业的发展趋势。通过各种财务分析，可以判断企业的发展趋势，预测其经营管理的前景及偿债能力，从而为企业领导层进行经营决策、投资者进行投资决策和债权人进行信贷决策提供重要的依据，避免因决策错误给其带来重大损失。

2. 财务分析的内容

财务分析信息的需求者主要包括企业所有者、企业债权人、企业经营决策者和政府等。不同主体出于不同的利益考虑，对财务分析信息有着各自不同的要求。

第一，商业企业所有者作为投资人，关心其资本的保值和增值状况，因此较为重视企业盈利能力指标，主要进行企业盈利能力分析。第二，商业企业债权人因不能参与企业剩余收益分享，首先关注的是其投资的安全性，因此更重视企业偿债能力指标，主要进行企业偿债能力分析，同时也关注企业盈利能力分析。第三，商业企业经营决策者必须对企业经营理财的各个方面予以详尽的了解和掌握，主要进行各方面综合分析，并关注企业财务风险和经营风险。第四，政府兼具多重身份，既是宏观经济管理者，又是国有企业的所有者和重要的市场参与者，因此政府对企业财务分析的关注点因其身份不同而有所不同。

（二）财务分析的局限性

1. 资料来源的局限性

资料来源的局限性主要有报表数据的时效性、报表数据的真实性、报表数据的可靠性、报表数据的可比性以及报表数据的完整性问题。

2. 财务分析方法的局限性

无论何种分析法均是对过去经济事项的反映，随着环境的变化，这些变化标准也会发生变化。在分析时，分析者往往只是注重数据的比较，而忽略经营环境的变化，这样得出的分析结论也是不全面的。

3. 财务分析指标的局限性

主要有财务指标体系不严密、所反映的情况具有相对性、评价标准不统一、比较基础不统一等。

他山石

财务报表是对企业财务状况、经营成果和现金流量的结构性表述。一套完整的财务报表至少应当包括资产负债表、利润表、现金流量表、所有者权益（或股东权益）变动表以及附注。

资产负债表是指反映企业在某一特定日期的财务状况的报表，主要反映资产、负债和所有者权益三方面的内容，并满足"资产＝负债＋所有者权益"平衡式。我国的资产负债表采用账户式结构。

利润表是指反映企业在一定会计期间的经营成果的报表。主要反映企业一定会计期间收入、费用、利润（或亏损）的数额和构成情况，帮助报表使用者了解企业的经营成果，分析企业的获利能力及盈利增长趋势，为其做出经济决策提供依据。

现金流量表是反映企业在一定会计期间现金和现金等价物流入和流出的报表。通过现金流量表可以为报表使用者提供企业一定会计期间内现金和现金等价物流入和流出的信息，便于其了解和评价企业获取现金和现金等价物的能力，据以预测企业未来现金流量。

所有者权益变动表是指反映构成所有者权益各组成部分当期增减变动情况的报表。

附注是对资产负债表、利润表、现金流量表和所有者权益变动表等报表中列示项目的文字描述或明细资料，以及对未能在这些报表中列示项目的说明等。

二、基本的财务报表分析

财务比率也称为财务指标，是通过财务报表数据的相对关系来揭示商业企业经营管理的各方面问题，是最主要的财务分析方法。基本的财务报表分析内容包括偿债能力分析、营运能力分析、盈利能力分析、发展能力分析和现金流量分析五个方面。本章各项财务指标的计算，主要以锦嘉园有限公司为例，该公司的资产负债表和利润表如表5-3和表5-4所示。

表5-3　　　　　　　　　　　　资产负债表

锦嘉园有限公司　　　　　　2014年12月31日　　　　　　　　单位：万元

资产	年末余额	年初余额	负债及所有者权益	年末余额	年初余额
流动资产：			流动负债：		
货币资金	1200	1000	短期借款	80	80
交易性金融资产			交易性金融负债		
应收票据			应付票据		
应收账款	200	100	应付账款	100	150
预付款项			预收款项		
应收利息			应付职工薪酬	20	90
应收股利			应交税费	10	100
其他应收款			应付利息		
存货	80	200	应付股利		
年内到期的非流动资产			其他应付款		
其他流动资产			年内到期的非流动负债		
流动资产合计	1480	1300	其他流动负债		
非流动资产：			流动负债合计	210	420
可供出售金融资产			非流动负债：		

续 表

资产	年末余额	年初余额	负债及所有者权益	年末余额	年初余额
持有至到期投资			长期借款	800	800
长期应收款			应付债券		
长期股权投资	500	500	长期应付款		
投资性房地产			专项应付款		
固定资产	800	860	预计负债		
在建工程	100	80	递延所得税负债		
工程物资			其他非流动负债		
固定资产清理			非流动负债合计	800	800
生产性生物资产			负债合计	1010	1220
油气资产			所有者权益:		
无形资产	120	62	实收资本	1000	1000
开发支出			资本公积		
商誉			减：库存股		
长期待摊费用			盈余公积	190	82
递延所得税资产			未分配利润	800	500
其他非流动资产			所有者权益合计	1990	1582
非流动资产合计	1520	1502			
资产总计	3000	2802	负债和所有者权益总计	3000	2802

表5-4　　　　　　　　　　　利润表

单位名称：锦嘉园有限公司　　　　　2014年12月　　　　　单位：万元

项目	本期金额	上期金额
一、营业收入	1800	
减：营业成本	1200	
营业税金及附加	50	
销售费用	80	
管理费用	100	
财务费用	20	
资产减值损失		
加：公允价值变动收益（损失以"-"填列）		
投资收益（损失以"-"填列）	50	

续 表

项目	本期金额	上期金额
其中：对联营企业和合营企业的投资收益		
二、营业利润（亏损以"－"号填列）	400	
加：营业外收入	40	
减：营业外支出		
其中：非流动资产处置损失		
三、利润总额（亏损总额以"－"号填列）	440	
减：所得税费用	110	
四、净利润（净亏损以"－"号填列）	330	
五、每股收益		
基本每股收益		
稀释每股收益		

· 小试身手 ·

资产负债表和利润表中，哪个报表是静态报表？哪个报表是动态报表？

（一）偿债能力分析

偿债能力是指商业企业偿还本身所欠债务的能力。偿债能力分析按时间长短分为短期偿债能力分析和长期偿债能力分析。

1. 短期偿债能力

商业企业短期偿债能力的衡量指标主要有营运资金、流动比率、速动比率等。

（1）营运资金：营运资金是指流动资产超过流动负债的部分。计算公式如下：

$$营运资金 = 流动资产 - 流动负债$$

（2）流动比率：流动比率是企业流动资产与流动负债之比。其计算公式为：

$$流动比率 = 流动资产/流动负债$$

流动比率表明每 1 元流动负债有多少流动资产作为保障，流动比率越大通常短期偿债能力越强。

（3）速动比率：速动比率是商业企业速动资产与流动负债之比。其计算公式为：

$$速动比率 = 速动资产/流动负债$$

货币资金、交易性金融资产和各种应收款项，可以在较短时间内变现，称为速动资产；存货、预付款项、一年内到期的非流动资产和其他流动资产等，称为非速动资产。由于剔除了存货等变现能力较差的资产，速动比率比流动比率能更准确、可靠地评价企业资产的流动性及偿还短期债务的能力。

2. 长期偿债能力

企业长期偿债能力的衡量指标主要有：资产负债率、产权比率、权益乘数和利息保障倍数。

（1）资产负债率：资产负债率是商业企业负债总额与资产总额之比。其计算公式为：

$$资产负债率 = 负债总额/资产总额$$

这一比率越低，表明商业企业资产对负债的保障能力越高，企业的长期偿债能力越强。

• 小试身手 •

锦嘉园有限公司本年度资产总额为3000万元，负债总额为600万元，试计算该公司的资产负债率是多少。

（2）产权比率：产权比率又称资本负债率，是负债总额与所有者权益之比，它是商业企业财务结构文件与否的重要标志。其计算公式为：

$$产权比率 = 负债总额/所有者权益$$

一般来说，这一比率越低，表明商业企业长期偿债能力越强，债权人权益保障程度越高。

（3）权益乘数：权益乘数是总资产与股东权益的比值。其计算公式为：

$$权益乘数 = 总资产/股东权益$$

权益乘数表明股东每投入1元钱可实际拥有和控制的金额。商业企业负债比例越高，权益乘数越大。

（4）利息保障倍数：利息保障倍数是指商业企业息税前利润与全部利息费用之比，又称已获利息倍数，用以衡量偿付借款利息的能力。其计算公式为：

$$利息保障倍数 = 息税前利润/全部利息费用$$

息税前利润是指利润表中未扣除利息费用和所得税前的利润。全部利息费用是指本期发生的全部应付利息。利息保障倍数反映支付利息的利润来源与利息支出之间的关系，该比率越高，长期偿债能力越强。

（二）营运能力分析

营运能力主要指资产运用、循环的效率高低。营运能力指标是通过投入与产出（主要是指收入）之间的关系反映。反映营运能力分析的指标主要有应收账款周转率、存货周转率、流动资产周转率、固定资产周转率和总资产周转率等。

1. 应收账款周转率

反映应收账款周转情况的比率有应收账款周转率（次数）和应收账款周转天数。

应收账款周转次数，是一定时期内商品或产品销售收入净额与应收账款平均余额的比值，表明一定时期内应收账款平均收回的次数。其计算公式为：

$$应收账款周转次数 = 销售收入净额/应收账款平均余额$$

应收账款周转天数是指应收账款周转一次（从销售开始到收回现金）所需要的时间。其计算公式为：

$$应收账款周转天数 = 计算期天数/应收账款周转天数$$

通常，应收账款周转率越高、周转天数越短则表明应收账款管理效率越高。

2. 存货周转率

存货周转率（次数）是指一定时期内商业企业销售成本与存货平均资金占用额的比率，是衡量和评价企业购入存货、投入生产、销售收回等环节管理效率的综合性指标。其计算公式为：

$$存货周转次数 = 销售成本/存货平均余额$$

一般来讲，存货周转速度越快，存货占用水平越低，流动性越强，存货转化为现金或应收账款的速度就越快，这样会增强企业的短期偿债能力及盈利能力。

• 小试身手 •

锦嘉园有限公司本年度销售成本为1200万元，存货平均余额为140万元，试计算该公司的存货周转次数是多少？（结果四舍五入到整数）

3. 流动资产周转率

流动资产周转率是反映商业企业流动资产周转速度的指标。其计算公式为：

$$流动资产周转次数 = 销售收入净额/流动资产平均余额$$

$$流动资产周转天数 = 计算期天数/流动资产周转次数$$

在一定时期内，流动资产周转次数越多，表明以相同的流动资产完成的周转额越多，流动资产利用效果越好。流动资产周转天数越少，表明流动资产在经历销售等各阶段所占用的时间越短，可相对节约流动资产，增强商业企业盈利的能力。

营运能力指标还有固定资产周转率、总资产周转率等指标。

（三）盈利能力分析

1. 销售毛利率

销售毛利率是销售毛利与销售收入之比，其计算公式如下：

$$销售毛利率 = 销售毛利/销售收入$$
$$销售毛利 = 销售收入 - 销售成本$$

销售毛利率越高，表明产品的盈利能力越强。

2. 其他指标

反映盈利能力的指标还有销售净利率、总资产净利率和净资产收益率。

• 小试身手 •

锦嘉园有限公司本年度销售毛利为 600 万元，销售收入为 1800 万元，试计算该公司的销售毛利率是多少？（结果四舍五入并保留一位小数）

（四）发展能力分析

1. 销售收入增长率

该指标反映的是相对化的销售收入增长情况，是衡量商业企业经营状况和市场占有能力、预测企业经营业务拓展趋势的重要指标，其计算公式为：

$$销售收入增长率 = 本年销售收入增长额/上年销售收入$$

该指标越高，表明商业企业销售收入的增长速度越快，企业市场前景越好。

2. 其他指标

衡量商业企业发展能力的指标还有：总资产增长率、营业利润增长率、资本保值增值率和资本积累率等。

（五）现金流量分析

现金流量分析指标主要有：销售现金比率、每股营业现金净流量、全部资产现金回收率等。

• 博学堂 •

财务比率分析有以下意义：第一，判断商业企业的财务实力；第二，可以评价和考核商业企业的经营业绩，揭示财务活动存在的问题；第三，可以挖掘商业企业潜力，寻求提高企业经营管理水平和经济效益的途径；第四，可以评价商业企业的发展趋势。

其他指标：反映盈利能力的指标还有销售净利率、总资产净利率和净资产收益率。

慎思园

一、简答题

财务分析的主要内容是什么?

二、业务拓展题

小李在锦嘉园有限公司财务部工作多年,到年底,经理直接找到小李,要求她提供公司本年度存货周转率和应收账款周转率两个比率,小李竟然忘了怎么做,经理严肃地批评了她。请问:

1. 如果你是小李,应怎样计算这两个指标(计算公式)?
2. 从公司的角度分析计算这些指标有什么作用?

光明顶

综合分析题

(一)公司背景

华谊兄弟传媒股份有限公司,英文名为 HUAYI BROTHERS MEDIA CORPORATION。作为国内首家境内上市的民营传媒企业,在业界享有较高的品牌知名度和美誉度。从一家小型广告公司发展到如今庞大的娱乐帝国,华谊兄弟走过了一条不寻常的崛起之路。它的成长路径和运营模式反映出了影视传媒企业从小到大,不断做强的发展轨迹。多元化的融资渠道、娴熟的人才运用、完整的产业链构成使得华谊兄弟在国内影视传媒业纵横捭阖、名震四方,在公司业绩上赚得盆满钵满,成为娱乐圈的焦点、业界的宠儿、民营影视娱乐公司中的典范和领跑者。

(二)案例内容

1996年5月15日创建于北京,经过中国证监会核准后,公开发行4200万元人民币普通股,发行价格为28.58元/股。2009年10月30日,华谊兄弟正式在深圳证券交易所挂牌上市,股票代码为300027。华谊注册资本为1500万元,王中军为其法人代表。

华谊兄弟的主营业务为电影的制作、发行及衍生业务;电视剧的制作、发行及衍生业务;艺人经纪服务及相关服务业务。时隔不久,华谊兄弟从一个名不见经传的广告公司,摇身变为拥有众多大牌明星的上市公司。公司规模迅速地扩大主要是通过股权融资和股权回购的扩张型资本运营方式实现的。

阅读以上资料,请回答以下问题:

1. 华谊公司除了发行股票进行筹资外,还可以采取哪些方式?

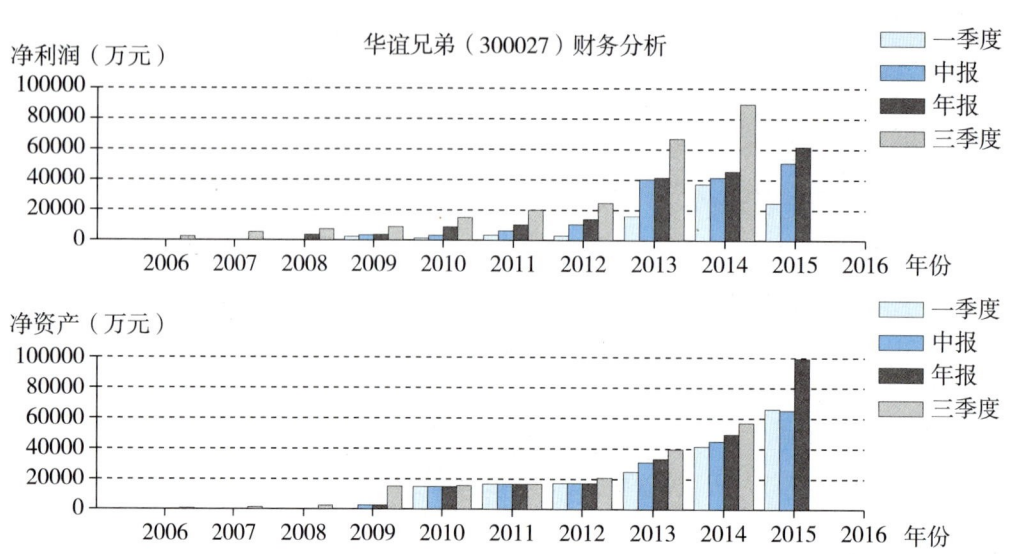

华谊兄弟公司财务分析图

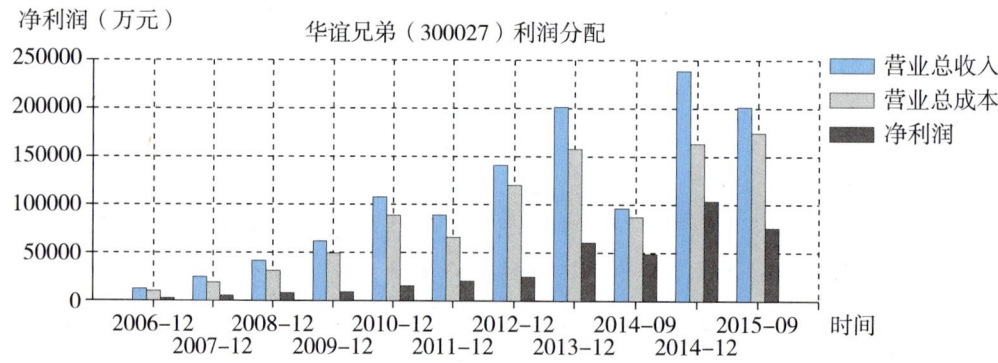

华谊兄弟公司利润分配图

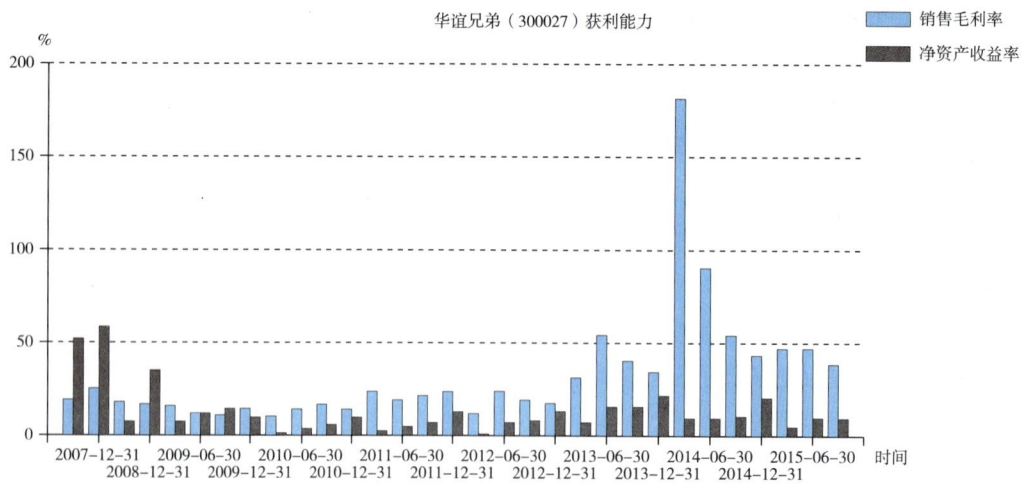

华谊兄弟公司获利能力图

2. 华谊公司资本运营成功的要素是什么？

3. 华谊公司成功的资本经营，合理有效的筹资方式，持续并购并注重分散风险的运营方式，对你有什么启发？

（资料来源：百度文库）

单元六　初探商业法规与企业社会责任

● 学习目标 ●

◎ 了解企业财产所有权

◎ 了解电子商务法律议题

◎ 掌握商标权、专利权、著作权相关法律

◎ 掌握保护企业商业秘密的相关法律

◎ 理解政府法规规章对企业经营的限制

◎ 认识企业伦理和社会责任

商标权的保护属于企业经营适用商业法律的一部分，同时也属于国家知识产权的保护范围，任何企业或个人若是侵犯其他企业的商标权，都将受法律的制裁，受惩罚者轻则罚款、登报道歉，重则追究刑事责任，任何处罚对企业而言都是得不偿失的。

商标属于商业法律的适用范畴，商业法律知识是一般人或企业在经营中都应该特别注意的法律问题，而商业法律所涵盖的重点包括：企业财产所有权和企业经营权、企业权利保护的法律、企业的商业道德等，本章希望通过介绍商业法律相关基础知识，让大家了解商业法律的知识内容、重点及其重要性。

• 多闻阁 •

奇虎360诉腾讯垄断案

2011年11月，奇虎360向广东省高级人民法院起诉，主张腾讯滥用在即时通信软件及相关市场的市场支配地位，构成垄断。奇虎360请求判令腾讯立即停止滥用市场支配地位的垄断行为，赔礼道歉，赔偿经济损失1.5亿元及合理开支100万元。1.5亿元的索赔金额使其成为迄今为止我国互联网领域诉讼标的额最大的垄断纠纷案件。

2013年3月，广东省高院作出一审判决，驳回奇虎全部诉讼请求。奇虎360不服，向最高法提出上诉。2013年6月，最高法受理了该案。2013年11月26日，最高人民法院第一法庭公开审理"奇虎"诉腾讯公司滥用市场支配地位纠纷上诉案。这是《反垄断法》出台6年来最高法首次审理互联网反垄断案。

庭审中，合议庭将奇虎360和腾讯的争议归纳为如何界定本案相关市场、被上诉人是否具有市场支配地位、被上诉人是否构成法律所禁止的滥用市场支配地位行为、本案中的民事责任的承担、一审法院是否程序违法五个方面，共计22个具体问题。

针对焦点问题，奇虎360和腾讯的代理人及证人在庭审过程中进行了针锋相对的辩论。

在市场界定方面，奇虎360称，一审判决对本案"相关产品市场"未作认定，属于案件基本事实认定不清；一审判决在分析相关产品市场时方法错误，本案相关产品市场应界定为综合文字、语音、视频的个人电脑端即时通信软件和服务；一审判决对相关地域市场的认定明显错误，本案中相关地域市场应为中国大陆。腾讯称，一审的判决是正确的。即时通信、社交网站等都是属于平台级的产品，都是在全球范围内参与竞争，相关地域市场适用于全球市场。在市场支配地位方面，双方也持相反意见。

— 161 —

北京律协竞争与反垄断法律专业委员会秘书长、北京大成律师事务所合伙人魏士廪认为，该案是我国《反垄断法》实施以来进入诉讼程序的规模最大最典型的案例。从互联网的角度看，它的审判有助于促进互联网企业在市场拓展中明确法律界限；而从反垄断的角度看，也可以借此观察和理解最高法在司法审判领域适用反垄断法的趋向。最高法的此次判决，会影响到互联网企业，尤其是互联网平台企业，此后如何去确定和调整自己的行为方式和经营模式。

（资料来源：http：//baike.baidu.com/view/8393655.htm）

未来从事电商工作的同学们，你对以上的案例有怎样的看法？

主题一　初识企业财产所有权与电子商务法律

企业财产所有权，是指企业资金及法人的财产权利之归属，出资人向企业出资后，企业对出资的不动产和动产及其他财产权利享有企业财产所有权。依照企业资本募集的方式和企业的组织形式，可将企业大致归类为下列三种形式。

（1）个人独资企业：是指由一个自然人投资，财产为投资者个人所有，并以个人财产对企业债务承担无限责任的经济组织。

（2）合伙企业：由两个以上自然人、法人和其他组织订立合伙协议，共同出资、共享收益、共担风险的经济组织。

（3）公司制企业：是依法设立，由法定数额的股东所组成，以营利为目的的企业法人。

这样的企业分类是与现代企业不同经营管理模式相对应的。而现代的企业类型中，针对公司制企业，更有必要将公司的财产所有权与公司的经营管理权区分出来。以上市公司为例，经理具有企业的经营管理权，因此除了负责企业的经营与管理外，同时也必须对具有企业财产所有权的股东负责。

一、分析经销权与企业财产所有权的关系

"经销"实质是商业实务的用语，而非法律名词。经销合同是指双方当事人以买方及卖方之地位，就特定商品在一定区域内销售加以约定的契约。也就是说，经销商向原厂商购买上商品，再以自己的名义和自己定的价格将商品转卖，从中赚取商品买入卖出的价差，因此也需要自负盈亏。

由以上的介绍可以得知：经销权是商品所有权以及商品销售盈亏的归属问题；而企业财产所有权则是指拥有企业整体资产分配的权利。

单元六 初探商业法规与企业社会责任

• 他山石 •

代理商与经销商

代理商是指受原厂商之委托，在一定场所或一定区域，以原厂商的名义，处理原厂商全部或部分之业务。原厂商与代理商鉴于买卖关系，代理商只是介于原厂商与顾客之间，代原厂商销售产品或服务，为原厂商与顾客完成交易，并借此收取一定之报酬（佣金），并不需要自负盈亏。经销商则拥有独立的经营机构，以自己的名义买断厂商的产品或服务，以此经营活动获得独立利润，经营活动过程不受或很少受厂商限制，需要自负盈亏。

二、探寻电子商务法律现状

电子商务出现于20世纪90年代，其产生和发展的重要条件是信息技术特别是网络技术的迅速发展，这种新型贸易方式具有成本低、覆盖面广、功能全面、使用灵活、易于参与等特点，因而在产生不久便得到广泛认可，并得到迅速发展，它给社会、经济、法律带来的影响超过了以往任何一项新技术的应用。它对法律制度的影响则提出空前严峻的挑战，产生了一系列新的问题，电子商务涉及税收、电子支付、电子认证、知识产权、隐私权、信息安全、数字签名、电子证据等法律问题，而目前现行相关法律不完善，极大地阻碍了电子商务完整、有序、健康、深入发展。

国外对电子商务立法的研究较早，取得的成果较大，联合国国际贸易法委员会于1996年通过了《电子商务示范法》，对电子商务的形式及法律确认、书面形式、签名、原件的要求、数据电文的可接受性和证据力、数据电文的留存、电子合同的订立和效力等许多重要问题做了明确规定。《电子商务示范法》的颁布，标志着电子商务法在全球范围内确立，对推动世界各国电子商务立法具有极大的推动借鉴意义。联合国国际贸易法委员会又于2001年通过了《电子签名示范法》，成为推动世界电子商务立法的又一重大成果。我国目前电子商务立法研究均基于对以上法律的探索，寻找适合我国特点的电子商务法律制度。目前在新颁布的《合同法》中已经确认了"数据电文"这一新型电子交易形式，2005年4月1日开始实施《电子签名法》，标志着我国电子商务立法又推进了一步，但与国外的电子商务立法相比，我国相对滞后了许多，还需进一步加大立法进度。

三、探知电子商务的法律议题

随着国际网络的日益普及，网络的商业交易活动也成为企业营销的重要途径之一，电子商务已然成为商业活动的明日之星，也因为电子商务的交易量大增，伴随而来的商业纠纷、与实体交易市场的差异，以及涉及的其他法律议题，不断浮现出来。以下介绍电子商务运营中常见的法律问题。

（一）隐私权

在网络飞速发展的时代，许多人通过网络进行各种各样的活动，如人际交流、求职就业、网络购物、商业营销、各种娱乐等，这些活动需要提供许多个人信息，由此导致个人隐私资料（例如银行卡信息、电子信箱资料、履历表等）常常必须或不经意地留在网络资料库中，许多不法商人出于非法利益的诱惑与驱使，将网络上留存的各项涉及个人隐私的资料通过收集、整理、加工，标价出售，造成个人隐私泄露的极大隐患。

• 博学堂 •

人肉搜索

"人肉搜索"一词是互联网时代的新名词，其含义是指搜索人通过将被搜索人的体貌特征、家庭住址、联系方式、血型、学习和工作单位、收入状况、成长经历、照片等个人信息甚至其亲朋好友的相关信息放在网上，展示给广大网友，以此得到网友回应，从而达到自己获得相应信息或者传达某种信息之目的的一种网络互动行为。"人肉搜索"最初起源于2001年的微软陈自瑶事件，此后愈演愈烈，2006年有"女子虐猫事件""铜须门事件"等，2007年的"史上最毒后妈"和张殊凡"很黄很暴力"事件，再次掀起了"人肉搜索"的高潮，到2008年人肉搜索事件趋于泛滥。网络暴力下的"人肉搜索"事件开始挑战我们的道德底线和法律雷区。我国新出台的《中华人民共和国刑法修正案（七）》对侵犯个人信息的某些行为进行了刑法规制，但对于"人肉搜索"行为并没有加以规定。

• 小试身手 •

根据你对网络的认识，你认为基于道德层面的公众网络讨伐的"人肉搜索"行为应如何界定行为性质呢？网络飞速发达的今天，我们该怎样做才能保障网络带给我们的不仅是便利，还有健康？请小组讨论形成意见，展开班级辩论。

（二）知识产权

随着网络的快速迅速发展，以及信息技术的日新月异，在网络中获得资料、档案、数据变得更加便利。但同时，很多人借此利用知识产权在网络法律领域规范尚不完善的情况，侵害真正权利主体的知识产权。根据我国相关保护知识产权的法律规定，知识产权包括：专利权、商标权与著作权，并针对目前我国侵犯知识产权的现状，提出贯彻保护知识产权的相关法律、政策和规定。

（三）税务问题

如今网络商店的开设以及网络拍卖的商业行为日益普及，依据我国现有法律规定，网络交易仍应交税，但由于电子商务属于全球性交易，且包含数字化商品与服务等实体交易，因此，与网络商店有关的关税、营业税，要如何征收与规范仍有相当大的讨论空间，有待法律法规的完善。

（四）网络犯罪

在传统交易的环境所产生的犯罪问题，网络上也同样发生，例如诈骗、赌博、贩卖违禁品、色情服务信息、恐怖活动信息、侵犯商标及著作权等。

• 博学堂 •

2006年11月，上海市虹口区法院以盗窃罪一审判处被告人张某有期徒刑三年、缓刑三年，并处罚金1万元。

2003年11月，张某根据上游棋牌天地游戏大厅主页的IP地址，在其住处使用电脑连接游戏管理服务器，利用黑客密码破解工具软件，获取了服务器系统管理员的密码。之后，张某在该网站注册了名为"漂亮的小蜘蛛""美丽的花孔雀"两个系列的200个账号，盗取大量互联星空点数和游戏金币出售，共计得款人民币3万元。张某又以相同手法盗窃、出售游戏金币，获利1000美元。

（五）电子签名的法律效力

在现今全球化贸易的环境中，网络将成为商品和服务交易的重要途径。因此自从1997年开始，许多国家已经纷纷完成电子签名与交易的立法工作。电子公文、电子合同已成为目前行政与商业交易流程与提升效率的重要工具。

推动电子签名主要的目标有三个：一是防止传送的资料遭篡改伪造，二是确定交易对象真正身份，三则是避免交易完成但事后否认。然而由于电脑技术与认证系统等安全因素。我国已于2005年4月1日起施行《中华人民共和国电子签名法》，规定电子签名同时符合下列条件的，视为可靠的电子签名：①电子签名制作数据用于电子签名时，属于电子签名人专有；②签署时电子签名制作数据仅由电子签名人控制；③签署后对电子签名的任何改动能够被发现；④签署后对数据电文内容和形式的任何改动能够被发现。

●博学堂●

各国电子签名与交易的立法工作的情况。

1997年，德国、马来西亚、意大利最先完成立法。

1998年后，新加坡、韩国、澳洲、中国香港、日本、美国、中国台湾等也陆续完成立法工作。

●小试身手●

2001年4月22日，原告来云鹏在被告新浪网上注册了一个50M的免费电子邮箱。同年9月16日零时，被告将原告的邮箱容量从原来的50M减到5M。为此，双发发生争执，争议的焦点是被告在点击合同时所制定的免责条款。被告在合同中明确规定了新浪网有权在必要时调整合同条款并随时更改和中断服务而无须对用户和第三方负责，法院支持了被告，确认了该免责条款的法律效力。

请问：如果该案发生在今天，假设你是法官，你将对本案作怎样的处理？

●慎思园●

一、选择题

1. 下列关于企业财产所有权说法正确的是_____。　　　（　　）
   A. 企业整体资产分配的权利　　　B. 商品所有权
   C. 商品销售自负盈亏问题　　　　D. 以上皆非

2. 下列属于电子商务的法律议题的是_____。　　　　　（　　）
   A. 个人隐私被泄露　　　　　　　B. 知识产权被侵害
   C. 利用网络进行犯罪活动　　　　D. 以上皆是

3. 下列哪个国家电子签章与交易的立法最晚？　　　　　（　　）

A. 德国　　　　B. 马来西亚　　　　C. 日本　　　　D. 意大利

二、填空题

1. 知识产权包括：_____、_____、_____。

2. 受原厂商的委托，在一定处所或一定区域内，以该厂商商号的名义，处理原厂商全部或部分业务的厂商称为_____。

3. 推动电子签名进行电子公文与电子合约的交易，主要是通过_____技术进行。

三、连连看

请将左右两边相同的内容连起来。

一位出资人拥有企业所有权的企业　　　　　　　　合伙企业

两位以上的合伙人共同拥有企业所有权的企业　　　公司制企业

多位出资者依《公司法》规定共同拥有企业所有权的企业　　独资企业

• 多闻阁 •

美国 301 条款

1974年美国国会通过《贸易法案》，该法案的第三篇名为《不公平贸易的纠正》，其中第1条法律规定标题为《回应外国政府的某些措施》，规定美国政府对于不公平贸易的报复权限。这条法律就成为"301条款"。而特别301条款是一份美国列出来的贸易黑名单，凡是美国认为知识产权保护不力的国家都会被列入。1991年5月26日，美国贸易代表宣布对中国发起"特殊301"调查，1992年1月16日，中美双方达成关于知识产权的"谅解备忘录"。1994年7月，美国贸易代表再次宣布，将中国从知识产权"重点观察国家"升为"重点国家"，并对中国开始为期6个月的"特殊301"调查。针对我国仿冒、盗版现象严重，我国政府制定完善并加强知识产权保护的法律法规和政策，严厉打击盗版，鼓励发明创新，向知识产权大国迈进。

作为未来企业经营者，你认为未来企业经营发展应作怎样的发展规划，才能够在竞争中立于不败之地？

主题二　认知企业权利的保护与限制

中小企业在我国经济发展的过程中，扮演着重要的角色。虽然中小企业具有规模不大、经营灵活等特征，但局限于员工人数不多，资产薄弱，在生产技术的改进、经营范围的拓展等方面存在很大的限制，大部分企业对企业权利保护的相关法律法规政策往往是一知半解。

为了能有效规范并推动经营活动的合法性，我国立法机关制定许多保障消费者、企业的法律法规，希望从企业设立、生产、经营管理、对外交易及技术的研发创新等方面，均规定相关法律，使消费者和经营者都能受到法律的完美保障。

一、掌握知识产权法

在人类历史的发展过程中，历经农业、工业到现今的信息网络时代，不论在任何时候，智力成果、创新、发明都是进步的原动力。在以知识经济为主的现在，掌握关键技术与趋势，就将掌握未来市场的主要动向。本节将就常见的商标权、商业秘密、专利权、著作权等法律加以摘要说明。

• 多闻阁 •

你知道哪些商标

当我们走在街上可以轻易看到，街道上行驶的各式各样、琳琅满目的汽车，而你可以看到车上的标志，就立刻知道车子的品牌吗？例如：车头上有一只方向盘的标志，我们就立刻会想到是奔驰汽车；若是看到四环标志我们就会想到是Audi汽车。这些标志，就是所谓的商标。

你知道哪些驰名商标？你了解应如何保护经营者的商标权利吗？

（一）商标权

1. 定义

根据我国《商标法》的规定，商标是指任何能够将自然人、法人或者其他组织的商品与他人的商品区别开的标志，包括文字、图形、字母、数字、三维标志、颜色组合和声音等，以及上述要素的组合。

我国商标法自1982年8月23日第五届全国人民代表大会常务委员会第二十四次会议通过，在1993年2月22日、2001年10月27日、2013年8月30日三次修正，主要保证商标专用权及消费者利益得到应有的保障，并促进企业之间正当竞争和正常发展。

2. 规定

我国《商标法》规定：任何能够将自然人、法人或者其他组织的商品与他人的商品区别开的标志，包括文字、图形、字母、数字、三维标志、颜色组合和声音等，以及上述要素的组合，均可以作为商标申请注册。

申请注册的商标，应当有显著特征，便于识别，并不得与他人在先取得的合法权利相冲突。商标注册人有权标明"注册商标"或者注册标记。

3. 商标的使用

商标的使用是指将商标用于商品、商品包装或者容器以及商品交易文书上，或者将商标用于广告宣传、展览以及其他商业活动中，用于识别商品来源的行为。

·小试身手·

如果你是一家食品公司老板，你将运用文字、图形、字母、数字、声音还是三维标志来设计你公司产品的商标，还是组合以上各种因素来设计？请分组设计公司产品商标，分组展示并说明设计理念。（注意法律的限制规定）

4. 申请方式

依据我国《商标法》规定，对申请注册的商标，商标局应当自收到商标注册申请文件之日起9个月内审查完毕，符合法律规定的，予以初步审定公告。注册商标的有效期为10年，自核准注册之日起计算。注册商标有效期满，需要继续使用的，应当在期满前12个月内按照规定办理续展手续；在此期间未能办理的，可以给予6个月的宽展期。每次续展注册的有效期为10年，自该商标上一届有效期满次日起计算。

5. 限制

申请商标注册时，构成商标的标志有限制性的法律规定，如不得使用中华人民共和国的国旗、国徽、国歌、军旗、军徽等象征国家的标志；再如不得使用外国国家的象征性标志；政府间国际组织的象征标志不得运用，如使用"WTO"作为商标；不得使用"红新月""红十字"标志或者类似标志；带有欺骗性质的容易误导消费者的标志不得注册为商标，如不是西湖生产的茶叶，却冠以"西湖"的商标；不得带有民族歧视标志，如使用"黑鬼"注册商标；有害于社会道德风尚的标志，如将洗面奶冠以"二奶"商标。除此之外，县级以上的地名或者公众都知晓的外国地名不得注册为商标，但已经注册使用的继续有效，如"青岛"啤酒已经注册使用多年继续有效。我国《商标法》第10条对商标标志使用限制作了详细规定。

另有些标志因缺乏明显特征，不能显著区别于其他商品，也不得作为商标注册：如仅有本商品的通用名称、图形、型号的；仅直接表示商品的质量、主要原料、功能、用途、重量、数量及其他特点的；其他缺乏显著特征的。我国《商标法》第11条规定对此作了详细规定。前述所列标志经过使用取得显著特征，并便于识别的，可以作为商标注册。

小试身手

在下列四个商品商标中,你会选择哪个商标才不会违反商标法的规定?为什么?

1. "五星红旗"香烟
2. "红十字"医用绷带
3. "北京"牌面粉
4. "幸福"牌果冻

博学堂

(美国)宝洁公司于1994年6月在中国注册了"safeguard/舒肤佳"。此外,该公司还注册了"safeguard"及其组合的多个商标。上海晨铉智能科技发展有限公司于1999年1月18日注册 safeguard.com.cn 域名。上海市第二中级法院一审认定被告晨铉公司的域名注册行为构成不正当竞争。晨铉公司上诉后,上海市高级法院经审理认为宝洁公司的"safeguard/舒肤佳"文字和图形组合商标已构成驰名商标,晨铉公司在注册诉争域名前对"safeguard"本身不享有正当权利,二审维持原判。

请搜集资料了解一般注册商标与驰名商标的法律保护有什么不同?

(二)商业秘密的保护

1. 定义

我国法律对商业秘密的保护主要体现在1993年12月1日起施行的《反不正当竞争法》第十条的规定中,并未对商业秘密的保护单独立法。该规定立法的主要目的在于,为保障社会主义市场经济健康发展,鼓励和保护公平竞争,制止不正当竞争行为,保护经营者和消费者的合法权益。

所谓商业秘密,是指不为公众所知悉、能为权利人带来经济利益、具有实用性并经权利人采取保密措施的技术信息和经营信息。

2. 要求

根据我国《反不正当竞争法》以及国家工商行政管理局《关于禁止侵犯商业秘密行为的若干规定(修正)》的规定,构成商业秘密首先应是企业的技术信息或者经营信息;其次构成商业秘密的技术信息或者经营信息不为公众所知悉,即具有秘密性;再次要求该信息必须能为权利人带来经济利益,即具有实用型;最后要求该信息必须采用了合理的保密措施,即具有保密性。

3. 保护

任何人不得采取不正当手段,获取、使用、披露或者允许他人使用权利人的商业秘密,给商业秘密的权利人造成重大损失。违反《反不正当竞争法》第十条规定,侵犯商业秘密的,监督检查部门应当责令停止违法行为,可以根据情节处以一万元以上二十万元以下的罚款,重者将承担刑事责任。

所谓"不正当手段"包括:以盗窃、利诱、胁迫或者其他不正当手段获取权利人的商业秘密;披露、使用或者允许他人使用以前项手段获取的权利人的商业秘密;根据法律和合同,有义务保守商业秘密的人(包括与权利人有业务关系的单位、个人,在权利人单位就职的职工)披露、使用或者允许他人使用其所掌握的商业秘密。

第三人明知或应知前款所列违法行为,获取、使用或者披露他人的商业秘密,视为侵犯商业秘密。在实践中,第三人的行为可能与侵权人构成共同侵权。

博学堂

我国《公务员法》第一百零二条规定:公务员辞去公职或者退休的,原系领导成员的公务员在离职三年内,其他公务员在离职两年内,不得到与原工作业务直接相关的企业或者其他营利性组织任职,不得从事与原工作业务直接相关的营利性活动。此项立法旨在防止公务员与盈利事业间形成利益输送网络,强化我国公务员的行政伦理与服务规范。

在企业界也有"商业秘密条款""竞业禁止条款""员工保密协议"来规范商业秩序。在现今竞争激烈的知识经济时代,人才的跳槽以及技术、资讯、商业秘密等无形资产流失,对于企业将产生致命的杀伤力。

小试身手

李某大学毕业后,受雇于某市好又多百货商业广场有限公司,任资讯部副课长。2008年8月,李在明知公司对资讯部有"不准泄露公司内部任何商业机密信息,不准私自使用FTP上传或下载信息"规定的情况下,擅自使用FTP程式,将公司的供货商名称地址、商品购销价格、公司经营业绩及会员客户通讯录等资料,从公司电脑中心服务器上下载到自己使用的终端机,秘密复制软盘,到其他商业机构兜售。W有限公司与李某洽商并查看部分资料打印样本后,于2008年8月13日以2万元现金交易成功。李的"兜售"行为持续到同年10月13日,

后案发。据某资产评估事务所估评证明：好又多百货商业广场有限公司自2008年9月初业绩开始下跌，月销售收入较8月下跌15.63%，669万元。

分组讨论此案中的大学生李某实施的行为性质如何？分析该行为的构成要素。

（三）专利权

1. 定义

专利是指专利权人对他作出的发明创造享有的独占的权利。专利是一种专有权，这种权利具有独占的排他性。非专利权人要想使用他人的专利技术，必须依法征得专利权人的授权或许可。

政府为了保护发明创造专利权，鼓励发明创造，有利于发明创造的推广应用，促进科学技术进步和创新，于1985年4月1日起施行《中华人民共和国专利法》。国务院专利行政部门负责管理全国的专利工作。

2. 范围

我国《专利法》中规定的发明创造是指发明、实用新型和外观设计。除少数发明创造完全由个人完成外，许多发明创造是由个人利用单位的物质条件完成，因此，专利的归属问题是最常见的商业纠纷。

根据我国专利法第六条规定：执行本单位的任务或者主要是利用本单位的物质技术条件所完成的发明创造为职务发明创造。职务发明创造申请专利的权利属于该单位；申请被批准后，该单位为专利权人。

非职务发明创造，申请专利的权利属于发明人或者设计人；申请被批准后，该发明人或者设计人为专利权人。

利用本单位的物质技术条件所完成的发明创造，单位与发明人或者设计人订有合同，对申请专利的权利和专利权的归属作出约定的，从其约定。

根据我国专利法第八条规定：两个以上单位或者个人合作完成的发明创造、一个单位或者个人接受其他单位或者个人委托所完成的发明创造，除另有协议的以外，申请专利的权利属于完成或者共同完成的单位或者个人；申请被批准后，申请的单位或者个人为专利权人。

• 博学堂 •

发明，是指对产品、方法或者其改进所提出的新的技术方案。

实用新型，是指对产品的形状、构造或者其结合所提出的适于实用的新的技术方案。

外观设计，是指对产品的形状、图案或者其结合以及色彩与形状、图案的结合所作出的富有美感并适于工业应用的新设计。

发明专利权的期限为二十年，实用新型专利权和外观设计专利权的期限为十年，均自申请日起计算。

3. 限制

授予专利权的发明和实用新型，应当具备新颖性、创造性和实用性。

"新颖性"要求授予专利权的发明和实用新型在申请前未曾公开过，但在以下情形之一中，申请专利的发明创造在申请日以前六个月内，不丧失新颖性：在中国政府主办或者承认的国际展览会上首次展出的；在规定的学术会议或者技术会议上首次发表的；他人未经申请人同意而泄露其内容的。

我国专利法第 25 条对不授予专利权的情形做了规定：科学发现，如发现一颗超新星；智力活动的规则和方法，如发明一种围棋的新棋法能够战无不胜；疾病的诊断和治疗方法，如发明肿瘤的治疗方法；动物和植物品种；用原子核变换方法获得的物质；对平面印刷品的图案、色彩或者两者的结合作出的主要起标识作用的设计。

但对动植物品种的生产方法，可以依照本法规定授予专利权。

> ● 小试身手 ●
>
>
>
> 假设你是专利局的负责审核批准专利权的相关工作人员，你不会对下列技术授予专利权的有哪些？为什么？说明理由。
> 1. 仿真伪钞机
> 2. 糖尿病新型治疗方法
> 3. 土豆新品种
> 4. 某植物新品种的生产方法

（四）著作权

1. 目的

为保护文学、艺术和科学作品作者的著作权，以及与著作权有关的权益，鼓励有益于社会主义精神文明、物质文明建设的作品的创作和传播，促进社会主义文化和科学事业的发展与繁荣，根据宪法制定《中华人民共和国著作权法》，国务院著作权行政管理部门主管全国的著作权管理工作。

2. 保护对象

著作权法保护的作品，包括以下列形式创作的文学、艺术和自然科学、社会科学、工程技术等作品。作品的具体种类包括：文字作品，如莫言的作品《红高粱》；口述作品；音乐、戏剧、曲艺、舞蹈、杂技艺术作品，如电影《红高粱》的主题曲；美术、建筑作品；摄影作品；电影作品和以类似摄制电影的方法创作的作品，如张艺谋导演的电影《红高粱》；工程设计图、产品设计图、地图、示意图等图形作品和模型作品；计算机软件，如软件公司开发的游戏软件；法律、行政法规规定的其他作品。

3. **不属于著作权的项目**

我国著作权法第5条对不属于著作权保护的范围作了规定：法律法规；国家机关的决议、决定、命令和其他具有立法、行政、司法性质的文件及其官方正式译文；时事新闻；历法、通用数表、通用表格和公式。

一般而言，著作权属于作者，著作权法另有规定的除外。创作作品的公民是作者。由法人或者其他组织主持，代表法人或者其他组织意志创作，并由法人或者其他组织承担责任的作品，法人或者其他组织视为作者。如无相反证明，在作品上署名的公民、法人或者其他组织为作者。

公民为完成法人或者其他组织工作任务所创作的作品是职务作品，除有特别的规定以外，著作权由作者享有，但法人或者其他组织有权在其业务范围内优先使用。作品完成两年内，未经单位同意，作者不得许可第三人以与单位使用的相同方式使用该作品。

> **博学堂**
>
> 一般人若是向报纸、杂志投稿，自然意味授权报纸刊登该文一次，作者在行使发表权，文章的著作权属于原作者所有，若日后，报社要编辑成册，或者电视要播放，或者制作公司要拍成电影等，仍必须得到原作者的再度授权才行。

4. **相关内容**

著作权包括下列人身权和财产权。

著作人身权（Rights of the Person），又称精神权利（Moral Rights），是指作者对其作品所享有的以精神利益为内容的权利。人身权利是著作权人最基本的权利，受到普遍、严格的保护。著作人身权专属于作者本身，不得转让或继承。而当作者死亡后，其著作人身权依旧存在，任何人仍不得侵害。著作人身权包括：

（1）发表权，即决定作品是否公之于众的权利；

（2）署名权，即表明作者身份，在作品上署名的权利；

（3）修改权，即修改或者授权他人修改作品的权利；

（4）保护作品完整权，即保护作品不受歪曲、篡改的权利。

作者的署名权、修改权、保护作品完整权的保护期不受限制。公民的作品的发表权保护期为作者终生及其死亡后五十年，截止于作者死亡后第五十年的12月31日；如果是合作作品，截止于最后死亡的作者死亡后第五十年的12月31日。

著作权的财产权的范围是：复制权、发行权、出租权、展览权、表演权、放映权、广播权、信息网络传播权、摄制权、改编权、翻译权、汇编权、应当由著作权人享有的其他权利。如图6-1所示。

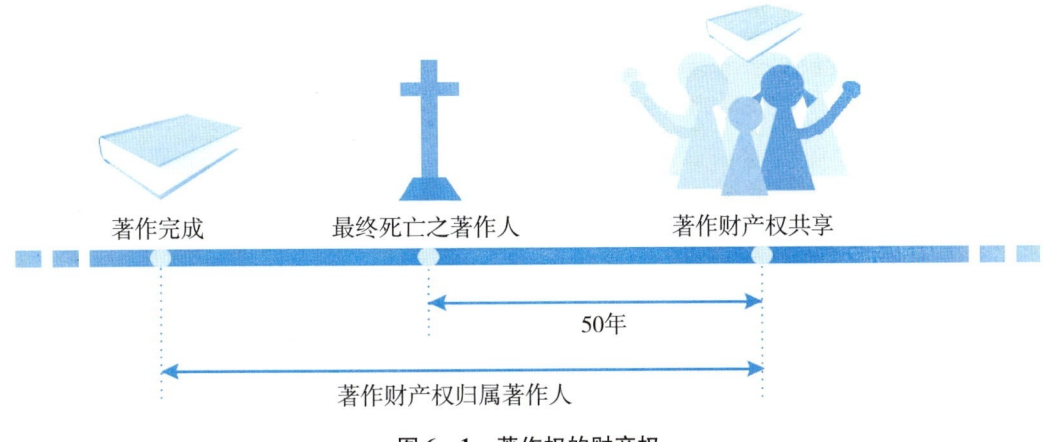

图6-1 著作权的财产权

公民的作品的著作财产权保护期为作者终生及其死亡后五十年，截止于作者死亡后第五十年的12月31日；如果是合作作品，截止于最后死亡的作者死亡后第五十年的12月31日。

法人或者其他组织的作品、著作权（署名权除外）由法人或者其他组织享有的职务作品，其著作权财产权的保护期为五十年，截止于作品首次发表后第五十年的12月31日，但作品自创作完成后五十年内未发表的，本法不再保护。

博学堂

手机下载铃声已经十分流行，2003年11月中国著作权协会以手机内置铃声音乐侵犯该协会会员的著作权为由，将TCL告上法庭，并索赔1200万元。这是目前国内最大的一起音乐著作权纠纷案。同时我国还发生了几起唱片公司状告KTV播放MTV侵权纠纷案，网站收费点歌及歌厅播放MTV侵犯著作权已成为热点话题。根据著作权法的规定，MTV属于具有独创性的作品，经营者以营利为目的放映MTV，构成著作权侵权。

5. 允许免费使用他人作品的情形

我国著作权法第22条对免费使用他人作品而不侵犯著作权的情形做出详细规定。

使用作品，可以不经著作权人许可，不向其支付报酬，但应当指明作者姓名、作品名称，并且不得侵犯著作权人依照本法享有的其他权利。

为个人学习、研究或者欣赏，使用他人已经发表的作品；为介绍、评论某一作品或者说明某一问题，在作品中适当引用他人已经发表的作品；为学校课堂教学或者科学研究，翻译或者少量复制已经发表的作品，供教学或者科研人员使用，但不得出版发行；国家机关为执行公务在合理范围内使用已经发表的作品。如教师在教案中引用莫言作品中的一段文字。

为报道时事新闻，在报纸、期刊、广播电台、电视台等媒体中不可避免地再现或者引用已经发表的作品；报纸、期刊、广播电台、电视台等媒体刊登或者播放其他报纸、期刊、广播电台、电视台等媒体已经发表的关于政治、经济、宗教问题的时事性文章，但作者声明不许刊登、播放的除外；报纸、期刊、广播电台、电视台等媒体刊登或者播放在公众集会上发表的讲话，但作者声明不许刊登、播放的除外。如美国总统发表的就职演说。

图书馆、档案馆、纪念馆、博物馆、美术馆等为陈列或者保存版本的需要，复制本馆收藏的作品；对设置或者陈列在室外公共场所的艺术作品进行临摹、绘画、摄影、录像；免费表演已经发表的作品，该表演未向公众收取费用，也未向表演者支付报酬。如艺术学院的学生临摹室外摆放的雕塑作品、宋祖英参加中央电视台的义演活动。

将中国公民、法人或者其他组织已经发表的以汉语言文字创作的作品翻译成少数民族语言文字作品在国内出版发行；将已经发表的作品改成盲文出版。

• 小试身手 •

下列归属于著作权法的保护的请画√，不受保护的请画×。
1. 胡德华先生主编的《经济法概论》。（   ）
2. 中学历史老师编制的期末试题。（   ）
3. 习近平主席发表的演说。（   ）
4. 汪峰的最新专辑《梦里花》。（   ）
5. 电影《分手超人》。（   ）

二、掌握公平交易法

随着我国经济飞速发展，社会结构转型面临急速转变，社会主义市场经济繁荣发展带来企业之间经营竞争加剧，企业之间不正当竞争行为需要法律给予及时规范，我国于1993年9月2日第八届全国人民代表大会常务委员会第三次会议通过了《中华人民共和国反不正当竞争法》，并于1993年12月1日起施行。

(一)立法宗旨

反不正当竞争法所称的不正当竞争,是指经营者违反本法规定,损害其他经营者的合法权益,扰乱社会经济秩序的行为。根据反不正当竞争法第一条规定,制定本法的宗旨是为保障社会主义市场经济健康发展,鼓励和保护公平竞争,制止不正当竞争行为,保护经营者和消费者的合法权益。

(二)规范范围

我国反不正当竞争法第二章对不正当竞争行为的规范做了规定,其中列入不正当竞争行为的有以下几种。

第一类,欺骗性交易行为。如假冒他人注册商标的行为;擅自使用知名商品特有的或者与知名商品近似的名称、包装、装潢,造成和他人的知名商品相混淆,使购买者误认为是该知名商品的行为;在商品上伪造或冒用认证标志、名优标志等质量标志,伪造产地,对商品作引人误解的虚假表示的行为。

第二类,限购排挤行为。指公用企业或者其他依法具有独占地位的经营者,限定他人购买其指定的经营者的商品,以排挤其他经营者的公平竞争的行为。

第三类,滥用行政权力限制竞争的行为。政府及其所属部门滥用行政权力,限定他人购买其指定的经营者的商品,限制外地商品进入本地市场,或者本地商品流向外地市场,限制其他经营者正当的经营活动。

第四类,商业贿赂行为。指经营者采用财物或者其他手段进行贿赂以销售或者购买商品。

第五类,虚假的宣传行为。指经营者利用广告或其他方法,对商品的质量、制作成分、性能、用途、生产者、有效期限、产地等作引人误解的宣传的行为。

第六类,侵犯商业秘密行为。指经营者以不正当的手段获取商业秘密的行为。如采用盗窃、利诱、胁迫或者其他不正当手段获取;或者披露、使用或者允许他人使用以不正当手段获取的商业秘密;或者违反保密协议,披露、使用或者允许他人使用其所掌握的商业秘密;或者第三人明知来源违法仍接受商业秘密的。

第七类,倾销行为。指经营者以排挤竞争对手为目的,以低于成本的价格销售商品,但规定了一些例外情形:销售鲜活商品;处理有效期限即将到期的商品或者其他积压的商品;季节性降价;因清偿债务、转产、歇业降价销售商品。

第八类,搭售商品或者附有其他不合理交易条件的行为。

第九类,不正当的有奖销售行为。采用谎称有奖或者故意让内定人员中奖的欺骗方式进行有奖销售;利用有奖销售的手段推销质次价高的商品;抽奖式的有奖销售,最高奖的金额超过5000元。

第十类,商业诽谤行为。指经营者为了竞争的目的,故意捏造、散布虚伪的事实,损害竞争对手的商业信誉和商品声誉。

第十一类，不正当的招标、投标行为。是指投标者串通投标或投标者和招标者不得相互勾结，以排挤竞争对手的公平竞争。

• 博学堂 •

2013年7月14日香港媒体《壹周刊》一篇名为《霸王致癌》报道称，成龙代言的"霸王"品牌旗下的中草药洗发露、首乌黑亮洗发露以及追风中草药洗发护发水，霸王旗下的多款中草药洗发产品，经过香港公证所化验后，均含有被美国列为致癌物质的二恶烷。霸王回应称，该物质是在原料上出现，但全行业大部份洗头水均有，强调含量少对人体无害。当日，霸王国际一度放量大跌18%，并于下午2时30分暂停买卖。据了解，二恶烷主要用作溶剂、乳化剂、去垢剂等，是一种有机化合物，为无色液体，稍有香味，微毒。二恶烷对皮肤、眼部和呼吸系统有刺激性，并可能对肝、肾和神经系统造成损害，急性中毒时可能导致死亡。

明星代言出问题并不是个别。前有郭德纲代言的"藏秘排油"减肥茶被人戳穿，后有著名笑星笑林虚假代言玖玖理疗裤、明星邓捷和花儿乐队的"三鹿毒奶粉"代言等。明星代言产品靠不住，等于扇了行业监管一记耳光。既然要追究产品安全责任，追究虚假广告的法律责任，拯救广告带给消费者的信任危机，就应该加强广告立法，严惩虚假广告，整顿明星代言。

三、了解政府规章对企业的限制

以上对我国的知识产权和公平交易方面的法律做了简单介绍，但对于市场上竞争的企业而言，在经营管理、财务制度、人力资源、营销活动以及劳动者保护及消费者权益保障等方面，仍有许多法律予以规范，根据宪法、法律的规定而制定出台的相关政府的法规规章更是多如牛毛。

尽管如此，不论是大型企业、跨国公司、中小企业乃至独资的家庭工厂，仍需要政府法规规章的特别细化规定，才能保障市场中企业的良性竞争，保障消费者权利，保障企业的经营活动井然有序、蓬勃发展。

（一）政府法规规章的优缺点

为了明确认识政府法规规章对企业的限制，本部分先说明政府法规规章的优缺点。

1. 政府法规规章的优点

首先，确保商业竞争的规则，保护企业与公众利益，规范不正当竞争行为。其次，若社会公益与企业竞争赚取利润之间发生矛盾和冲突时，保护善意的企业，保障社会公益（例如，政府设定企业污染标准及相关辅助规定，支持和协助装置减少空气污染设备的企业）。最后，要求不愿意承担社会责任的企业承担应有的社会责任。

2. 政府法规规章的缺点

一是政府的法规规章将限制企业的经营自主权，降低企业自主经营弹性；二是政府的干预，将减少企业经营的利润；三是在多元化的社会，政府的权力过大；四是政府的法规规章，也将限制雇主与股东的合法自由权。

（二）社会保险法和劳动合同法的影响

1. 内容

为了规范社会保险关系，维护公民参加社会保险和享受社会保险待遇的合法权益，使公民共享发展成果，促进社会和谐稳定，我国于2010年10月28日第十一届全国人民代表大会常务委员会第十七次会议通过《中华人民共和国社会保险法》，该法自2011年7月1日起施行。国家建立基本养老保险、基本医疗保险、工伤保险、失业保险、生育保险等社会保险制度，保障公民在年老、疾病、工伤、失业、生育等情况下依法从国家和社会获得物质帮助的权利。国务院社会保险行政部门负责全国的社会保险管理工作。

基本养老保险是按国家法律法规政策规定，强制实施的为保障广大离退休人员基本生活需要的一种养老保险制度，基本养老基金由用人单位和个人缴费以及政府补贴等组成。参加基本养老保险的个人，达到法定退休年龄，累计缴费满十五年的，可以按月领取基本养老金。在农村，国家建立和完善新型农村社会养老保险制度。新型农村社会养老保险实行个人缴费、集体补助和政府补贴相结合。新型农村社会养老保险待遇由基础养老金和个人账户养老金组成。

基本医疗保险是为补偿劳动者因疾病风险造成的经济损失而建立的一项社会保险制度。通过用人单位和个人缴费，建立医疗保险基金，参保人员患病就诊发生医疗费用后，由医疗保险经办机构给予一定的经济补偿，以避免或减轻劳动者因患病、治疗等所带来的经济风险。在农村，国家建立和完善新型农村合作医疗制度。

工伤保险是职工因工作原因受到事故伤害或者患职业病，且经工伤认定的，享受的工伤保险待遇。其中，经劳动能力鉴定丧失劳动能力的，享受伤残待遇。

失业保险是指依法参加社会保险的劳动者，因失业导致经济收入受到影响时，按规定在法定时间内补贴其因失业而损失的部分经济收入，从而保障其基本生活的社会保险项目。失业保险累计缴费时间满1年不满5年的，最长可领取12个月的失业保险金；累计缴费时间满5年不满10年的，领取失业保险金的期限为18个月；累计缴费时间满10年以上的，领取失业保险金的期限为24个月。

生育保险是通过国家立法，在职业妇女因生育子女而暂时中断劳动时由国家和社会及时给予生活保障和物质帮助的一项社会保险制度。生育保险待遇包括生育医疗费用和生育津贴。

2008年1月1日起施行的《劳动合同法》中为保障劳动者权益，规定了对用人单位的限制的条款。劳动者在用人单位连续工作满10年的；或者用人单位初次实行劳动合同制度或者国有企业改制重新订立劳动合同时，劳动者在该用人单位连续工作满10年且距法定退休年龄不足10年的；或者连续订立二次固定期限劳动合同，且劳动者没有违反单位劳动纪律和劳动法规定的行为的，用人单位应与劳动者签订无固定期限的劳动合同。

除此之外，用人单位自用工之日起满一年不与劳动者订立书面劳动合同的，视为用人单位与劳动者已订立无固定期限劳动合同。

2. 影响

实施社会保险法及相关劳动保护的法律后，企业在经营过程中将面临劳动人事成本和雇佣关系两个层次的影响。

（1）劳动人事成本。在中国大多数中小企业根据社会保险法和劳动合同法的规定，必须为劳动者提供必要的社会保障，因此企业的经营成本为此而增加，为减少成本许多企业就会采取降低工资标准或者裁员的方式来摆脱困境。

（2）雇佣关系。社会保险法非常明显的特点是各项保险可以在不同的单位转移、延续，因此，当雇员的社会保障不再取决于一个企业的工资年薪时，那么员工的流动的速度势必加快。这样的转变，就会使得传统单位和劳动者的关系及劳动者对用人单位的忠诚度都受到极大冲击，企业人力资源的选用、培训等规则，也会受到直接或间接影响。

（三）政策的影响

经济繁荣是一个国家强盛、社会进步的重要指标，无论中央或地方政府，都以如何促进经济发展作为施政目标，其中又以政府的政策方向作为国家和地方经济发展的关键因素。对于企业经营投资者而言，政府的经济、外交、文教、财政等政策方向都会对企业营销策略产生影响。

从环保政策来看，我国的资源使用效率比过去大幅度提高，但是还存在靠过量消耗资源和牺牲环境来维持经济增长的问题，资源匮乏、环境破坏、生态失衡已成为制约我国经济可持续发展的障碍。因此政府提倡建立资源节约型社会和环境友好型社会。建立以节约使用土地和水资源为中心的农业生产体系，建立以节约能源和原材料为中心的工业生产体系，建立以杜绝浪费和资源循环使用为中心的消费体系，从而实现人类的生产和消费活动与自然生态系统的协调可持续发展。因此目前绿色能源产业也成为最受关注，最有活力的产业。

从经济政策来看，优化经济产业结构，提高第三产业的比重和水平，大力发展第三产业,既要注重发展传统服务业,也要大力发展教育、卫生、体育、文化等服务业,还要加快发展信息传输、银行保险、科技服务等新兴服务产业。同时重视第一产业的发展,发展现代农业。

●博学堂●

自2007年9月底开始,华为共计7000多名工作满8年的老员工,相继向公司提交请辞自愿离职。这次大规模的辞职是由华为公司组织安排的,辞职员工随后即可以竞聘上岗,职位和待遇基本不变,唯一的变化就是再次签署的劳动合同和工龄。全部辞职老员工均可以获得华为公司支付的赔偿,据了解总计高达10亿元。

即将于2008年1月1日实施的《劳动合同法》,此前即已经引起各方的强烈的争议。此次华为"先辞职再竞岗",被外界解读为直接以规避《劳动合同法》相关条文为目的。

"华为向来倡导员工的危机意识,通过能上能下的机制激励员工,和7000多人签订无固定期限劳动合同,与任正非和华为的管理风格矛盾。事实上,这也是越来越多的企业面对《劳动合同法》,必须思考和应对的。"昨日下午,深圳雅而德律师事务所律师阎斌分析。

"这是《劳动合同法》即将实施之前出现的一个新问题。"深圳市劳动和社会保障局有关负责人表示,已经对华为的做法予以关注和研究。

面对法律法规政策对企业经营用工成本产生的限制,作为未来的企业经营者中的一员,你将采取怎样的措施应对,以便在市场竞争中立于不败之地?

(资料来源:http://www.sina.com.cn2007年11月02日02:05 国际在线)

●慎思园●

选择题

1. 政府规范著作权、专利权和商标权是下列哪项权益? （   ）
   A. 企业财产所有权　B. 知识产权　　　C. 股东权益　　D. 管理权

2. 以文字、图形、字母、数字、三维标志、颜色组合和声音等,以及上述要素的组合组成,能够将自然人、法人或者其他组织的商品与他人的商品区别开的标志是什么?
   （   ）
   A. 品牌　　　　　B. 商标权　　　　C. 人格权　　　D. 肖像权

3. 我国法律为维护企业的公平竞争秩序，维护社会公共利益，将保障企业的商业秘密的内容规定在哪部法律中？（ ）

A. 商业秘密法　　B. 知识产权法　　C. 商标法　　D. 反不正当竞争法

4. 我国为鼓励技术发明与创新，保护产品发明人的权益的法律是哪部法律？（ ）

A. 商业秘密法　　B. 专利法　　C. 商标法　　D. 反不正当竞争法

5. 我国为保护文学、艺术和科学作品作者的著作权，以及与著作权有关的权益的法律是哪部法律？（ ）

A. 商业秘密法　　B. 知识产权法　　C. 著作权法　　D. 反不正当竞争法

• 多闻阁 •

"大头娃娃"与"毒奶粉"

2003年，一些营养成分严重不足的伪劣奶粉充斥安徽阜阳农村市场，导致众多婴儿受害甚至死亡。由于患上"重度营养不良综合征"，这些婴儿四肢短小，身体瘦弱，脑袋尤显偏大，被当地人称为"大头娃娃"。阜阳大约有170名"大头娃娃"，其中死亡的可能多达五六十名。经国家相关部门调查，怀疑石家庄三鹿集团股份有限公司生产的三鹿牌婴幼儿配方奶粉受到三聚氰胺污染。而先前一直说自己产品没问题的三鹿集团在发布产品召回声明称，经公司自检发现2008年8月6日前出厂的部分批次三鹿婴幼儿奶粉受到三聚氰胺的污染。三鹿集团是中国最大的奶粉生产企业。作为多年的奶粉市场老大，一个驰名商标、中国名牌，现在出了这样的事，让人对国内食品安全质量再次产生不信赖，这对国内整个的奶粉生产行业都会造成致命打击。阜阳毒奶粉事件给奶粉市场和消费者带来了巨大的阴影和惶恐，直到现在消费者对奶粉的信心指数都没有恢复如初。

（资料来源：http：//baike.baidu.com/view/2805883.htm）

试问：如果你是三鹿集团的公关部门负责人，你将如何处理此次信任危机？除法律责任外，你认为企业应当承担怎样的社会责任？

主题三　探讨企业伦理与社会责任

在介绍企业伦理之前，首先定义清楚伦理与法律的界定，只有这样才能更加准确地掌握企业伦理的含义。

伦理（Ethics）一词，最早源自希腊文，其原意为本质、人格，也与风俗、习惯相关。综合中西方观点，所谓的伦理，是指以道德为出发点，进行对与错的判断，并借此规范人与人之间各种正常关系的道德规律、共同信念与行为规则的社会规范，法律则是指维持社会秩序，保护人民生命财产与基本自由权利的最基本并具有强制性的社会规范。因此常有人说：法律是最低限度的道德。

企业伦理这个概念，在多年以前并不受重视，主要因为传统观念上企业经营者对于社会责任与伦理并没有明确的想法以及法律予以规范，大部分企业家都仅止于抱着感恩的心，以取之社会，用之社会的观念来从事公益活动，回馈社会。

随着经营管理观念的转变，以及全球化的交流与冲击，加上近年来多家著名企业接连曝出产品质量丑闻事件，使得企业伦理逐渐受到重视。一般企业经营者认为，企业所获得的利润，主要来自于企业经营的结果。实质上，企业利润除了来自企业的努力经营外，与消费者的消费心理及企业所处的环境文化、政治因素等方面也有着深刻的影响，因此，企业若要长久持续经营，必须关心其周围的经营环境问题，同时，也要担负社会责任并遵守企业伦理。

以下将从企业应该遵守的伦理规范，以及不道德的经营理念所延伸出来的社会影响这两方面来加以说明。

一、了解企业中不道德行为对经营的影响

所谓道德，消极来说是指避免制造伤害，积极则是指促进快乐与幸福。因此就为人处世来说，虐待、欺压、杀害、欺骗、不诚实、操纵、背信弃义、践踏人权等，都属于伤害他人的行为，都是不道德的，对于企业经营来说也是如此，在企业的经营管理中，供应商、员工、消费者是企业生存发展的关键要素，因此企业必须要将企业伦理与道德贯穿其中。

对于消费者而言：要做到良好的企业伦理，厂商需要确保产品品质、价格稳定，消费者需要遵守购买协议，如果企业实施了不道德的行为，就会影响消费者的权益，例如，为延长食品的保质期添加防腐剂等有害人体的物质，那么消费者的权益就会受到损害。

对企业的劳动者而言，双方应建立互信、互重的态度，员工认真工作，经营者尽到劳动保护责任，提供适宜的福利。若经营者对员工做出拖延工资甚至伤害员工的不道德行为，那么员工就可能会以辞职、破坏、盗窃等行为对企业进行报复。

企业与供应商之间则应信守合约，并且对产品质量严格负责，严守产品质量标准，若任何一方实施不道德行为，如恶意哄抬价格、提供不合格产品等，就会破坏合作关系，甚至出现以法律诉讼来解决纠纷。

20世纪80年代以前，企业界非常重视强调道德、诚信的企业文化，时至今日，国内外很多知名企业家的诚信度在慢慢降低，而对利润的贪婪却不断增长。国内著名的

企业家台积电董事长张忠谋则呼吁好的道德也是好的生意。也就是说，企业拥有优良的文化与伦理新年，即使经营遇到挫折也不会倒下。

以近几年著名的不道德经营案件为例，美国安隆案最令人震惊的是，安龙前董事长雷伊在股票下跌时仍怂恿小员工大举买进。而安隆 29 位高级主管欲在股价跌停前就已出售 173 万股股票，获得 11 亿美元巨额利益。61 岁的一位员工将全部退休资产换成安隆股票，结果持股价从 48 万美元，只剩下 2.3 万美元，超过 95% 的退休金顿时化为乌有。

除了安隆公司本身之外，安达信会计事务所也遭受重大波及。美国安达信会计师事务所，因为未尽到对安隆公司的审计职责，事后又毁灭安隆案件的相关文件资料，因此毁掉全球五大会计师事务所的黄金招牌。

安达信在美国本土和全球有 300 多个事务所办公室、高达 85000 名员工也深受影响。安达信在案发之后，宣布裁员 7000 人，影响所及是 7000 个家庭的生计。

由以上案例可以清楚显示，在全球化的时代，一家不诚实的企业，可能连带影响了全世界各个角落的经济以及许多家庭的生存，这是让人不寒而栗的事！

• 小试身手 •

在现代商业活动中，越来越多的企业注重企业的可持续发展，开始意识到勇敢承担社会责任对企业可持续发展的意义所在，假设你是一家企业的经营者，你将如何研发你的产品，规划你的企业发展蓝图。

分组讨论，形成小组研究报告，并进行课堂展示。

二、探讨企业伦理与社会责任

（一）定义

伦理对于个人来说，是在家庭或社会环境中都应该要遵守的一种道德观念以及约定俗成的规范。对于企业来说，企业伦理是指监督企业经营管理人员或组织群体行为的一个标准或规则，简单地说，也就是分辨行为好与坏、对或错的准则。

企业伦理是一个企业组织的经营管理人员在执行业务，面对员工、消费者、社会、政府等，需要遵守的行为或道德判断的准则、惯例或原则。我们都知道，法律是一个社会伦理形成的结果，它将许多约定俗成的习惯、惯例以文字、条文呈现出来，但是惯例上的伦理，由于牵涉到更多有关个人行为与组织群体的行为，并非法律所能全部涵盖，也无法以文字清楚表达，仅能就一般道德标准加以规范。

（二）准则

每个人的伦理标准不同，而且很难将所有情况都规定准则。但仍有一些共同的原则，可以协助企业经营管理人员将涉及伦理的决定视为依据。例如，从1996年年初开始，华为公司开展了"华为基本法"的起草活动。"华为基本法"总结、提升了公司成功的管理经验，确定华为二次创业的观念、战略、方针和基本政策，构筑公司未来发展的宏伟架构，作为企业内部员工遵守的依据，华为公司核心价值观包括：

（1）追求：我们的追求是在电子信息领域实现顾客的梦想，并依靠点点滴滴、持之以恒的艰苦追求，使我们成为世界级领先企业。

（2）员工：认真负责和管理有效的员工是我们公司最大的财富。新生知识、新生人格、新生个性，坚持团队协作的集体奋斗和决不迁就有功但落后的员工，是我们事业可持续成长的内在要求。

（3）技术：广泛吸收世界电子信息领域的最新科研成果，虚心向国内外优秀企业学习，独立自主和创造性地发展自己的核心技术和产品系列，用我们卓越的技术和产品自立于世界通信列强之林。

（4）精神：爱祖国、爱人民、爱事业和爱生活是我们凝聚力的源泉。企业家精神、创新精神、敬业精神和团结合作精神是我们企业文化的精髓。我们绝不让雷锋们、焦裕禄们吃亏，奉献者定当得到合理的回报。

（5）利益：我们主张在顾客、员工和合作者之间结成利益共同体，并力图使顾客满意、员工满意和合作者满意。

（6）社会责任：我们以产业报国，以科教兴国为己任，以公司的发展为所在社区做出贡献。为伟大祖国的繁荣昌盛，为中华民族的振兴，为自己和家人的幸福而不懈努力。

博学堂

李嘉诚，香港长江实业集团有限公司董事局主席，一直恪守"以诚为本"的经商之道。创业之初，李嘉诚的资金极为有限，曾有位外商希望大量订货，并提出需要别的企业做担保。李嘉诚努力跑了好几天，仍无着落。虽然找不到担保人，但他并没有放弃去开发新产品。当他拿着通宵赶出来的9款样品去见外商，并坦诚表示，我有能力做好产品，但资金有限，外商被他的诚实感动，不但无担保签约，还预付了货款。李嘉诚说："一个有信用的人比起一个没有信用、懒散、乱花钱、不求上进的人，会有更多机会。"

台湾学者肖新煌也曾说：遵守企业伦理，才能得到社会的支持，创造更多的利润，同时也就能回馈社会。

因此，企业不但要先从利己的社会责任做起，更要不断努力从利己的责任提升到利他的伦理层次，这样才能够塑造一个名实相符的现代企业。

坚持企业伦理的同时，企业也必须要做到下列几点，才能够建构完善伦理环境：有明确的价值观、愿意付出代价、事先预防及规定标准、认清现状、不断学习成长。

（三）社会责任项目

一个企业经营管理人员若具有企业伦理的观念，在其经营决策时，就会将企业应负担的社会责任涵盖其中。主要包括下列七项：

（1）制造产品上的责任：制造安全、可信赖及高品质的产品。

（2）营销活动中的责任：做城市的广告。

（3）员工教育培训的责任：对现任员工提供在职训练以代替解雇员工。

（4）环境保护的责任：研发新技术、更新生产设备已减少环境污染。

（5）员工福利的责任：让员工有工作满足感、提供舒适安全的工作环境。

（6）提供平等雇用的机会：雇用员工时没有性别歧视或种族歧视。

（7）支援社会慈善活动的责任：例如：赞助教育、艺术、文化活动，或弱势族群、社区发展计划等。

• 博学堂 •

社会责任根据受益人的不同，可分为下列两类。

内部受益人：包括顾客、员工和股东等与企业具有利益关系的人。例如，对顾客要提供安全、高品质、性能好的产品；对员工要保障基本劳动时间与劳动报酬；对股东，将企业资产使用情况和财务资料，公开及时告知股东。

外部受益人：外部受益人又可分为两类：特别外部受益人和一般外部受益人。特别外部受益人：例如企业招聘人才适用平等公正原则，使得妇女、残疾人、少数民族等成为受益人。一般外部受益人：企业参与解决或预防一般社会问题的发生，使得一般大众都受益，例如环境保护活动，或者慈善捐赠教育事业及赞助社会文化艺术活动等。

由此我们可以知道，企业落实企业伦理并善尽社会责任，将会使社会更加和谐与进步。

单元六 初探商业法规与企业社会责任

慎思园

一、选择题

1. 我国劳动法规定的社会保险有哪些？ （   ）
   A. 养老保险　　B. 医疗保险　　C. 工伤保险　　D. 生育保险

2. 下列何种电子交易模式可促进电子公文、电子合约的交易效率？ （   ）
   A. 电子犯罪　　B. 电子游戏　　C. 电子邮件　　D. 电子签章

3. 企业组织的经营管理人员在执行业务时，面对员工、消费者、社会、政府等，下列哪项是企业应遵守的行为或道德判断的准则？ （   ）
   A. 企业伦理　　B. 企业文化　　C. 企业气候　　D. 组织架构

4. 华为公司的核心价值观有哪些？ （   ）
   A. 追求　　　　B. 利益　　　　C. 精神　　　　D. 社会责任

二、综合题

企业的社会责任包含：（A）经济责任（B）伦理责任（C）法律责任（D）自由裁量责任。请依据以下问题，填写正确答案。

1. 许多大企业出面承诺即使面临金融风暴、经济不景气，也绝不裁员，这种表现是企业愿意承担的哪种责任？ （   ）

2. 在金融风暴的形势下，许多企业因经营不善倒闭，致使员工失业、股东血本无归，请问这是企业未能尽到的哪种责任？ （   ）

3. 美国首富比尔·盖茨设立慈善基金会，回馈社会急难救助与医疗补助，请问这是企业承担的哪项责任？ （   ）

4. 三鹿集团为提高奶粉中蛋白质含量高而添加三聚氰胺，毒奶粉事件导致许多幼童受害，这是企业未能尽到的哪项责任？ （   ）

光明顶

综合分析题：

一、瑞士劳力士钟表有限公司诉北京国网信息有限公司案

原告：瑞士劳力士钟表有限公司

被告：北京国网信息有限公司

案情：原告诉称，原告是一家拥有百年历史的瑞士钟表公司，"劳力士"已成为世界上高级手表中最具代表性的企业，其产品为世界各地消费者熟悉和认同。"劳力士"

拥有的英文"ROLEX"商标、中文"劳力士"及"皇冠"图形商标，商标权一直有效延续至今。原告还在国际互联网上注册了"rolex.com"顶级域名，但其欲在中国注册域名时发现被告北京国网信息有限公司已经注册了"rolex.com.cn"域名，且被告没有实际使用该域名。原告认为被告的恶意抢注行为侵犯了原告的驰名商标和知名商品的合法权益，构成了不正当竞争行为。北京市第二中级人民法院受理此案。

请问：

1. 你认为应如何界定不正当竞争行为？它有哪些种类？
2. 分析上述案例，你认为被告是否侵犯了原告的商标权？为什么？
3. 被告是否实施了不正当竞争行为？为什么？

二、2013年4月，尼尔森公司发布了《全球社会意识消费者报告》，报告显示约有66%的消费者认为企业应当保护环境，而且消费者愿意为绿色消费承担更多成本。

在琳琅满目的绿色商品中，绿色食品最受消费者青睐。但鱼龙混杂的绿色食品让消费者的信任难以建立。正谷农业发展有限公司执行总裁张建伟认为，尽管绿色食品的推广还面临不少问题，但2012年全球绿色食品的贸易量已经达到700亿美元，未来市场潜力将会越来越大。他说："消费者的需求就是企业生产的导向，不能因为绿色食品的生产存在问题就把这条路堵死了，而应该先实践起来。"

但也有些企业为了谋眼前之利而不顾长远发展。以冻熟对虾市场为例，当一盘美味的虾摆上餐桌，很多消费者也许想不到在运送过程中会造成巨大的资源浪费。事实上，部分企业对冻熟对虾过度包冰，有的包冰率高达40%～100%，远高于农业部规定的20%包冰量的上限，这不仅侵害了消费者的利益，更加剧了资源浪费。

中国水产流通与加工协会常务副会长崔和算了这样一笔账：以加工5吨熟虾为例，50%包冰量的熟虾比20%包冰量的熟虾将增加人工成本367元，增加电费1148元，增加包装费2625元……但这些费用最终由消费者买单，购买5千克包冰50%的冻熟对虾，要比同等质量包冰20%的冻熟对虾多付费7.4元。

"消费者买的是虾，不是冰！如果大家更多购买符合包冰标准的冻熟对虾，将促使更多企业绿色生产，这就是我们发起'限冰令'的初衷。"崔和说。

根据以上材料分析一下问题：

1. 你认为，企业的社会责任应当包括哪些内容？
2. "限冰令"反映出法律对企业社会责任规范的怎样的趋势？
3. 你如何看待这样的发展趋势？

单元七　探寻商业机会与创业

● 学习目标 ●

◎ 理解并能够描述商业机会的内涵
◎ 学会识别商业机会的方法
◎ 熟悉和掌握创业基本操作方法
◎ 学会规避创业风险

● 多闻阁 ●

1998年3月,上海某报登载了一则《当心雨披变成温柔杀手》的报道,报道说:上海雨天自行车车祸导致的死亡人数,占雨天交通事故死亡总人数的50%以上,而雨披设计不合理则是雨天自行车事故多发的主要原因。浙江圣瑞斯针织股份有限公司的总经理姚世忠先生读罢报纸,立即派人专程赶赴北京,到国家专利局查询有关雨披改良设计的专利发明。在专利局,他们找到了一则"安全雨披"的专利申请。姚世忠二话没说,礼聘专利申请人开发合作,投资250万元建成全国独一无二的安全雨披生产基地。圣瑞斯生产的安全雨披在上海面市后,日销量竟高达1.5万件。

主题一　解读商业机会

李嘉诚先生说过的一句话:"互联网是一次新的商机,每一次新商机的到来,都会造就一批富翁,造就他们的原因是:当别人不理解他在做什么的时候,他理解他在做什么。当别人不明白他在做什么的时候,他明白他在做什么。当别人明白了,他富有

了。当别人明白了,他成功了。"所以人的一生当中最重要的是要学会把握机会。重要的不是商机,是把握住商机,就像一个濒临死亡的人牢牢地抓住了救命的稻草。

一、分析商业机会的内涵与特点[①]

(一)商业机会的内涵

"商业机会"也简称为"商机"。是指客观存在于市场过程中,能够给企业及其他营利性活动组织或个人提供销售(服务)对象,并带来盈利可能性的市场需求,也称为市场机会。它会客观存在于市场过程之中,是一种有利于企业发展的机会或偶然事件,是还没有实现的必然性。

商机无论大小,从经济意义上讲一定是能由此产生利润的机会。商机表现为需求的产生与满足的方式上在时间、地点、成本、数量、对象上的不平衡状态。旧的商机消失后,新的商机又会出现。没有商机,就不会有"交易"活动。

通常商业机会包括这样几个方面的含义:第一,商业机会以市场或需求为导向,并且这种需求是目前还没有得到满足的需求,包括已经出现的新的需求和潜在的需求;第二,为了满足新需求或潜在的需求,经营者必须提供新的商品或新的服务;第三,为了瞄准商业机会,商业经营者必须时刻盯住市场,以对商场信息了如指掌,把握市场的走势。

商机是会变化的,今天是,明天可能已经不再是或不再有!所以时间是商机的命脉,行动是商机的载体,速度是商机的力量。

> **博学堂**
>
> 商业机会通常体现为市场尚未满足或尚未完全满足的有购买力的消费需要。这种需要是广泛存在的,因为没有一个商品能覆盖所有的市场,没有一个市场可以容纳所有的产品。没有涉及的市场,没有进入该市场的产品,就是潜在的需求,就是市场的机会,就能给企业或个人带来盈利的可能。

(二)商业机会的特点

1. 客观性

商业机会是客观存在的,无论是否认识到它的存在,它总是存在于市场中,存在于商品流通的各个环节。如果能识别它,把握它,驾驭它,就能使这种机会转化为可

---

① 资料来源:百度文库。

以获得利益的机会。

2. 适时性

是指一个机会如果不及时抓住，可能就永远错过。常言道："机不可失，时不再来。"讲的就是机会的适时性。从客观上说一个商业机会从产生到消失的过程通常是短暂的。所以抓住投资新机遇的"机会主义者"之所以能成功抢滩，成为创业先锋，关键一点是他们在捕捉到商机时能够果敢快速地投身进去，从而抢得先机。

3. 利益性

商机就是价值，能为企业带来机会利润，对创业者具有价值，创业者可以利用它为他人和自己谋取利益。

4. 风险性

由于商业竞争的多变性决定了创业者在捕捉和选择商业机会的过程中必然存在着风险。人们由于对主观条件和认识能力的限制，主观认识的商业机会和客观存在的商业机会总是存在一定的差异，这就带来了风险。认识的差异越大，风险也就越大。当然，行动迟缓也容易失去商业机会，产生风险，并带来损失。

5. 主体性

任何一个机会都相应于特定的市场主体才能成其为机会。也就是说，并不是所有的市场需求都表现为商业机会，只有针对那些具备相应资源条件、具备组织满足该市场需求条件的企业或个人才是真正的商业机会。

• 小试身手 •

作为亚洲首富的马云，就是抓住了互联网这种商业机会一举成功的，请您从网络上搜索一下他是如何发现并抓住商机的。

二、洞察商业机会的来源[①]

• 多闻阁 •

四川农民在"3·15"投诉时反映，海尔洗衣机质量不好。不好在哪里呢？你看，农民们不仅拿它洗衣服，还用它洗土豆、地瓜。结果发现泥巴糊糊将下水管堵死了。

---

① 资料来源：百度文库。

海尔集团总裁张瑞敏听说后,第一反应与常人一样,很是吃惊。第二个反应就不像常人那样"扑哧"一声,喷饭喷酒,笑老农"刘姥姥"相,而是果断拍板:开发一种出水管子粗大的洗衣机,既可洗衣服,又可洗土豆和地瓜。

海尔真"聪明"。现在是买方市场了,面对商品积压,有些企业只会嚷嚷:"不是我不明白,这世界变化快。"殊不知,商品要不疲软,要有特色,要创造有效需求,只有尊重消费者的偏好。农民说海尔的话是有些愚鲁,可换个视角看,不正提供了一条开发新产品的商来机会吗?

商业机会无处不在,只怕有心人。一般来讲,商业机会的来源可从以下五方面来寻找,如图7-1所示。

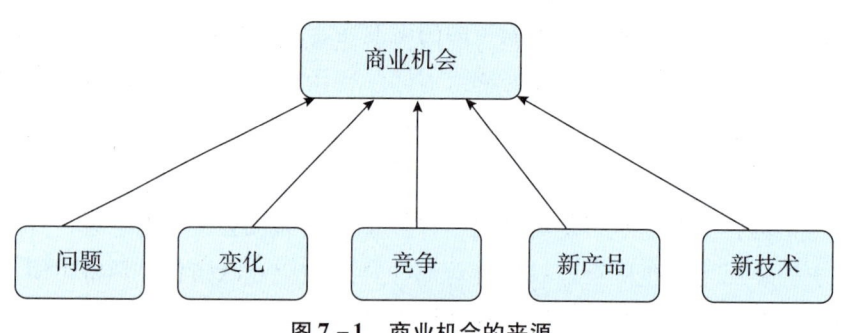

图7-1 商业机会的来源

1. 问题

企业的根本是满足顾客需求,而顾客需求没有得到满足就是问题。寻找商业机会的重要途径,就是善于去发现和体会自己和他人在需求方面的问题或生活中的难处。大家"苦恼的事"和"困扰的事"中蕴含着许多商机。比如,数码相机的发展,更多的是来源于最终顾客的需求。从自动识别横竖照片,到用连拍方式解决夜间拍照的曝光不足问题,再到多照片、广角度拼接的技术,再到自动调整三维透视为二维透视的技术。每次都给拍照者带来惊喜。

2. 变化

变化是商业机会的重要来源,没有变化,就没有商业机会。产业结构变动、消费结构升级、城市化加速、人们观念改变、政府改革、人口结构变动、居民收入水平提高、全球化趋势等这些都是变化,其中都蕴藏着大量的商机,关键要善于发现和利用。比如,居民收入水平提高,私人轿车的拥有量将不断增加,这就会派生出汽车销售、修理、配件、清洁、装潢、二手车交易、陪驾等诸多商业机会。

3. 竞争

商场竞争非常残酷,但既是挑战,也是机会。如果你看出了同行业竞争对手的问题,并能弥补竞争对手的缺陷和不足,这就将成为你的商业机会。因此,平时做个有心人，多了解周围竞争对手的情况，看看自己能否做得更好？能否提供更优质的产品？能否提供更周全的服务？如果可以，你也许就找到了商业机会。

4. 新知识

从现在没有的和现在有的产品中去发现新的商机，或者是这些技术和产品的新用途，或者在这些技术和产品的基础上进行一定的改善，或者从未使用的专利库中去发掘出被尘封的宝藏。

5. 新技术

知识经济的一个重要特征，就是信息爆炸，技术不断更新换代，这些都蕴藏着大量的商机。比如，随着健康知识的普及和技术的进步，仅仅日常的饮水问题就带来了不少商业机会，各种净化水技术派生出诸多的饮用水产品和相应的饮用水供应站，许多创业者都是通过加盟饮用水品牌走上创业之路的。

• 小试身手 •

请讨论：我国改革开放以来，创业机会来源和类型是否发生了变化，如果是，发生了什么样的变化？

三、识别商业机会[①]

• 多闻阁 •

浙江卫视《中国好声音》，在夏季几个固定时段创造了浙江卫视收视率的新纪录，导师们为音乐爱好者提供歌唱机会的同时，也隐藏着很多的商业机会。加多宝饮品公司一马当先，投资近2个亿，让"正宗好声音，正宗好凉茶"这句广告语充斥整个夏季，加多宝借着这个平台一举成为中国饮品行业的巨擘。这就是加多宝公司对商业机会的发现和分析，随着社会的不断发展，"星族"越来越受年轻人等不同年龄段的人群的重视，而《中国好声音》栏目却是最满足众人口味的栏目，像以前的超女，快男捧红一个个红人的时候又何尝不是捧红了一个个产品，加多宝就是对商业机会的发现并投资把握这次机会，一举成功。

---

① 资料来源：百度文库。

（一）影响商业机会识别的因素

理论界与实践界都一直试图回答：为什么是有些人而不是另外的人看到一个机会？这些看到了机会的创业者有什么独特之处？普遍而言，下面的几类因素，被认为是影响机会识别的因素。

1. 先前经验

在特定产业中的先前经验有助于创业者识别出商业机会。这个人一旦投身于某产业创业，将比那些从产业外观察的人，更容易看到产业内的新机会。

2. 认知因素

机会识别可能是一项先天技能或一种认知过程。有些人认为，创业者有"第六感"，使他们能看到别人错过的机会。多数创业者以这种观点看待自己，认为他们比别人更"警觉"。警觉很大程度上是一种先天性的技能，拥有某个领域更多知识的人，会于比其他人对该领域内的机会更警觉。

3. 社会关系网络

成功的创业企业通常能够从其社会网络中捕捉商机、获取资源，并以此为契机，创造出单凭创业企业的显性资源（人力、设备、资金、技术等）所无法实现的价值

4. 创造性

创造性是产生新奇或有用创意的过程。从某种程度上讲，机会识别是一个创造过程，是不断反复的创造性思维过程。在听到更多趣闻轶事的基础上，你会很容易看到创造性包含在许多产品、服务和业务的形成过程中。对个人来说，创造过程可分为5个阶段，分别是准备、孵化、洞察、评价和阐述。

• 小试身手 •

创造力游戏——沙漠奇案

一个男人，在沙漠当中一丝不挂躺着，死了，周围没有痕迹。请描述案情的起因。

（二）识别商业机会的常见方法[①]

识别商业机会的方法主要有以下几种。

---

① 资料来源：http://www.xzbu.com/3/view-4766400.htm

1. 市场细分法

同样是汽油，但是由于南北气候的差异，这就要求企业提供给北方消费者的汽油要足够耐寒，不至于在气温零下几十度的冬季冻结。这种根据消费者需求方面客观存在的差异，将消费者群进行划分并就此提供与其相适应的产品或服务的方法就是市场细分法。

2. 需求挖掘法

海尔集团通过市场调研发现，在刚步入社会的毕业生中有很多都有意愿买台洗衣机，但是所有品牌的洗衣机在该群体中的销售情况并不理想。通过进一步分析发现其原因并不在于他们没有购买力，而在于这部分消费者大多还没成家，每次要洗的衣服少，并且大多住在狭小的租房中，摆放洗衣机的空间有限。为此，海尔集团专门开发了体积较小的"小小神童"洗衣机，一举成功。这种通过分析消费者现有的消费情况，从而挖掘其可能存在的其他潜在消费需求的方法就叫需求挖掘法。

3. 空白填补法

曾经很长一段时期，我国的饮料市场一直被可口可乐和百事可乐两大国际巨头垄断。后来，我国的饮料企业开发出更符合中国人饮食习惯的茶饮料，填补了市场空白，同时也在市场中站稳脚跟。这种利用市场上的缝隙发掘商业机会，开拓产品或服务市场的方法就叫空白填补法。

4. 市场预测法

某便利超市经理通过天气预报得知四季干旱少雨的当地将在来年春季迎来长时间的降雨，毅然决定将当地的积压雨伞买了过来。第二年春天，预测应验，雨伞一销而空，该超市为此大赚其利。这种通过对环境进行深入分析、认真调研并提前进行产品或服务布局的方法就是市场预测法。

5. 技术创新法

目前，风靡全球的苹果手机之所以能够持续获得消费者的青睐，一个很重要的原因就在于其在技术方面几乎做到无可挑剔，一直引领着智能手机的技术潮流。它将众多数码产品的功能融入到一部小小的手机当中，满足了消费者照相机、摄像机、智能手机和笔记本电脑等功能，开创了智能手机的新时代，也使企业获得巨大的商业成功。这种通过发明创造、技术创新等方式，开发出更能满足消费者需求的产品或服务的方法就是技术创新法。

·小试身手·

智能手机近年大行其道，一些精明的商家立即推出各种手机贴膜、挂饰、保护壳和清洁套装等，请分析它的识别方法。

• 慎思园 •

一、选择判断题

1. 为了瞄准商业机会，下列哪一项是商业经营者必须时刻盯住以对各种信息了如指掌的？　　　　　　　　　　　　　　　　　　　　　　　　（　　）
   A. 生产　　　　B. 市场　　　　C. 供给　　　　D. 消费需求

2. 商业机会的客观性表示商业机会是由生产与消费在数量、时间、空间上的哪一项而形成的？　　　　　　　　　　　　　　　　　　　　　　　（　　）
   A. 一致性　　　B. 不一致性　　C. 连续性　　　D. 统一性

3. 商业机会与市场开拓密不可分，商业机会能否抓住关键取决于市场开拓。市场开拓是指找到商品的下列哪项？　　　　　　　　　　　　　　　（　　）
   A. 需求者　　　B. 供给者　　　C. 生产者　　　D. 最终消费者

4. 商品机会的特点不包括下列哪项？　　　　　　　　　　　　　　（　　）
   A. 客观性　　　B. 随机性　　　C. 利益性　　　D. 风险性

5. 客观地讲，一个商业机会从产生到消失的过程通常是短暂的。（　　）

二、讨论题

1. 情景：你们小组创办的企业正在开会讨论商机，由"总经理"主持会议。

你是一名记录员，请我完成下列内容：

列出你和小组其他成员的业余爱好、技能、兴趣。

询问小组其他成员是否具有艺术细胞吗？如果有，讨论一下如何才能将这项天赋变成生意？

仔细想想在你的小组中是否有人可能成为你未来的合作伙伴。

2. 结合前面所学的商品机会的来源，找出社会上出现的问题、变化、竞争或其他因素（比如：找出一件日常生活中发生在你自己身上的令你感到特别沮丧的事，你对这件事的报怨就是所反映出的"问题"）。讨论这其中蕴含着什么需求？

• 多闻阁 •

梁伯强，广东中山圣雅伦公司总经理，中国"隐形冠军"形象代言人。

1998 年年底，梁伯强在看报纸时发现了一条新闻，这篇名为《话说指甲钳》的文章让梁伯强的命运从此改变。文章写道，当时的朱镕基总理在参加一次会议时讲道:"要盯住市场缺口找出路,比如指甲钳子,我没用过一个好的指甲钳子,我们生产的指甲钳子,剪了两天就剪不动指甲了,使大劲也剪不断。"朱镕基总理以小小的指甲钳为例,要求轻工企业努力提高产品质量,开发新产品。梁伯从这一句话中发现了指甲钳的商机。

胡润,1970年出生在卢森堡。1990年到中国留学,成为了一名会计师。但是,胡润遇到了一件麻烦事,每次休假回到英国,大家都会很好奇地问他,中国什么样?这个问题看似简单,不过还真是难回答,关键是没有标准,偌大一个中国,五千年历史,十三亿人口,给你说什么呢?1999年,中华人民共和国成立50周年时,胡润想我给你介绍50个中国特别成功的人,不就可以让你知道新中国成立50年来的变化吗?基于这样的想法,后来推出了富豪榜。

仔细阅读以上两段文字,请思考:胡润和梁伯强发现的都是创业机会吗?怎样才能发现创业机会?

主题二 选择创业机会

随着教育规模的不断扩大和社会经济发展对人才需求结构的调整,越来越多的青年人进入人才市场,使学生的就业面临着空前严峻的考验。在严酷的就业形势面前,选择毕业后自行创业,成为更多大中专毕业生的选择。一旦选择了自行创业,就有一大堆问题需要解决:什么是创业?如何创业?创业的机会在哪?机会出现了,如何把握并获得最大成功?本单元将针对这些问题,同大家一起讨论。

一、走进创业

1. 创业内涵

创业是指创设、创造、创新职业或者企业,创业需要整合和运用社会资源,是一种有意识、有目的地组织和主动的实践活动,但是具有一定的风险性。

• 小试身手 •

王红是某职业中专电子文秘专业的学生,毕业后,她来到了济南市的一家企业上班,但工资不高,且没有太大的发展空间,于是辞职不干。后来找了好多工作都没有成功,在走投无路的情况下,她凑了点钱,在学校附近租了间房子,卖起了水果,生意还不错。同学们都说她挺能干,现在就开创自己的事业,可她自己却苦笑着说:"我这哪算创业啊?我只是为了谋生啊!"

请分组讨论:

1. 王红这样做算不算创业呢？
2. 怎样才算创业？是开一家公司，成功地拥有一大笔财富，还是拥有一份稳定的事业？

2. 创业意识

要真正成为一个创业者，首先要树立创业的意识。所谓创业意识，是指在创业实践活动中对人起决定作用的个性意识倾向，主要包括创业的需要、动机、兴趣、理想、信念和世界观等心理成分。

一个合格的创业者应具备以下几方面的意识。

第一，创造梦想、发现机遇的意识。好的创业者应该是善于发现商机的人，但是什么样的人才能发现别人发现不了的机遇呢？是那些习惯于创造梦想的人。

第二，学习新知、进取提升的意识。为了实现自己的梦想、追求自己的事业，就必须有强烈的好奇心和求知欲，要如饥似渴地学习对自己事业有益的东西。

第三，突破陈规、创新创造的意识。离开创新和创造，创业就是一句空话。现如今的社会，信息瞬息万变，唯有不停地创新创造，才能跟上时代的步伐，才能在竞争中站稳脚跟，脱颖而出。

第四，居安思危、自省自警的意识。创业是种风险很大的社会实践活动，保持居安思危、自省自警的意识，是创业者永葆青春与活力的根本保证。

3. 创业精神

成功创业的秘籍是什么？具有创业精神，勇于开拓，充分发挥你的思考能力考虑整个市场的动态。再充分的创业准备都是不完善的，再周密的创业计划书也难免有顾及不到的地方，再团结的创业伙伴也会发生摩擦，再厚实的资金也有周转不灵的时候，这些都说明在瞬息万变的创业环境中，能影响我们创业的不确定因素太多了。对即将步入社会的学生来说，首先要创新、自信、诚信、执着，这也正是创业精神的具体要求体现。

第一，创新。创新是一种积极的思维活动，是创业精神中最难能可贵的。创业者对新事物有强烈的探索欲，敢于冒险，即使没有十足的把握，也要果断地尝试。《财富》杂志2002年刊载了11位白手起家的百万富翁自述的发家史，这些富翁的产业分布在金融、传媒、零售、体育、IT等不同行业，目前都是世界上有名的大公司，这些创业者共同的特点是，靠点子起家，凭着自己的奇思妙想，敢想敢做别人认为不可能的事。

第二，自信。自信是一种强烈的情感，对自己充分信任和肯定。对创业者来说，信心就是创业的动力，对自己有信心，对未来有信心，坚信成败并非命中注定而是全靠自己努力。

第三，诚信。诚信是中华民族的传统美德，无信不立，诚信是做人最重要的品质。创业者的诚信，是一笔无形的财富，有了诚信，他人就愿意与你合作，职工、客户对你的信任会为企业赢得持久的发展。

• 多闻阁 •

有"中国第一银行家"之誉的陈光甫创办的中国近代第一家旅行社——中国旅行社，其诚信经营让人感动：一位法国客人，抗日战争开始时寄存于中国旅行社几件行李，十年后仍能完璧归赵。当然，现实中也有不守信、靠欺诈发财的，这是饮鸩止渴的短期行为，如，物流企业卷走客户资金和货物，搞人间蒸发。

• 小试身手 •

小组讨论：你碰到过诚信缺失的事情吗？请讨论并分析当前行业中诚信缺失的危害。

第四，执着。创业之路并不平坦，会伴随着挫折或失败，但无论遇到什么困难和挫折，创业者会一直信心百倍，坚韧不拔，对自己的创业目标和信念无比执着。只有这样，才可能成功。

• 多闻阁 •

郑智是某职业学校的毕业生。在校期间，他虽然不是班里的学习尖子，但也是班里的活跃分子，总是积极参加各种校园活动，提高自己的综合素质和综合能力。怀揣着毕业后自主创业的梦想，他对学校的职业生涯课尤其感兴趣，在课堂中努力地汲取创业知识，并在社会实践活动中培养创业能力。

毕业后，在家人的帮助下，向银行贷款成立了一个金属材料公司，成为一家小规模公司的法人代表。

创业初期，雄心勃勃，但却屡屡受挫，很多事情想得很好，实施起来却难。在几次想打退堂鼓的情况下又坚持了下来。后来逐渐走向了正规。业务量成倍增加，公司开始了盈利。

> **小试身手**
>
> 1. 请分析郑智在校的经历对他创业的帮助。
> 2. 通过阅读材料,请将你所体会到的郑智的创业精神罗列出来。

4. 创业流程

对于每一个创业者来说,走向创业成功的路可能大不相同,但基本都会经历以下几个流程,如图7-2所示。

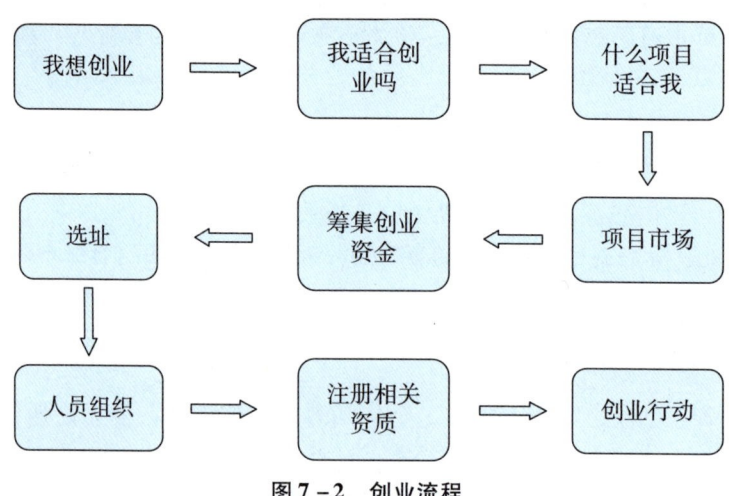

图7-2 创业流程

二、了解创业政策

创业需要环境。良好的创业环境是创业成功的重要基础,而创业政策是创业环境的外部要素。优惠的创业政策就好比是创业的助推器,能降低创业成本,提高创业成功率。创业者在创业之初,一定要根据自己的实际情况了解相应政策,并合理利用政策,使自己少走弯路,获得实惠与成功。

为了鼓励和支持创业,国家和各级政府相继出台了各项优惠政策,涉及中小企业融资、开业、税收、创业培训、创业指导等诸多方面。

第一,大中专毕业生在毕业两年内自主创业,注册资本在50万元以下的,允许三年内分期到位。

第二,大中专毕业生新办咨询业、信息业、技术服务业的企业或经营单位,经税务部门批准,免征企业所得税两年;新办从事交通运输、邮电通信的企业或经营单位,经税务部门批准,第一年免征企业所得税,第二年减半征收企业所得税;新办从事公用事业、商业、物资业、对外贸易业、旅游业、物流业、仓储业、居民服务业、饮食业、教育文化事业、卫生事业的企业或经营单位，经税务部门批准，免征企业所得税一年。

第三，各国有商业银行、股份制银行、城市商业银行和有条件的城市信用社要为自主创业的毕业生提供小额贷款，并简化程序，提供开户和结算便利，贷款额度在2万元左右。贷款期限最长为两年，到期确定需延长的，可申请延期一次。

第四，政府人事行政部门所属的人才中介服务机构，免费为自主创业毕业生保管人事档案（包括代办社保、职称、档案工资等有关手续）2年。

以上优惠政策是国家针对所有自主创业的大中专学生所制定的，各地政府为了扶持当地大中专学生创业，也出台了相关的政策法规，而且更加细化，更贴近实际。

三、了解创业模式

创业是复杂的又是灵活的，创业要首先选择进入的领域，根据进入领域的特点选择适合的创业模式。那么当今情况下，都有哪些创业方式呢？哪些创业方式比较适合自己呢？以下是最常见的7种创业模式。

（1）网络创业。网络创业是一种比较新的创业模式。21世纪，是网络的世纪，互联网是最大的趋势，借助互联网现成的网络资源，不用从头开始，相对比较容易。网络创业主要有两种形式：网上开店，在网上注册成立网络商店；网上加盟，以某个电子商务网站门店的形式经营，利用母体网站的货源和销售渠道。这种创业模式主要有以下优点：门槛低，成本少，风险低，方式灵活，特别适合初涉商海的创业者。像易趣、淘宝、阿里巴巴等知名商务网站，拥有较为完善的交易系统、交易规则、支付方式和成熟稳定的客户群，加盟这些网站，可谓近水楼台。

（2）加盟创业（直营）。牛顿曾有句名言："我能看得更远一些，那是因为我站在巨人的肩膀上。"对于创业者而言，也不妨尝试一种"站在巨人肩膀上"的创业模式——加盟创业。

加盟创业以其分享品牌、分享经营、分享资源等诸多优势，而逐渐成为备受青睐的创业新方式。目前，连锁加盟有直营、委托加盟、特许加盟等形式，投资金额根据商品种类、店铺要求、技术设备的不同从6000元至250万元不等，可满足不同需求的创业者。

（3）兼职创业。孟子曾告诉我们说："鱼，我所欲也，熊掌，亦我所欲也，二者不可得兼，舍鱼而取熊掌者也。"但就创业而言，我们未必不可以尝试一种鱼与熊掌兼得的方式——兼职创业。上学期间通过兼职，获得创业经验甚至创业资金；工作后利用工作外的空余时间兼职创业。

（4）团队创业。具有互补性或者有共同兴趣的成员组成团队进行创业。如今，创业已非纯粹追求个人英雄主义的行为，团队创业成功的概率要远高于个人独自创业。一个由研发、技术、市场融资等各方面组成，优势互补的创业团队，是创业成功的法

宝,对高科技创业企业来说更是如此。

(5) 大赛创业。即利用各种商业创业大赛,获得资金提供平台,如 Yahoo、Netscape 等企业都是从商业竞赛中脱颖而出的,因此也被形象地称为创业孵化器。如清华大学王科、邱虹云等组建的视美乐公司、上海交大罗水权、王虎等创建的上海捷鹏等。

(6) 概念创业。即凭借创意、点子、想法创业。当然,这些创业概念必须标新立异,至少在打算进入的行业或领域是个创举,只有这样,才能抢占市场先机,才能吸引风险投资商的眼球。同时,这些超常规的想法还必须具有可操作性,而非天方夜谭。比尔·盖茨在总结自己的成功经验时曾说:"是什么使微软从小人物一跃而起呢?我们拥有当时巨人没想到的点子。我们总是在思考,曾经遗漏过什么可以使我们保持胜利的东西。"

(7) 内部创业。内部创业指的就是在企业公司的支持下,有创业想法的员工承担公司内部的部分项目或业务,并且和企业共同分享劳动成果的过程。这种创业模式的优势就是创业者无须投资就可获得很广的资源,这种树大好乘凉的优势成为很多创业者的青睐方式。

●小试身手●

一直以来,华为实行鼓励内部创业的政策。内部创业就是鼓励员工出去创办企业,华为可免费提供一批产品供员工所创公司销售,并给予一定时间的支持(至少一年)。据说,免费提供的产品价值=员工所持华为内部股×1.7。后来,有很多人离开华为,用创业的办法将自己拥有的华为内部股套现。据说,华为此举是为了解决老员工和机构庞大的问题。

请讨论:华为此举为自己树立了潜在的敌人?还是建交了合作伙伴?

四、认识网上开店

●多闻阁●

网上交易很重要的一个节点是2003年的"非典"疫情,在实体经济大受影响的同时,线上购物运营不减反增,近年来更是飞速增长,涌现出诸多创业神话:老农民手工编织的高粱秆盖垫,原本只能在农村赶集时才能摆摊销售,现在可以通过电商在网络上销售,销量大增;诺邓火腿,原本是僻处云南边陲的土特产,经过央视《舌尖上的中国》的热播,知名度迅速传遍中国,现在诺邓村家家户户都做起了网上销售火腿的生意……所以如果你已经意识到可能利用网络创一番事业、改写人生轨迹时，那么请选择网上开店，一种风险最小却大有前途的创业方式。

"打工不如开网店"已经成为时下最流行的话语，那到底开网店能带来多少商机呢？以下我们将就网上开店应注意的相关细节做一说明。

（一）网店创业盈利的模式

网络创业发展至今仍是一项极为新兴的商业形态，主要是因为原有商业形态无法移植套用，在没有既定的依照模式之下，更需要企业经营者发挥经营创意。目前，网络创业盈利模式，大致可以归纳为以下几项。

（1）零售购物型。如中国的淘宝网、京东商城、当当、唯品会等。

（2）信息提供型。如中国的阿里巴巴、万网、58同城、赶集网等。

（3）媒介服务型。如中国的百合网、世纪佳缘网等。

（4）下载服务型。如中国的天空软件、迅雷等。

（5）拍卖零售型。如Yahoo拍卖、eBay网以及某些书画拍卖网站等。

●小试身手●

请尝试将下面网店创业盈利模式与其对应的网站连接起来。

零售购物型	拍拍
信息提供型	拉手网
下载服务型	魔方网站
拍卖零售型	威客网
媒介服务型	华军软件

（二）网络的商业运用

在许多的创业模式中，都以网络作为营销广告、媒体、策略合作、会员管理等媒介。在各种商业流程中，网络更是其前、中、后不同阶段的工具，不但可以降低营销成本、增加顾客服务，更大大降低了创业维权成本和入门的门槛。现将网络的其他运用简述如下。

（1）广告营销功能。不论是被动的搜寻或主动邀请顾客浏览公司及商品信息，其成本均较一般广告低廉。例如，邀请网友加入会员后，即可下载折价券至门市消费。

（2）产品服务功能。将商品的使用说明、疑难排除、升级软件下载等产品服务信息详载于企业网站中，为顾客提供查询下载等服务，减少客服人力负担。

（3）顾客维护功能。新型顾客可以在网站订阅公司电子报，并从中获知公司最新消息，公司也可针对会员顾客进行分级管理或提供不同商品或服务，达成顾客管理与服务的目的。

（4）收单收款功能。除一般电话接单外，许多企业在一般广告中也鼓励顾客线上直接下单或付款，减少人工处理成本。

（5）举办虚拟活动功能。传统抽奖或兑奖的活动常需要顾客自行邮寄资料，现改为鼓励顾客通过网络参加活动，即可降低买卖双方成本，增加顾客参与意见。如图7-3所示。

不少企业将网站作为第二销售通道或自由通道，直接与消费者接触，以增加销售数量强化主业，提升企业创收。2013年相关调查显示，网络商店中有63.1%仍是实体公司开设，而架设电子商店的实体业者65%本身即为零售业者。

（三）网络创业分析

虽然网络看似优点众多，但利用网络创业也并非人人都能成功，下面我们就网络创业的基本问题加以分析。如图7-3所示。

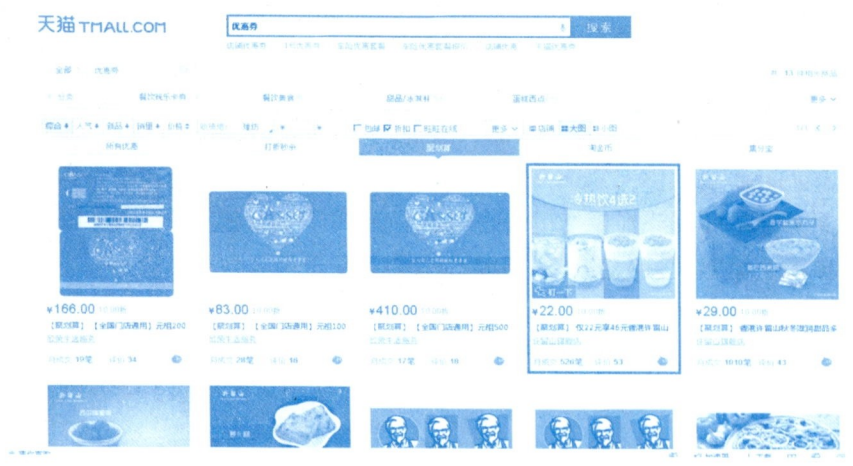

图7-3　网络优惠券

资料来源：http：//list.tmall.com/search_product.htm？spm=a220m.1000858.1000724.13

（1）市场状况。据2014年第33次中国互联网络发展状况统计报告分析，截至2013年12月，我国网民规模达6.18亿，互联网普及率为45.8%，网络购物用户规模达到3.02亿，2013年网络购物交易规模达到1.85万亿元，网络购物交易额占社会消费品零售总额的比重达到7.8%。预计到2016—2017年中国网络购物市场交易规模将达到 4 万亿元。这些数据都代表着线上购物市场的蓬勃发展是可预期的。市场的发展便是创业的机会。如图 7-4 所示。

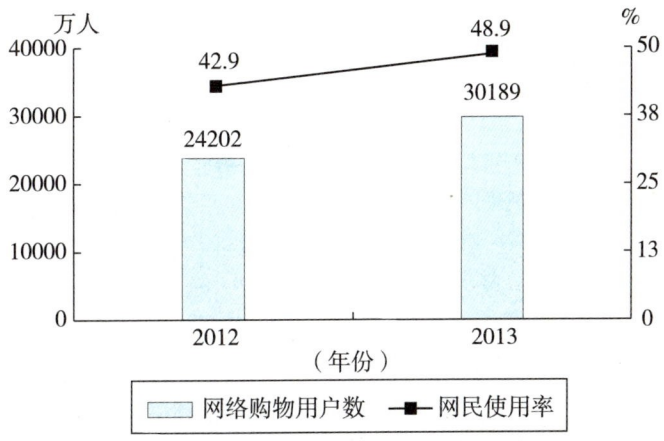

图 7-4　2012—2013 年中国网络购物用户数及网民使用率

资料来源：中国互联网信息中心 https://zxxd.cnnic.cn/

（2）创业机会分析。目前，最有潜力的网络运营模式，应是经营各种服务或专业咨询的入口网站、媒体网站或微信微商铺等移动端平台，这些网站平台非常受网友的欢迎，但目前尚有许多专业入口网站移动端平台有待开发。

（3）网店的进货方式。网店的进货方式主要有以下几种。

第一，批发市场进货。这是最常见的进货渠道，在批发市场进货需要有强大的议价能力，力争将批发价压到最低，同时要与批发商建立好关系，在关于调换货的问题上要与批发商说清楚，以免日后起纠纷。如图 7-5 所示。

图 7-5　批发市场

第二，厂家货源。正规的厂家货源充足，态度较好，如果长期合作的话，一般都能争取到滞销换款。但是一般而言，厂家的起批量较高，不适合小批发客户。如图7-6所示。

图7-6　厂家直销进货

第三，大批发商。一般用百度、Google 就能找到很多。他们一般直接由厂家供货，货源较稳定。不足的是因为他们已经做大了，订单较多，服务难免有时就跟不上。

第四，刚刚起步的批发商。这类批发商由于刚起步，没有固定的批发客户，没有知名度。为了争取客户，他们的起批量较小，价格一般不会高于甚至有些商品还会低于大批发商。

第五，关注外贸产品或 OEM 产品。目前许多工厂在外贸订单之外的剩余产品或者为一些知名品牌的贴牌生产之外会有一些剩余产品处理，价格通常十分低廉，通常为正常价格的2~4折，这是一个不错的进货渠道。

第六，买入库存积压或清仓处理产品。因为急于处理，这类商品的价格通常是极低的，利用网上销售的优势，利用地域或时空差价就可获得足够的利润。

第七，在阿里巴巴上面找货源批发进货。"批发进货"页面上的卖家都是诚信通会员，他们都是通过了工商认证的，可信度是比较高的。另外这里的商品都是支持支付宝交易的，对保证淘宝卖家的货款安全是有利的，如图7-7所示。

●小试身手●

从报纸、杂志、电视、互联网等媒介收集关于志向、梦想、信念的名人名言，创业的精彩故事并作自我分析。

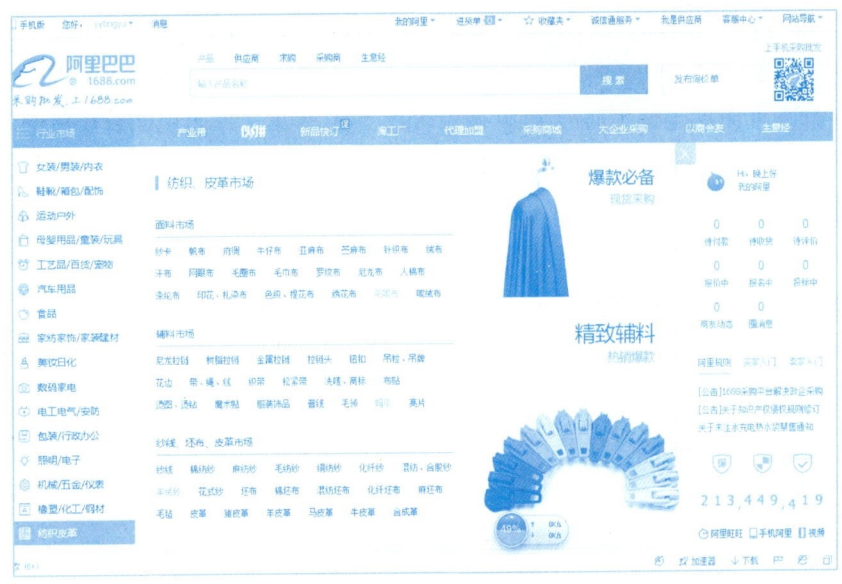

图 7-7 阿里巴巴批发平台

（四）创业初期市场网络营销规划应注意事项

与几年前完全不同的是，现在网店的设立不存在技术问题，诸多网站提供一站式开店服务。开店后需要重视的营销注意事项包括：

（1）申请简单易记的网店名称。一个通俗好记的网店名称有助于营销活动的推广，可以吸引潜在顾客的兴趣。

（2）页面美观、要素齐全。页面美观，帮助客户迅速看到所销售商品，并在短时间内促使客户了解商品各要素，可以更大限度地达成销售。

（3）主流网络媒体的推广。在各主流网络媒体的主贴上跟帖介绍自己店铺商品，能够吸引部分客户进店参观，但这种营销方式工作量大，效果往往不佳。

（4）新兴社交媒体的推广。利用微信、QQ、国外的 Facebook 等新兴社交媒体进行广告推广是近几年比较流行的推广方式，也能获取部分客户的支持。

（5）竞价排名。目前很多网站如百度、淘宝等均会提供竞价排名的方式，将更多的客户导入出价更高的店铺。对很多创业者来说，支付更多的广告费可以带来客流量和销售额的提升，但同样也增加了运营成本，是否采取这种方式需要对性价比更细致的计算。

（五）网络创业相关法规

任何创业、投资都离不开法律的引导、保障和规范，创业者如能了解一些常用的法律法规政策，以法律规范其投资、经营和管理行为，将会大有益处。

（1）须负担税负。网络销售仍适用增值税、所得税及其他税法的规范，故仍需负担税负。目前，中国尚无针对互联网交易纳税特别是个人卖家纳税的专门规定，仅有少数地方性法规出台。但创业者仍要遵守国家相关法律规定，自觉主动纳税。

（2）尊重著作权。相同商品在其他网站若已有刊登，创业者对于其他网站相同商品的文字、图形、摄影等著作权应予尊重，未经同意不得直接复制、重制其他网站相同商品的图文于自己的网站中，网络拍卖创业者亦同。

（3）遵循《消费者权益保护法》。2014年3月15日开始实施的《消费者权益保护法》对网络购物有了更完善的规定，经营者采取网络、电视、电话、邮购等方式销售商品，消费者有权自收到商品之日起七日内退货，且无须说明理由（法律另有规定的商品除外），创业者应认真学习法律，尽量避免与消费者产生纠纷。

（4）网上个人身份识别。与网上交易伴随而生的，是病毒、黑客、网络钓鱼、诈骗等诸多违法犯罪行为的盛行，创业者应特别注意网上个人身份识别，注意对客户信息和隐私的保护，避免因创业者的疏漏导致客户信息泄露或财产、人身安全受到威胁。

> **慎思园**

一、选择题

1. 下列有关网络创业法规的叙述哪是错误的？　　　　　　　　　　（　　）
   A. 网络交易时应注意个人身份识别
   B. 增值税法亦可适用于网上销售，故企业主仍需负担税赋
   C. 相同商品的文字、图片、摄影等著作权法应予以尊重，不可任意复制刊登
   D. 消费者对网络购物不满意时，可于收受商品后七日内退回商品

2. 下列哪个是网络的商业运用方式？　　　　　　　　　　　　　　（　　）
   A. 广告行销功能　　B. 产品服务功能　　C. 顾客维修功能　　D. 以上皆是

3. 在淘宝开网店，属于哪一种网络创业的经营模式？　　　　　　　（　　）
   A. 资讯提供型　　　B. 拍卖零售型　　　C. 媒介服务型　　　D. 零售购物型

4. 下列哪个为资金对创业者的间接协助？　　　　　　　　　　　　（　　）
   A. 租用办公大楼　　B. 聘请优良研发团队　C. 生产设备新颖　　D. 投资者信心

5. 中国网络经营的模式中，百合网属于何种类型？　　　　　　　　（　　）
   A. 零售购物型　　　B. 媒介服务型　　　C. 信息提供型　　　D. 拍卖零售型

二、填空题

1. 网络的商业运用包括：广告行销功能、_____功能、顾客维修功能、收单收款功能、举办_____的功能。

2. 网络营销规划初期应注意_____、_____、_____和_____。

3. "麦当劳"特许经营方式是_____。

多闻阁

穆波是个时尚前卫的女孩,正是对自己的独到眼光特别自信,所以她在大学毕业后没有着急找工作,而是开了个时装店自己当起了老板。在这个并不繁华的小街,20平方米的临街铺面经过精心装修,花钱不多但时尚前卫。前3个月小赔,半年之后生意开始火爆,第9个月,房东要收回店面自己经营,而穆波没有太多犹豫就将店铺出让给房东,因为他们之间没有签订合同。说起自己当老板的经历,穆波的脸上没有失败者的颓废和消极,"如果我的房东不那么狠,也许我的小店会成为人生的第一桶金"。

穆波的第一次创业失败了,看完以后,大家有什么想法呢?你能看出这里面涉及的风险吗?你知道如何规避风险吗?

主题三　分析创业风险

当看到商机时,想创业的人通常有两种心态:一是"一定要赚钱",二是"一定不能赔钱"。但真正开始创业之路后,也通常会出现两种心态:那就是"从第几天就要赚"和"如何按照计划赔"。导致创业者这种心态变化的,就是创业中不得不面对的一个要素:创业风险。事实上,创业与风险并存,有商机就有风险。"这个行业有商业机会,但风险在哪里?该如何应对或防范?"这是每一位创业者最应关心的问题。

一、创业风险的内涵

创业风险是指在创业过程中,由于创业环境的不确定性,创业机会与创业企业的复杂性,创业者、创业团队的能力与实力的有限性,而导致创业活动偏离预期目标的可能性及后果。

二、创业风险的来源

1. 融资缺口

创业者有好的构想并且认为这构想有实现的可能性,但往往没有足够的资金将其实现商品化,从而给创业带来一定的风险。

2. 研究缺口

创业者最初论证自己的新技术可能会成为商业产品,但在后来不断研发的过程中发现需要大量复杂而且可能耗资巨大的研究工作(有时需要几年时间),这也就形成了创业风险。

3. 信息和信任缺口

在创业中，存在两种不同类型的人：一是技术专家；二是管理者（投资者）。如果技术专家和管理者（投资者）不能充分信任对方，或者不能够进行有效的交流，那么将会带来风险。

4. 资源缺口

在大多数情况下，创业者不一定也不可能拥有所需的全部资源，这就形成了资源缺口。如果创业者没有能力弥补相应的资源缺口，要么创业无法起步，要么在创业中受制于人。

5. 管理缺口

每个创业者并不一定都是出色的企业家，不一定具备出色的管理才能。所以会形成管理上的风险。

• 小试身手 •

测试题：你能够承担风险吗？
1. 你能够接受赔钱吗？
2. 压力之下，你是否能表现较好？
3. 你是否乐观，能否免于过度忧虑？
4. 你对自己的决定是否从来都很有信心？
5. 你是否喜欢自己投资而不是通过投资机构？
6. 意外损失出现时，你能否控制自己的情绪？
7. 股票或存入银行，你会选择哪种？
8. 你的家庭是否收入稳定？

如果答案是"5"个是以上，说明你是激进型的人，具备了创业的素质。

如果控制风险得当，将成为非常成功的创业者。

三、创业风险的分类

创业活动中存在的风险多种多样，为了加强对创业风险的管理，我们从以下几个方面来分类。

（1）行业风险。指在特定行业中与经营相关的风险。包括行业的生命周期、行业的波动性、行业的集中程度。

（2）市场风险。是指市场主体从事经济活动所面临的赢利或亏损的可能性和不确定性。市场风险涉及的因素有：市场需求量、市场接受时间、市场价格、市场战略等。

(3) 技术风险。指企业产品创新过程中，因技术因素导致创新失败的可能性，主要包括技术成功的不确定性、技术前景的不确定性、技术效果的不确定性、技术寿命的不确定性。

•多闻阁•

初涉商海的王某选定一项自认为大有前途的专利技术，决定投巨资将这项技术的专利权买下来。有人提醒他这项专利虽然现在看好，但操作周期太长，而且，听说某某研究所正在研究一项更先进的技术并即将开发完成。侯先生却不听劝告，执意投资。当他将这项专利技术买到手，并且投资将其转化为产品后，新的技术已经问世，人们已不再需要它了。

所以创业者在选择投资项目时，目光短浅，不能把握技术市场未来的发展方向，投巨资购买眼看要落后的技术，遭受损失理所当然。当一项投资花费巨大，可能需要较长时间才能收回成本并获得赢利时，投资者就不但要考虑它的现在，还要考虑它的将来，一项产品现在有市场，不等于将来也同样有市场。

(4) 资金风险。是指因资金不能适合供应而导致创业失败的可能性。资金风险主要有两类，一是缺少创业资金风险，二是融资成本风险。

(5) 管理风险。是指企业在经营过程中存在的内部风险，包括管理者素质风险、决策风险、组织风险、人才风险等。

(6) 环境风险。指一项高技术产品创新活动由于所处的社会、政治、政策、法律环境变化或由于意外灾害发生而造成失败的可能性。例如，我国许多化工化学园区，企业与居民区交错布置，普遍缺乏统一的区域性环境风险应急预案、监测体系和风险防范措施；环境风险意识淡薄、防范制度不健全、环境保护考虑少、应急预案和风险防范措施缺乏。这给国民经济和人民生命财产安全构成严重威胁，产业整体布局存在很大的环境风险。

(7) 操作风险。是指由于员工、过程、技术、基础设施或对动作有影响的类似因素的失误而导致亏损的风险，包括员工风险、技术风险、欺诈风险、舞弊风险、外部依赖风险、过程/程序和外包风险等。

(8) 法律责任风险。是指因为企业的产品、服务、经营场所的缺陷和员工行为而给他人的财产和生命造成侵害后需要承担的法律责任，并因此给企业造成损害的可能性。

●小试身手●

刘强下岗后,办起了一家清洁公司,为了打开市场,天天跑外承揽业务,功夫不负有心人,终于承揽到一个5000元的业务,他很高兴。由于是第一次清洗,没有认真核算工作量和资金的关系,加上工人的技术水平低,多次重复返工,虽经过十几天努力完成了任务,但一核算赔了。

讨论:
1. 以上案例中,刘强遇到了哪些风险?
2. 他还可能会遇到哪些风险?

四、了解识别创业风险的方法和步骤

在风险识别之后,就必须进行风险评估,这需要一定的专业知识,必须根据不同性质与条件,按照一定的途径,运用一定的方法,或者借助一定的工具来实施。

(一)基本方法

信息源调查法、数据对照法、资产损失分析法、环境扫描法、风险树分析法、情景分析法、风险清单法。

(二)实施步骤

(1)信息收集。首先要通过调查、问讯、现场考察等途径获得;其次,需要敏锐的观察和科学的分析对各类数据及现象作出处理。

(2)风险识别。根据对于信息的分析结果,确定风险或潜在风险的范围。

(3)重点评估。根据量化结果,运用定量分析、定性分析、假设、模拟等方法,进行风险影响评估,预计可能发生的后果,提出方案选择。

(4)拟订计划。提出处理风险的方法和行动方案。

(三)实施中要注意的问题

(1)信息收集要全面。收集信息可以通过两个途径,一是内部积累或者专人负责;二是借助外部专业机构的力量。后者可获得足够多的信息资料,有助于较全面、较好地识别面临的潜在风险。

(2)因素罗列要全面。根据企业在运营过程中可能遇到的风险,逐步找出一级风险因素,然后再进行细化,延伸到二级风险因素,再延伸到三级风险因素。例如管理风险属于一级风险因素、管理者素质属于二级风险因素。

（3）最终分析要进行综合。既要进行定性分析，也要进行定量分析。

● 小试身手 ●

识别创业风险的方法有信息资源调查法、_____、_____、环境扫描法、风险树分析法、_____、风险清单法。

五、管理创业风险的措施

要创业就一定要在风险和收益之间进行抉择和权衡，既不能为了收益而不顾风险的大小，也不能因害怕风险而错失良机，而是要在争取实现目标的前提下，管理风险，控制风险，规避风险，这才是创业者对待风险的正确态度。具体来说可以采取如下措施。

（1）树立风险意识。这是加强风险管理的前提。风险虽是看不见的，但它又是客观存在的。因此，作为创业者，要树立风险意识，提早做好预防。

（2）对决策失误风险防范。一是提高主要领导者的素质；二是实行民主决策与集权管理的统一。

（3）对团队风险防范。一是在企业成立之前开展创业团队成员相互合作协调的测试；二是创业团队成员的股份比例、工资等各方面不要出现人人平等的现象，防止权力分散，无力；三是主要创业者要对团队成员某些具有潜在破坏力的动机保持足够的警觉，创业者要十分慎重，不是简单的感情用事。

● 多闻阁 ●

王老板创立的环保产业有限公司在山西当地很有名气，专门生产砖块成型机。后来他招来一位能人郭某，郭某很快就将其产品推广到全国。王老板将自己的轿车让给郭某，还买一套大房子送给他，另外，还提高了年薪。而郭某投桃报李的结果是出走，离开王老板，自立门户，由于技术问题，郭某失败。走投无路之际，央求原来的东家收留自己，王老板不仅不计前嫌，还在郭某的请求下，升其为副总。郭某在担任副总期间，在销售部排除异己把客户资源掌握在自己手中，偷取其核心技术机密，并删除保留在技术部电脑里的技术资料。然后向王提出辞职，并保证自己永不涉及砖块成型机行业。郭某离开后，很快注册了自己的公司，生产了不同牌子的相同产品。在郭某公司的冲击下，失去了客户资源的王老板一败涂地。

（4）防范筹资风险。一是建立有效的风险防范机制；二是确定适度的负债数额，保持合理的负债比率；三是根据创业企业实际情况，制订负债财务计划。

（5）防范技术风险。一是建立技术发展趋势的监测系统，追踪相关技术的发展状况，判断未来趋势，监测竞争对手的研发进展等；二是高度重视专利申请、技术标准申请等保护性措施；三是在合适的时机，选择战略合作伙伴，采取灵活的方式分担风险。

慎思园

一、填空题

1. 创业风险是指在创业过程中，由于创业环境的_____、创业机会与创业企业的_____、创业者、创业团队的能力与实力的_____、而导致创业活动偏离预期目标的可能性及后果。

2. 创业风险的来源主要有融资缺口、_____、_____、_____、资源缺口和_____。

3. 要创业就一定要在_____和_____之间进行抉择和权衡。

二、分析题

如何规避这些潜在的风险

创业风险	分析	对策
行业风险		
市场风险		
技术风险		
资金风险		
管理风险		
环境风险		
操作风险		
法律责任风险		
其他风险		

多闻阁

撰写创业计划书的 6C 规范

第一是概念（Concept）。就是让别人知道你要卖的是什么。

第二是顾客（Customers）。顾客的范围要很明确，比如说认为所有的女人都是顾客，那 50 岁以上、5 岁以下的女性也是你的客户吗？

第三是竞争者（Competitors）。需要问，你的东西有人卖过吗，是否有替代品，竞争者跟你的关系是直接还是间接等。

第四是能力（Capabilities）。要卖的东西自己懂不懂？譬如说开餐馆，如果师傅不做了找不到人，自己会不会炒菜？如果没有这个能力，至少合伙人要会做，再不然也要有鉴赏的能力，不然最好是不要做。

第五是资本（Capital）。资本可能是现金，也可以是有形或无形资产。要很清楚资本在哪里、有多少，自有的部分有多少，可以借贷的有多少。

第六是持续经营（Continuation）。当事业做得不错时，将来的计划是什么。

撰写创业计划书

有了商机，确定好了创业项目，了解了创业的步骤，也认识了创业风险，并不表示马上就可以开始创业了。创业者首先应该以书面形式把自己的创业规划写下来，包括市场前景、人员、资金、技术、设备、经营思想等，这就是创业计划书，它是整个创业过程的灵魂。

创业计划书，又叫"商业计划书"，是由创业者按照国际通用的标准文本格式完成的项目建议书，是全面介绍创业项目的运作情况，说明产品生产、市场营销、创业团队、创业融资等计划的一份书面材料。

一份完整的创业计划书应包括以下几个方面的内容。[1]

一、封面介绍

封面的设计要有审美观和艺术性，一个好的封面会使阅读者产生最初的好感，形成良好的第一印象。

二、计划摘要

它是浓缩了的创业计划书的精华。要说明创办企业的思路、理念的形成过程以及

---

[1] 资料来源：http://baike.so.com/doc/2020465.html

发展目标和发展战略。包括公司介绍、管理者及其组织、主要产品和业务范围、市场概况、营销策略、销售计划、生产管理计划、财务计划以及资金筹划等。

三、行业与市场分析

明确所选行业的基本特点、竞争状况以及未来的发展趋势；说明本产品的市场地位、目标顾客和目标市场；说明市场上主要的竞争者及其他替代性产品的相关情况等。

四、营运组织结构

包括公司的组织机构、各部门的功能与职责、经营管理理念以及人力资源发展计划等。

五、营销策略

营销是企业经营中最富挑战性的环节，应包括市场机构和营销渠道的选择；营销队伍和管理；促销计划和广告策略；价格决策等。

六、制造计划

介绍产品制造和技术设备情况，包括产品制造和技术设备现状；新产品投产计划；技术提升和设备更新的要求；质量控制和质量改进计划。

七、财务计划

财务计划一般要包括资金需求与使用计划；预计的资产负债和损益表；现金流预测以及投资回报率投资收回年限等。其中重点是现金流量表、资产负债表以及损益表的制备。流动资金是企业的生命线，因此企业在初创或扩张时，对流动资金需要预先有周详的计划和进行过程中的严格控制；损益表反映的是企业的盈利状况，它是企业在一段时间运作后的经营结果；资产负债表则反映在某一时刻的企业状况，投资者可以用资产负债表中的数据得到的比率指标来衡量企业的经营状况以及可能的投资回报率。

八、风险与风险管理

包括政策风险、法律风险、竞争风险、亏损风险等可能的风险因素及应对策略。

九、实施进度计划

包括短期目标、中期目标和长期目标。最后还应有结论，综合各项分析与计划，说明整体竞争优势，强调远大的市场前景等。

创业计划书模板[1]，见附件。

---

[1] 资料来源：http://wenku.baidu.com/view/33918891dd88d0d233d46a85.html

附件：

[项目名称]

创业计划书

[　年　月　日　]

摘 要

【摘要相当于一份计划书的点睛之笔，如果没有好的摘要，你的计划书也不会引起投资者的注意。因此建议你要先编制一个摘要，用它作为你全部计划的基本框架。摘要不需要过长，提取精华即可。】

请简要叙述以下几点内容：

1. 项目描述（介绍项目的目的、意义、内容及运作方式等）

2. 产品与服务（陈述你的产品或服务以便让别人能够看懂，包括产品的竞争优势）

3. 行业及市场（行业历史与前景，市场规模及增长趋势，行业竞争对手及本公司竞争优势，未来3年市场销售预测）

4. 营销策略（在价格、促销、建立销售网络等各方面拟采取的策略及其可操作性和有效性，对销售人员的激励机制）

5. 资金需求（资金需求量、用途、使用计划，拟出让股份，投资者权利，退出方式）

6. 财务预测（未来3年或5年的销售收入、利润、资产回报率等）

7. 风险控制（经营过程中可能出现的风险及拟采取的控制措施）

综述

【看过摘要部分，意向投资方已经对你的计划有了大概的了解。那么，接下来就要通过本章的综述展现给你的意向投资方一个鲜活的项目策划方案，进一步从框架理念看到有充分依据的市场反馈需求的饱满的可行性计划书。这样，你的计划书就有了坚实的基础，有了足够说服对方的分量。切忌过于繁杂，条理清晰、强而有力即可。】

一、项目描述

1. 项目背景
2. 项目宗旨
3. 项目介绍

二、产品与服务

1. 产品品种规划
2. 研究与开发
3. 未来产品和服务规划

4. 实施阶段
5. 服务与支持

三、行业与市场分析

【这一章是编写商业计划书最重要也是最困难的一章，如果不重视对这一章的编写，那么你的计划将成为最糟糕的计划。在这一章中，你要指出你在哪个行业领域、市场领域、岗位功能方面展开竞争？市场特点与性质怎样？你是如何划分市场格局的？】

1. 市场介绍
2. 目标市场
3. 顾客购买准则
4. 竞争对手分析

四、市场与销售

1. 市场计划
2. 销售策略
3. 渠道销售与伙伴
4. 销售周期
5. 定价策略
6. 市场联络（展会/广告宣传/新闻发布会/年度会议/学术讨论会/国际互联网促销等）

五、营运组织设计

1. 组织结构
2. 团队成员岗位描述和要求
3. 建立团队愿景、使命和精神

六、实施进度计划

1. 短期目标
2. 中期目标
3. 长期目标

七、财务计划

1. 资金需求与使用计划
2. 融资计划

3. 损益预估表
4. 现金流预测
5. 资产负债预估表
6. 盈亏平衡分析
7. 投资回报率
8. 投资收回年限

八、风险控制

1. 政策风险
2. 法律风险
3. 竞争风险
4. 亏损风险

九、实施进度计划

> 光明顶

一、小王毕业后应聘到麦当劳,在近五年的工作中,由于良好的服务意识和不错的管理能力,多次获得"服务之星"等荣誉称号,并且从服务生成长为主管。她本人还在业余时间自修营养师课程。最近,小王获得一个机会接手了一家小餐馆,这家小餐馆地处办公楼群附近,租金适中。但据说明年该地区划归中央商务区,有些大型跨国公司将要进驻,附近办公楼的租金已经开始上涨。

这家小餐厅装修简单,环境一般,主要经营家常菜,虽然没有什么特色,但中午时间来此吃饭的附近公司职员不少,边吃边聊,用餐时间长。不少过往客人见无座位就不进来用餐。该地区没有其他麦当劳和肯德基等快餐店,但有一家高档粤菜馆和几家川味小吃店。

如果你是小王,你会接手这个小餐馆吗?你打算如何经营呢?请通过分组讨论、查询资料等多种方法写出一份不少于300字的报告并提交。

二、做一份"我的创业规划书",可以单打独斗,也可以找几个伙伴共同完成。

提示:

1. 确定项目并详细地多角度地说明理由。
2. 确定如何实施项目。

①确定目标;②选择地点(说明理由);③做投资预算,说明资金来源;④确定人

员（合伙人）；⑤确定经营的顾客群体，并详细了解他的喜好；⑥说明要办哪些相关手续；⑦说明如何管理（人员、财务）；⑧效益分析；⑨如何规避风险和危机。

三、在现今社会经济不断发展就业形势却不容乐观的情况下，学生创业成为了学生就业之外的新兴的现象。刚出校门的学生满腔热情进行创业，有的成功，有的失败，但以失败居多。

请同学们通过讨论、查询资料等多种方法分析一下失败的原因，以调查报告的形式提交，给即将创业的学生们引以为鉴。

参考文献

[1] 陈昇. 商业概论 [M]. 台北：全华图书股份有限公司，2012.
[2] 刘万军. 商业基础知识 [M]. 重庆：重庆大学出版社，2010.
[3] 板砖大余，姜亚东. O2O进化论数据商业时代全景图 [M]. 北京：中信出版社，2014.
[4] 陈海权. 零售学 [M]. 广州：暨南大学出版社，2012.
[5] 周筱莲，庄贵军. 零售学 [M]. 北京：北京大学出版社，2009.
[6] 范磊. 商业业态知识 [M]. 北京：机械工业出版社，2012.
[7] 程成，袁莹，王吉斌，等. O2O应该这样做：向成功企业学O2O战略布局、实施与运营 [M]. 北京：机械工业出版社，2014.
[8] 大久保恒夫. 世界最赚钱零售店的经营课 [M]. 杭州：浙江人民出版社，2013.
[9] 李骏阳. 零售学 [M]. 北京：科学出版社，2009.
[10] 王婷婷，李英奎. 现代商务 [M]. 北京：北京师范大学出版社，2010.
[11] 赵轶. 市场营销 [M]. 北京：清华大学出版社，2014.
[12] 李升全，毛艳丽. 物流基础 [M]. 北京：高等教育出版社，2011.
[13] 邵贵平. 电子商务物流管理 [M]. 北京：人民邮电出版社，2010.
[14] 政部会计资格评价中心. 财务管理 [M]. 北京：中国财政经济出版社，2014：1-368.
[15] 洪从凤. 会计实账演练 [M]. 北京：北京理工大学出版社，2013：1-228.
[16] 史玉光. 小企业会计准则操作实务 [M]. 北京：电子工业出版社，2013：1-264.
[17] 高富平. 电子商务立法研究报告 [M]. 北京：法律出版社，2003：9-259.
[18] 国家发展和改革委员会高技术产业司，全国人民代表大会财政经济委员会调研室. 中国电子商务法律法规汇编 [M]. 北京：法律出版社，2014：4-227.
[19] 于池. 中国国有企业权利委托代理关系研究 [M]. 北京：中国经济出版社，

2012：5-304.

［20］钱光明. 经济法基础［M］. 南京：南京大学出版社，2010：126-138.

［21］郑远民，李俊平. 电子商务法发展趋势研究［M］. 北京：知识产权出版社，2014：5-182.

国家中等职业教育改革发展示范学校鲁台职业教育交流对接特色课程规划系列

商 业 基 础
综合练习题

主　编　郑金萍　孙中升
副主编　裴雅青　谢永强

中国财富出版社

商业基础

◎ 单元一　认识商业　/ 1

◎ 单元二　识别商业业态　/ 6

◎ 单元三　商业现代化　/ 13

◎ 单元四　体验商业经营　/ 17

◎ 单元五　商业财务初步　/ 24

◎ 单元六　初探商业法规与企业社会责任　/ 30

◎ 单元七　探寻商业机会与创业　/ 38

商业基础

○ 单元一 认识商业 / 1

○ 单元二 我国商业概述 / 6

○ 单元三 商业机构 / 13

○ 单元四 古代商业活动 / 18

○ 单元五 现代商业活动 / 24

○ 单元六 现代商业活动与企业社会责任 / 30

○ 单元七 农村商业社会物业 / 38

单元一　认识商业

一、判断题

1. 狭义的商业是指以赚取价差为目的，除了买卖业之外，还包含促进交易完成、协助买卖业发展的辅助商业。（　　）

2. 在物物交易时期，交易的标的物是物品本身，过程并不利于交易的顺畅，不一定都能成功。（　　）

3. 商业的成立是以服务为目的，直接或间接提供他人货物、金钱、资讯或劳务，而满足其需要的活动。（　　）

4. 阿刚走私 A 货进行黑市交易行为，亦属于商业活动的一种。（　　）

5. 中国所造成的经济奇迹，主要是以进口贸易来促使经济的发展。（　　）

6. 一个企业的经营不但可为企业创造许多的利润，更会因其生产活动而产生许多环境保护、生态、治安等问题。（　　）

7. 信用交易方式虽然在交易的时候不用触碰到货币，但是事后仍需要实质的货币缴付，因为信用交易方式除了有交易时免除携带、收付现金的好处之外，最主要的功能为延缓支付时间。（　　）

8. 期货交易无交易实体。（　　）

二、选择题

1. 商业经营的最基本目的是_____。（　　）
A. 善尽社会责任　　B. 提供就业机会　　C. 营利　　D. 服务社会

2. 现代经济的中心也是商业发展的最高交换形态是_____。（　　）
A. 物物交换　　　　B. 货币交换　　　　C. 信用交换　　D. 形式交换

3. 哪一项是商业行为？（　　）
A. 购买莫拉克台风的赈灾物品
B. 职棒开赛前签赌哪一队赢球
C. 清洁公司向报社刊登广告，约定不付费但以替报社清洁相抵
D. 向经营服饰店的朋友借用礼服

— 1 —

4. 下列哪一项不是商业起源的原因？　　　　　　　　　　　　　　　　　　（　　）
   A. 人类欲望的增加　　B. 资源分布的不均　　C. 交通运输的发达　　D. 文化的提升
5. 凡以营利为目的，直接或间接以货物、金钱或劳务供给他人，而满足需要，以发展国家经济者，都可称为_____。　　　　　　　　　　　　　　　　　　（　　）
   A. 工商业　　　　　B. 商业　　　　　C. 农业　　　　　D. 自由业
6. 到星巴克购买咖啡并以悠游卡付费，是属于商业发展过程的哪一时期？（　　）
   A. 物物交换时期　　B. 货币交易时期　　C. 信用交换时期　　D. 形式交换时期
7. 宝洁让女性消费者在网站上量身定做专属的个人保养品，并且可帮此商品命名。请问这种服务彰显出现代商业的哪种特点？　　　　　　　　　　　　　（　　）
   A. 管理人性化　　　B. 商品客制化　　　C. 分工专业化　　　D. 生产标准化
8. 下列哪一项不是商业的要素？　　　　　　　　　　　　　　　　　　　（　　）
   A. 企业组织　　　　B. 劳力　　　　　C. 资本　　　　　D. 员工
9. 未来商业的经营策略哪一项具有直接影响消费者购物的策略？　　　　　（　　）
   A. 组织管理　　　　B. 人力资源管理　　C. 营销管理　　　D. 研发管理
10. "拍婚纱照送澎湖岛三日游"是属于哪一种商业发展趋势？　　　　　　（　　）
    A. 服务设施人本化　B. 业态发展多元化　C. 经营战略多元化　D. 科学技术现代化
11. 小真到一家服饰店购物，发现该店销售花束及服饰，并且设立咖啡厅提供消费者二度消费，请问该家为哪种形态的店家？　　　　　　　　　　　　　（　　）
    A. 服务设施人本化　B. 业态发展多元化　C. 经营战略多元化　D. 科学技术现代化
12. 政府目前提倡知识经济，是希望未来的产业发展，能够以下列哪一项作为发展动力？　　　　　　　　　　　　　　　　　　　　　　　　　　　　　　（　　）
    A. 创新与研发　　　B. 资本　　　　　C. 劳动力　　　　D. 土地开发
13. 在进行交易时，一般将商品所有权流通称为_____。　　　　　　（　　）
    A. 商流　　　　　　B. 物流　　　　　C. 金流　　　　　D. 信息流
14. 由供应商、制造商、批发商、零售商等所构成的物品流动网络称为_____。
    　　　　　　　　　　　　　　　　　　　　　　　　　　　　　　　　（　　）
    A. 物料管理　　　　B. 生产管理　　　　C. 价值管理　　　D. 供应链管理
15. 下列哪一项是企业投入社会公益的活动？　　　　　　　　　　　　　（　　）
    A. 与社区一起欢度新年，提供新年礼品　　B. 资助社区搞徒步的活动
    C. 赞助低收入家庭　　　　　　　　　　D. 以上都是

三、简答题

即将毕业的湖南大学学生徐婷婷陆续收到多家知名车企发来的录用通知书，如何抉择成了她现在最头疼的事儿，当然，遇到这样"头疼"的事儿也让同学们羡慕不已。之所以能让别人羡慕，跟她从大一开始参加的一项赛事经历有关。学习机械制造专业的她，是湖南大学易车FSAE（全球大学生方程式汽车大赛）赛车队的一员，他们去年

在中国大学生方程式汽车大赛（FSC）中一举夺冠，他们的努力最终得到了认可。

大学四年，徐婷婷和她的队友们自行设计、制造出在加速、制动、操控性等方面具有优异表现的小型单座休闲赛车。在这个过程中，他们在汽车设计、制造、成本控制、商业营销、沟通与协调等方面得到全面提升。中国大学生方程式汽车大赛由易车公司联合中国汽车工程学会以及多所高等院校于2010年发起，现在已经发展成为吸引国内外80多支高校参加的盛会，被称为赛车手和汽车工程师的摇篮。

谈到为何发起并持续投入这样一个大赛，易车CEO（首席执行官）李斌曾表示："中国已经成为汽车制造大国，但离汽车产业强国还有很大的差距，举办此项赛事就是要培养出我国自己的汽车专业人才，易车也希望以此尽一份力，为中国汽车产业人才培养做出力所能及的贡献。"

（资料来源：2015年03月06日易车网）

阅读以上材料，回答问题：

1. 你能为徐婷婷设计一条未来发展之路吗？
2. 如果选择自行创业，一个小型企业必须具备哪些要素？
3. 根据易车为中国汽车产业所做出的贡献，简述企业的社会角色。

四、资料分析题

查阅主题：善行天下　企业公民在行动

简介：最具有未来发展性的企业活动。在全球化的趋势下，社会大众对企业的期待，早已不仅止于获利，其实更希望企业发挥积极的影响力，成为改变社会的力量。透过网络查阅，从中了解：企业，改变的力量；你，让世界变不同。

查阅资料，完成以下任务：

1. 你心目中的企业公民典范是哪家企业？简述之。
2. 在全国环保系统推进的路径上企业应承担怎样的角色？形成小组分析报告。

五、社会调查题

2015年3月7日下午，全国人大代表、中国环保协会副会长、湖南永清环保集团董事长刘正军，全国人大代表、广州大学环境科学和工程学院副会长王筱虹做客《中经在线访谈特别节目——聚焦2015两会》，共同就"如何高效治理好环境污染"问题进行探讨。双方在现场一致表示：环境污染的治理不仅需要政府、企业双方协作，更需要我们每个公民的积极参与到环境污染防护的整个过程中去。

就当前我国环境的总体情况，王筱虹坦言，当前我国环境的总体质量与老百姓的期望值还存在一定差距，但在污染的防护措施上，政府和企业也一直在努力，并且近年来也取得了很大的成效。

对于近年来我国雾霾频繁，极大地影响公众健康的问题，刘正军就之前提出的"治霾不缺技术，缺的是大环境部"这一结论，具体向我们解释治霾的深层问题其实是国家治理结构的问题。刘正军表示，现阶段，我国环保部的职能还远远不够，在整个

治污过程中，一己之力的治理效果很难令人满意。如果国家能够适当改变环保部的职能，加强它的相关职能，设立大环境部，环境治理效果就会更快、更好。

此外，王筱虹就大气法对于大气污染的防治作用表示肯定，她提到，大气法对工业园、汽车园等产业园区在除尘、排污等多方面都有相关的防护规定，就实际效果而言，近年来广东地区的空气质量已得到一定的改善。

（资料来源：2015年03月07日中国网）

分析以上材料，将班级内同学分成小组，每组4~5人，组成调查小分队，完成以下任务：

1. 小组成员认真观看中国经济网的两会专题节目《中经在线访谈特别节目——聚焦2015两会》2015年3月7日的访谈。

2. 环境污染的治理不仅需要政府、企业双方协作，更需要我们每个公民的积极参与到环境污染防护的整个过程中去。作为社会公民我们应做什么，应该怎么做，调查小分队可通过各种途径进行社会调查，形成小组行动计划。

习题答案

一、判断题

1. × 2. √ 3. √ 4. × 5. × 6. √ 7. √ 8. ×

二、选择题

1. C 2. C 3. C 4. D 5. B 6. C 7. B 8. D 9. C 10. A 11. B 12. A 13. A 14. D 15. D

三、简答题

1. 略

2. 答题要点：

商业的基本要素指在进行商业交易活动的过程中，不可缺少的各项条件。一是资本。对现代商业活动而言，或多或少都需要投入一定的资本才能够开始运作。二是商品。不论是有形的商品或是无形的商品，商业活动都是通过商品的交易而赚取利润。三是劳务。不论是服务业、制造业、加工业等，几乎各种行业的商业活动都必须包括劳务。四是企业组织。自工业革命以来，企业科学化的生产方式以及系统的组织结构，使各项业务活动均能在有系统、权责划分清楚的制度下进行，同时也提高企业经营与管理的效率，而这些都必须依赖完善的企业组织来推行。五是商业信用。商业信用也就是我们常说的"商誉"，是一种无形的资产。在涉及商品以及金钱的商业活动中，信用对于双方都是极其重要的。

3. 答题要点：

企业的社会角色可从四个方面加以分析。

一是个人方面：满足各自需求；增加选择机会；提高个人所得。

二是社会方面：促进社会繁荣，安定社会经济；调剂商品供需，平衡各地物价。

三是国家方面：繁荣经济活动，提高国家地位；拓展国际贸易，累积国家实力。

四是世界方面：促进国际分工，提升生活水准；促进文化交流，突破国界隔阂。

四、资料分析题（略）

五、社会调查题（略）

单元二 识别商业业态

一、判断题

1. 各种交易方式是相互补充相互联系的，单一的交易方式有时会起到负面效应。
（   ）

2. 在交易活动中，只有买者和卖者两个当事人，中间没有任何媒介，双方直接接触，同时都扮演着买者和卖者的双重角色。（   ）

3. 零售商业第三次革命的标志是百货商店的诞生。（   ）

4. 非公有制经济已成为批发业的主导力量。（   ）

5. 商业街就是一群零售店铺在空间上的集聚形态，商业街中的零售店铺之间并没有经营管理上的协作关系。（   ）

6. 家居建材商店与普通大型综合超市并无太大差别，因此不算是一种独立的零售业态。（   ）

7. 对零售顾客而言，商品价格是否实惠远比服务质量更加重要，因此零售店铺只需努力降低商品价格，无须提供高质量的服务。（   ）

8. O2O 即线上到线下，其核心是把线上的消费者带到现实的商店中去，也就是让用户在线支付购买线下的商品和服务后，到线下去享受服务。（   ）

9. 零售是向最终消费者提供生活消费品和服务，以供其最终消费之用的全部活动。（   ）

10. 网络购物的兴起将令传统的有店铺的商业消亡。（   ）

11. 所谓商圈就是零售店铺所处的商业环境。（   ）

12. 将一台复印机卖给一家公司用作办公设备，这一活动属于零售行为。（   ）

二、选择题

1. 零售作为一种销售活动，其经营的商品是_____。（   ）
A. 日用杂货　　　B. 消费品和投资品　　　C. 奢侈品　　　D. 各种消费品

2. 零售的特点不包括哪些？（   ）
A. 交易次数频繁，交易批量小

B. 对店铺选址及店铺设计有较高的依赖度

C. 经营场所分散，经营活动受商圈的限制

D. 日交易额较大

3. 中国真正意义上第一家超级市场是_____。 （   ）
   A. 百联集团　　　B. 联华超市　　　C. 美佳超市　　　D. 广百超市

4. 以会员制为基础，实行储销一体、批零兼营，以提供有限服务和低价格商品为主要特征的零售业态是_____。 （   ）
   A. 折扣店　　　B. 邮购商店　　　C. 仓储商店　　　D. 便利店

5. 以"小、灵、便"为特征的连锁店是_____。 （   ）
   A. 便利店　　　B. 百货商店　　　C. 购物中心　　　D. 大型超级市场

6. 以下哪些不是超级市场的主要经营特征？ （   ）
   A. 经营商品品种繁多　　　　　　B. 经营规模大
   C. 经营成本高，毛利高　　　　　D. 顾客自助式服务

7. 仓储商店一般采取以下哪种形式？ （   ）
   A. 股份制　　　B. 会员制　　　C. 连锁制　　　D. 合伙制

8. 对有店铺零售商业来说，以下哪个选项是非常重要的，这是其他竞争者不易模仿的竞争优势？ （   ）
   A. 顾客服务　　　　　　　　　　B. 店铺设计与商品陈列
   C. 价格　　　　　　　　　　　　D. 选址

9. 世界上最早的仓储式商店是_____。 （   ）
   A. 麦德隆　　　B. 万客隆　　　C. 广客隆　　　D. 沃尔玛

10. 下列哪个选项属于无店铺销售方式？ （   ）
    A. 邮购　　　B. 便利店　　　C. 百货公司　　　D. 购物中心

11. 下列所说哪一个选项是批发业的首要职能？ （   ）
    A. 调节供求　　　B. 集散商品　　　C. 传递信息　　　D. 承担风险

12. 在商品流通过程中，在制造商与消费者之间起着中间人作用的是下列哪个选项？ （   ）
    A. 批发　　　B. 零售　　　C. 连锁经营　　　D. 商场

13. 专业化程度较高，专门经营某一类或少数几类商品的批发商是_____。
 （   ）
    A. 特种批发商　　　B. 专业批发商　　　C. 普通批发商　　　D. 综合批发商

14. 百货商店的目标顾客为_____。 （   ）
    A. 一般人群　　　　　　　　　　B. 特定人群
    C. 全部消费者　　　　　　　　　D. 中高档消费者和追求时尚的年轻人

三、填空题

1. 按商品交易完成的时间跨度差异划分，商品交易方式可以分为_____、_____、_____三种类型。

2. 批发交易的对象来源比较广，它有_____用户、_____用户与_____用户三类采购者。

3. 批发业按批发商性质不同，可分为独立批发商、_____、_____、批兼零批发商与_____五类。

4. _____是批发业的重要功能，物流服务水平的高低直接决定其经营的成功与否。

5. _____是指不依附于生产部门的独立的批发企业。在现代批发商组织结构中是最主要的形式。

6. 随着信息社会的发展，批发商的专业化趋势越来越明显，各种专业批发商将成为批发商的主流，并由"业种批发"向"_____"转变。

7. 根据购物中心所处位置可将购物中心分为：_____、_____、_____三种。

8. _____它是指为了与百货商店、连锁店等大型零售商的竞争相对抗，由零售团体组织的共同批发企业。其目的在于利用大量采购，节约流通费用，提高竞争力。

9. 批发交易一般要达到一定的_____才能进行，通常都有最低的交易量规定，批发交易的价格往往与交易量成_____。

10. _____，通常是指建立在第三方提供的电子商务平台上的、由商家（企业、组织或者个人）通过互联网将商品或服务信息传达给特定的用户，客户通过互联网下订单，采取一定的付款和送货方式，最终完成交易的一种电子商务形式。

11. O2O即_____，是一种将_____与_____相融合，通过互联网将线上商务模式延伸到线下实体经济，或者将线下资源推送给线上用户，使互联网成为线下交易的前台的一种商业模式。

四、简答题

1. 什么是商品交易方式？它有哪些特点？
2. 简述批发业的职能。
3. 简述网络商店较传统实体店所具有的优势有哪些？

五、资料分析题

麦德龙股份公司（Metro AG）常称作"麦德龙超市"，是德国最大、欧洲第二、世界第三的零售批发超市集团，世界500强之一，分店遍布32个国家。麦德龙超市通常设在大城市城乡结合部的高速公路或主干道附近，它商圈的辐射半径通常为50千米。

麦德龙仓储式超市从建筑外观上看就像一个现代化的大仓库，其营业面积一般为15000～20000平方米。外部设有与营业面积几乎相等的停车场，内部结构比较简单，通常采用高4.5米的工业用大型货架。货架下半部分用于商品的陈列展示，与普通超市无异；而其上半部分则用于相应商品的存放，起到了仓库的作用，从而使销售和仓储合为一体。货架间距较大，便于存取货物的叉车通过，完成迅速补货的工作。

超市内商品内容丰富，品种齐全，通常在20000种以上，可满足客户"一站式购物"的需求。如麦德龙商品种类中食品占40%，非食品占60%。食品类商品以时令果蔬、鲜肉、鲜鱼、奶制品、冷冻品、罐头、粮食制品、饮料、甜点为主，品种相对稳定。非食品领域的商品则按季节和顾客需要定期调整，涉及范围较广不仅包括日常生活用品、办公用品，还包括小型机械工具类产品。仓储式超市摆设的绝大多数商品都是捆绑式或整箱销售，除家电类、机械类产品外很少有单件摆设展示的商品。

结合以上材料，分析总结出麦德龙超市区别与其他超市的经营特色。

六、社会实践题

1. 实践目标：同学们走访一家便利店，通过走访了解便利店这种商业业态的经营模式、赢利模式等。

2. 实践准备：

（1）将学生分成几个小组，每组6人左右，通过走访收集一手资料并分析整理，理解便利店的运营方式。

（2）完成周期：一个星期。

（3）实践地点：由任课教师指定或学生们自由选定。

习题答案

一、判断题

1. √ 2. × 3. × 4. × 5. × 6. × 7. × 8. √ 9. × 10. × 11. × 12. ×

二、选择题

1. D 2. D 3. B 4. C 5. A 6. C 7. B 8. D 9. A 10. A 11. C 12. A 13. B 14. D

三、填空题

1. 即期交易　远期合同交易　期货交易

2. 事业　产业　商业

3. 制造批发商　共同批发商　连锁批发商

4. 物流功能

5. 独立批发商

6. 业态批发

7. 社区购物中心　市区购物中心　城郊购物中心

8. 共同批发商

9. 交易规模　反比

10. 网络商店

11. Online To Offline　线上电子商务模式　线下实体经济

四、简答题

1. 商品交易方式是指商品经营者实现商品（含服务）的价值，转移商品的使用价值的形式和手段。它具体又包括交易途径、交易手段和结算方式等几方面要素。从概念中，可以看出商品交易方式具有以下含义：

第一，商品交易方式反映的是商品所有者之间的商品买卖关系。

第二，商品交易方式反映的是商品实体和服务依次进入消费领域的过程。

商品交易方式的特点：

（1）多样性即商家采取多种多样的交易方式满足消费者不同的消费需求。

（2）阶段性。商品交易方式在不同的历史时期有不同的交易方式，这是由于历史条件等资源环境决定的。

（3）复杂性。即采取哪种商品交易方式，应适应商品的属性，应满足消费者的需求，而商品是多样的，消费者的消费偏好也是多样的，消费者层次更是多样的，因此，商品交易方式也具有复杂性。

（4）互补性。各种交易方式是相互补充相互联系的，单一的交易方式有时会起到负面效应。

(5) 系统性。商品交易方式是系统性的，不是偶然的，而是一种交易方式与另一种交易方式相互配套成为一个体系。

2. 批发业的职能：

(1) 集散商品。这是批发业的首要职能。由于生产部门一般是大量生产，但品种单一，而零售部门往往经营品种较多，但数量较少。为了调节生产与零售之间存在的这种矛盾，在生产与销售之间出现了批发环节。通过批发环节，从各生产部门采购数量多、品种、规格与花色全的商品，然后经过编配，再分别批发给各个零售采购者。这样，既满足了生产部门单品种、大批量销售商品的需要，又满足了零售部门多品种、小批量购进商品的需要。通过批发环节交易把生产部门与零售部门有机地结合起来了，疏通了商品流通渠道。

(2) 调节供求。生产与零售在时间与空间上也存在间隔。这是因为有的商品是常年生产、季节销售；有的商品是季节生产，常年销售；还有的商品是此地生产，彼地销售或彼地生产，此地销售。显然，生产与消费之间的矛盾，实质上是生产与零售之间的矛盾。为了解决生产供应与零售之间的矛盾，可以通过批发商的运输、储存、保管活动，来调节供求之间的时空矛盾。

(3) 商品加工。批发商业主体在进行批发业务时，有时不得不对从生产部门采购来的商品进行重新包装、分级、整理和加工、编配等活动，以便更好地满足零售商购进的需要，从而提高流通效率。

(4) 融通资金。批发商进行批发交易时，既可以向生产企业提供融通资金便利，也可以向零售商提供融通资金便利。主要表现在以预购商品的形式向生产企业购进商品，以赊销的方式向零售商销售商品。这样，既可为生产企业提供再生产所需要的资金，也可使零售商不至于因资金短缺而不能正常进货，有利于加快商品流通速度。

(5) 传递信息。批发商在批发交易活动中，通过将收集起来的信息，进行整理与分析，然后传递给生产者与零售商。对于生产者，批发商可以提供市场需求变化等方面的信息，作为他们制定产品开发、生产计划方面的依据；对于零售商，批发商可以提供新产品供应等方面的信息，作为他们采购、销售决策的依据。

(6) 承担风险。商品在从生产领域进入到消费领域的整个流通过程中，存在着各种流通风险。如商品损坏、变质、丢失等静态流通风险，市场经营环境变化引起的动态流通风险等。而这些风险大多发生在库存期间或储存期间。批发商在组织商品流通过程中，又主要承担商品库存任务，有调节供求的职能。因此，批发商要承担流通中的风险。

3. 网络商店作为近几年来兴起并迅速发展的一种零售业态，具有以下优势：

(1) 经营场所的独特性。网络商店是以计算机网络和服务器设备为基础的，在虚拟的"塞伯"空间（即网络世界）里完成交易流程，不像我们看到的实体店面商品交易。

（2）客户群的独特性。网络商店及客户是有范围限制的，即有条件上网的人。

（3）经营方式的独特性。网络商品以网页、数据库作为货架、卖场，消费者只能浏览观看，而不能实实在在地去感觉商品，包括质地、手感等。

（4）经营地域和营业时间的优越性。网络商店通过网络设备，把商流、信息流、资金流、物流整合为一个系统。购买者通过一台网络终端设备（比如：计算机、PAD、智能手机等）足不出户，就可以轻松购物。

（5）价格优势。网络商店不需要房租、商品库存仓库、甚至大量的营业员和推（促）销员，省去了较大的一部分成本，较之于传统商店里的同类产品，在销售价格上具有绝对的优势。

五、资料分析题（略）

六、社会实践题（略）

单元三 商业现代化

一、判断题

1. 要达到商业现代化的目的，首先要从商业自动化、商业信息化两方面着手。
（   ）

2. 商品流通的通路，包括批发业者，但不包括零售业者。（   ）

3. 开放性商流一般多运用于日常用品、或是差异性不大并且采购频率高的商品。
（   ）

4. 在商业活动中，买卖双方在发生交易行为后，资金便开始流通，商品所有权也随着发生转换。这种资金流通的现象就是所谓的金流活动。（   ）

5. 从古至今商业活动过程中涵盖交易的产生、商品的交付、金钱往来及交易所产生的信息四项商业业务。（   ）

6. 为配合消费者的各项需求，从制造商到销售业者，所有行销策略与销售通路等各种商业行为，均可称为商流活动。（   ）

二、选择题

1. 所谓"物流"是指商品实体的流通，而＿＿＿＿则是指交易上的流通。（   ）
   A. 信息流   B. 资金流   C. 商流   D. 客流

2. EDI 的应用软件中，不包括哪一种软件？（   ）
   A. 转换软件   B. 防毒软件   C. 翻译软件   D. 通信软件

3. 需要解说与售后服务的商品，通常会通过狭窄且短的流通通路来进行商品销售，是指？（   ）
   A. 开放性商流   B. 选择性商流   C. 狭窄性商流   D. 广泛性商流

4. 一家店想掌握竞争优势的关键是什么？（   ）
   A. 资金充裕   B. 库存的掌控   C. 商品齐全   D. 信息完整

5. 从古至今，从西方到东方，无论商业活动演变到什么程度，其过程中都涵盖交易的产生、商品的交付、＿＿＿＿、交易所产生的信息四项商业业务。（   ）
   A. 金钱的往来   B. 人员的调度   C. 商品的检验   D. 售后服务

6. 下列哪项不属于导入 POS 系统的效益？ （　　）
   A. 降低成本　　　　　　　　B. 缩短收银作业时间
   C. 人工收集销售资料　　　　D. 合理化分析

7. 将原本采用邮件往来的商业文件，例如：询价单、报价单等，转换为标准化、格式化的电子资料形态，这是_____。 （　　）
   A. 电子资料交换　　B. 商品条码　　C. 销售点系统　　D. 电子订货系统

8. 电子数据交换（EDI）是指将商业或行政事务按一个公认的标准，形成结构化的事务处理或文档数据格式，从计算机到_____的电子传输方法。 （　　）
   A. 无人化　　　B. 智能　　　C. 计算机　　　D. 人工

9. 二维条码是一种非传统的条码符号，它比以往的条码符号具有更高的_____。 （　　）
   A. 准确度　　　B. 密度　　　C. 效力　　　D. 可靠性

10. 最早被打上条码的产品是_____。 （　　）
    A. 绿箭口香糖　　B. 香皂　　C. 牙膏　　D. 鞋油

11. 商业活动过程中不包括下列哪项商业业务？ （　　）
    A. 商品的交付　　　　　　　B. 交易的产生
    C. 人员的往来　　　　　　　D. 交易所产生的信息

12. 商业现代化是指运用下列哪项新技术有效率地使用商业情报信息来降低成本、提高服务品质？ （　　）
    A. 生物科技　　B. 信息科技　　C. 纳米技术　　D. 科学技术

三、填空题

1. 商流是指商业交易的过程中_____的转移活动，也指商品通路活动中的文件认证程序。

2. 依据商流流通的通路，可将商流分为_____商流、_____商流两种。

3. 所谓"物流"是指_____；而"商流"则是指_____。

4. 信息流的主要功能在于通过_____、_____、货物请款、付款以及_____等过程。

5. 常见的金流工具有_____、_____、_____。

6. 如果实体商品在转移的过程中，只有单纯的商品传送而无买卖交易行为，此种现象称为_____。

7. 要达到商业现代化要从_____、_____两方面着手。

8. 建立完整的 EDI 系统包含：_____、硬件、_____、_____四部分。

四、简答题

1. 请简要概括物流与商流的关系？

2. 根据商品的特性，可将商流的通路分为哪两种类型？

3. EOS 系统由哪些要素构成？

4. 条码的结构包括哪些部分？

五、资料分析题

当提到物流的话题时，常常与商流、资金流和信息流联系在一起，因为商流、物流、资金流和信息流逝流通过程的四大组成部分，在社会经济活动中起着重要的作用。

请分析说明物流在流通活动中起到什么样的作用？流通活动中的"四流"之间有哪些联系？

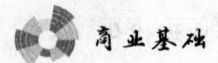

习题答案

一、判断题

1. √ 2. × 3. √ 4. √ 5. √ 6. √

二、选择题

1. C 2. B 3. B 4. D 5. A 6. C 7. A 8. C 9. B 10. A 11. C 12. C

三、填空题

1. 商品所有权

2. 开放性　选择性

3. 商品实体的流通　交易上的流通

4. 商品订单发送　商品出货　询问商品

5. 传统货币　传统银行交易　信用卡　网络银行

6. 物流

7. 商业自动化　商业信息化

8. 标准　软件　网络

四、简答题

1. 有商流而无物流；有物流而无商流；有商流和输入物流（指采购过程中的物流）而无输出物流（指销售过程中的物流）；有商流也有物流，但时间上不同步；有商流也有物流，但流转路径不同；商流、物流合一。

2. 根据商品的特性，可将商流的通路分为开放性和选择性两种。

（1）开放性商流。开放性商流是指以广且长的流通通路进行商品销售，采用开放性商流的目的在于通过距离消费者最近的零售点来进行商品流通。一般多用于日常用品，或是差异性不大且采购频率高的商品。

（2）选择性商流。选择性商流是指以窄且短的流通通路进行商品销售。由于利用此流通通路的产品，多具有需要解说与售后服务特性。

3.（1）供应商：商品的制造者或供应者（生产商、批发商）。

（2）零售商：商品的销售者或需求者。

（3）网络：用于传输订货信息（订单、发货单、收货单、发票等）。

（4）计算机系统：用于产生和处理订货信息。

4.（1）前缀部分。表示国家或地区。

（2）制造厂商代码。国家物品编码中心赋予制造厂商的代码。

（3）商品代码。标示商品的代码，企业自己行使。

（4）效验码。通常是一组数据最后一位。由前面数字通过某种运算得出，用以检验该组数字的正确性。

五、资料分析题（略）

单元四 体验商业经营

一、判断题

1. 对销售量一直比较稳定，受外界环境因素干扰较小的日用品，可以以销定进，销多少买多少，销什么买什么。（　　）
2. 勤进快销虽然不能使零售业的周转资金加快流转，但可以加强资金的利用率。（　　）
3. 以进促销原则要求零售企业必须事先做好市场需求调查工作，在此基础上决定进货品种和数量。（　　）
4. 一般来说，对那些处于新开发的，还是处于试销阶段的商品，要以进促销。（　　）
5. 每个零售企业都有各自不同的特点，但商品采购渠道是完全相同的。（　　）
6. 配送中心实际上是一个进行物理活动的场所。（　　）
7. 集中统一进货也有不足之处，如进货与销售脱节、商品脱销、增加内部调拨手续、不利于商品内部流通等。从而增加了成本支出。（　　）
8. 分散独立进货增加了营业员的进货负担，不利于统一管理；要使用较多的人力、运力和财力，增加了营业员的进货负担，但可以提高服务质量。（　　）
9. 商品采购谈判结束，是商品采购工作的终结。（　　）
10. 商品销售是商品交换发展到一定阶段以后才出现的经济现象。（　　）
11. 从严格意义上讲，商品销售是指出卖给消费者的最终销售。（　　）
12. 对于商业来说，采购、销售、储存是有机地结合在一起的，只有销售正常，采购和储存才能正常。（　　）
13. 在商场快打烊时，首先要告知顾客，然后再去准备打烊。（　　）
14. 在产品的成长期不需要开发新的目标市场和改革产品，只需要加大产品促销力度，刺激销售量的回升就可以了。（　　）
15. 对于衰退比较迅速的产品，应该当机立断，放弃经营。（　　）
16. 在对产品提价时，通货膨胀情况下可以推迟报价，等到产品制成或交货时再给

出最后价格。（   ）

17. 商品运输是链接生产和消费、链接城市和乡村的枢纽，是商品流通过程中的一个重要环节。（   ）

18. 储存是物流的主要职能，但它不属于商品流通的环节。（   ）

19. 储存是物流的一种静止的状态，是商品流转中的一种作业方式，在这里对商品进行检验、保管、加工、集散、转换运输方式等多种作业。（   ）

20. 对商业物流来说，为了更好地服务顾客，及时满足顾客的需要，运输距离是一个决定性因素。（   ）

二、选择题

1. 零售企业进货时坚持小批量、多品种、短周期是指的下列哪项原则？（   ）
   A. 以需定进 B. 勤进快销
   C. 以进促销 D. 储存保销

2. 下列哪些是常见的商品采购渠道？（   ）
   A. 商业系统批发企业 B. 生产企业
   C. 批发交易市场 D. 商品配送中心

3. 商品采购的方式包括_____。（   ）
   A. 集中统一进货 B. 分散独立进货
   C. 集中与分散相结合进货 D. 委托进货

4. 下列哪些选项属于卖方市场的采购策略？（   ）
   A. 广开进货渠道，联系多家供应商
   B. 对生产企业联合，为其提供资金、设备等帮助
   C. 对生产商或供货商提供优惠，如由商店补助运输津贴、上门提货、提供广告援助等
   D. 试销期商品可以少量进货，待其市场看好再决定批量进货

5. 某百货公司采购经理，马上要去采购商品，他要干的工作是_____。（   ）
   A. 检查商品的销售情况
   B. 与供货单位谈判
   C. 对采购部门员工进行培训
   D. 拟定采购计划

6. 下列选项中哪项是成熟期的营销策略？（   ）
   A. 企业应努力做到"快"字当先
   B. 企业应努力做到"好"字当先
   C. 营销策略的基本原则是"防守"为主，"攻取"为辅
   D. 企业应该做到"变"字当先

7. 某酒店为吸引顾客,将其几个特色菜定了比较低的价格,该酒店使用的定价方法是_____。（　　）

    A. 尾数定价　　　　B. 招徕定价　　　　C. 声望定价　　　　D. 整数定价

8. 消费者兴趣转移,销售量剧烈下降,一般宜采取果断的降价销售策略,甚至销售价格可低于成本。这是产品生命周期中哪一个时期的定价策略？（　　）

    A. 介绍期　　　　　B. 成长期　　　　　C. 成熟期　　　　　D. 衰退期

9. "您走好""欢迎下次再来"等文明用语运用于哪一步骤？（　　）

    A. 促成成交阶段　　　　　　　　　　B. 处理顾客异议阶段
    C. 成交阶段　　　　　　　　　　　　D. 跟进与道别阶段

10. 同一种商品,或可代用的商品,在同一运输线或平行线作相对方向的运输与对方的全部或一部分商品发生重叠的现象是哪一种运输方式？（　　）

    A. 对流运输　　　　B. 迂回运输　　　　C. 重复运输　　　　D. 倒流运输

三、简答题

    大润发中国区主席黄明端认为源头采购策略务必要"低进低出"、绝非"低进高出",这仰仗于采购团队的专业度。以采购休闲食品类的蜜饯炒货为例,一般的零售企业采购仅有一人,其关注点只有品牌、进价、供应商的实力等表层的东西,而大润发仅瓜子采购就有整整一个团队,熟知全国各地瓜子的特点、成本、优势与劣势,因而有能力采购到质优价廉的产品。

    为了提高货品响应速度,大润发在大陆兴建了四个自有周转仓库。"看一个超市想不想在中国长期发展,就看它建不建总仓。一个总仓的投入相当于一般零售企业5~10年的利润。"臧游说。时至今日,有类似仓库的大卖场巨头多为外资巨头,如沃尔玛、乐购等,家乐福时至今日也没有相关举措。

    不仅如此,大润发还自建了汽车物流,这增强了供应链的反应速度,也减少了中小型供应商的负担。大润发网络配送系统与各个店铺相连,总仓每天定期收到分店发来的库存以及订单信息,汇总之后,物流计划部门会制订仓储作业计划、配货计划、批次计划以及线路计划。在货物装车同时,IT系统会自动算出包装物、周转箱的门店使用清单。装货人以此核对差异。由于数量的高度准确性,门店验货时只需清点总的包装数量即可。在业内,大卖场的净利在3%左右,而通过设立物流中心,净利就能相差0.5%至1%。杨孝全认为其空间最高可达1.5%。

    阅读查阅材料,回答问题：

    1. 你们认为,一个合格的采购员,要有哪些职责要求？

    2. 大润发在进行采购时,要遵循哪些基本原则？

    3. 大家一定去过大润发购物过,简单阐述一下你们的购物体验,并回想一下大润发一般都采用哪些促销策略进行商品销售？

    4. 大润发有自己的运输和储存系统,它的运输要遵循哪些基本原则,怎么去进行

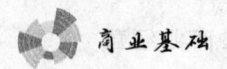

合理运输和储存?

四、资料分析题

3月15日（星期日）上午十二届全国人大三次会议闭幕后，国务院总理李克强将在人民大会堂三楼金色大厅会见采访十二届全国人大三次会议的中外记者并回答记者提出的问题。

新京报记者：总理，您好。我们注意到您最近在多个场合力挺电子商务和快递等新业态，我很想知道您个人从网上买过东西吗？如果买过，最近买的是什么？另外，有人认为网购会冲击实体店，对此您怎么看？谢谢。

李克强：在场的各位都有网购的经历，我也不例外，我网购过，最近还买过几本书，书名我就不便说了，避免有做广告之嫌。但是我很愿意为网购、快递和带动的电子商务等新业态做广告。因为它极大地带动了就业，创造了就业的岗位，而且刺激了消费，人们在网上消费往往热情比较高。

李克强：至于网购是否会冲击实体店，我听过这样的议论，开始也难免会有担心，但是我曾经到一个网购店集中的村去看过，那里800户人家开了2000多家网店，可见创业的空间有多大。同时，我又到附近一个实体店集中的市场，我问他们有没有担心？实体店的老板给我看，他也开了网店，而且把自己实体店的状况拍成视频上网，他说这对购物者来说更有真实感，更有竞争力。可见，网上网下互动创造的是活力，是更大的空间。

李克强：这使我想起最近互联网上流行的一个词叫"风口"，我想站在"互联网"的风口上顺势而为，会使中国经济飞起来。不过我也想到今天是"3·15"，是保护消费者权益日，不管是网上还是网下的实体店，都要讲究诚信，保证质量，维护消费者的权益。谢谢！

（资料来源：青年创业网）

阅读以上材料，回答问题：

1. 李克强总理说网购带动了就业，创造了就业的岗位，查阅相关资料，它有哪些就业的岗位？详细说明。

2. 大家对于传统行业的采购、销售、存储和运输比较熟悉，对于电子商务而言，它也同样存在，大家查阅相关资料，看看电子商务行业的采购、销售、存储和运输是怎样的？

3. 李克强总理提到，实体店和网店相结合，拍成视频上网，这更有竞争力，要想提高自己店铺的竞争力，你还需要做哪些工作？查阅相关资料说明。

五、社会实践题

万达启动2015年大学生创业计划

1月8日，万达集团公布了2015年度支持大学生创业计划。万达相关人士称，万达支持的大学生创业项目进入万达之后，通过覆盖商用Wi-Fi、O2O项目辅导等，充分支持和保护大学生的商业项目。2015年，万达集团将继续投入5000万元创业资金，拿出50个万达广场店铺，帮助100名应届大学本科毕业生实现创业梦想。

2014年首批来自10所高校的创业大学生，已在22座万达广场成功创业，95%的创业店铺效益良好，开始稳定经营。2013年9月，万达集团推出支持大学生创业十年计划，即从2013年到2022年，每年投入5000万元，拿出50个万达广场店铺、支持100名大学生创业；10年累计投入5亿元，提供500个万达广场店铺，支持1000名大学生创业。2013年10月，万达集团支持大学生创业计划开始实施，万达集团从北京大学、清华大学、上海复旦大学、上海同济等10所高校选拔的创业大学生，进入广州增城、潍坊、上海松江、北京通州等全国22座万达广场中创业，大学生创业项目覆盖饮品、甜品、零食、精品等多种业态，目前绝大多数创业项目已实现稳定经营，95%的创业项目销售坪效高于所在广场同类店铺平均坪效。大学生创业项目单日最高销售额达4.2万元，单月最高销售额达30万元。

2015年，万达集团将合作院校从去年的10所扩大到31所，范围覆盖全国29个省（自治区、直辖市），上千名应届大学毕业生参加校内初选，并最终确定入围的100名大学生。2015年，万达集团将继续给予大学生全方位创业指导与支持，保障创业店铺开业后短期内即可实现稳定经营。

在万达集团资金、项目以及创业指导等多维度的支持下，2015年将有更多走出校门的大学生成功踏上自主创业的道路。作为大学生创业计划的发起人，万达集团董事长王健林表达了对于大学生十年创业计划的期望："万达支持1000名大学生创业，是在投资未来。10年、20年之后，只要能出几个像样的企业家，这5个亿就没白花。"

（陈和利）

（资料来源：摘自人民网2015年1月14日）

分析以上材料，将班级内同学分成小组，每组4~5人，组成调查小分队，完成以下任务：

1. 在2015年的两会中，大学生创业成为热点话题，谈谈你们对上述材料的看法或者感想。

2. 在班中分成几个调研小组，到学校创业班或深入到社会中调研，针对学生创业的问题写出调研报告。

习题答案

一、判断题

1. √ 2. × 3. √ 4. × 5. × 6. √ 7. × 8. × 9. × 10. √ 11. √
12. √ 13. × 14. × 15. √ 16. √ 17. √ 18. × 19. × 20. ×

二、选择题

1. B 2. ABCD 3. ABCD 4. ABC 5. B 6. C 7. B 8. D 9. D 10. A

三、简答题

1. （1）确保商品采购供应，随时了解各商品部销售状况，为商品采购供应做准备。

（2）拟定商品采购计划。按期（一般以半个月或一个月为一周期）制定商品采购计划，包括重点商品的选择、商品价格、数量、供应商协商条件、商品引进及配送等。

（3）具体采购。包括采价、议价、与供货商协商条件、商品引进及配送等。

（4）商品业务管理。包括检查各商品部销售情况，发现畅销和滞销商品，处理滞销商品，整理存货、盘点等。

（5）协助商品销售。制订商品促销计划，制订销售特价商品的计划，市场行销调查，了解消费者动态及竞争对手促销措施和经营策略等。

（6）服务人员的培训。协助培训服务员，让服务员了解商品性能、特点等、掌握一定的商品知识，促进商品销售。

2. 以需定进、勤进快销、以进促销、储存保销、文明经商。

3. 略

4. 运输应遵循的原则是及时、准确、安全、经济。

合理运输：

（1）分区产销合理运输。就是对品种单一、数量较大、多地生产、调运面广的大宗商品，如煤炭、粮食、木材、食盐、食糖、纸张、水泥、石油等，按照近产近销的原则，在产销平衡的基础上，划定商品调运区域，制定商品合理流动。"商品流向"就是把商品从生产、分配、调拨、仓储和运输路线，以及运输工具方面固定下来，防止商品盲目乱流，消除不合理的对流运输、迂回运输和过远运输。

（2）直达、直线运输。直达运输是指把商品从产地直接运达到要货单位的运输，中间不需要经过各级批发企业仓库的运输；直线运输是指减少商品流通环节，采取最短运距的运输。直达、直线运输时合理组织商品运输的重要措施之一，可以减少商品的周转环节，消除商品的迂回、对流等不合理运输，从而减少商品的损耗、节省运输费用。品种简单、数量很大的商品或需要尽可能缩短周转时间的商品，应尽可能采取直达运输。

(3)"四就"直拨运输。"四就"直拨，即就厂直拨、就站直拨、就库直拨和就船过载。"四就"直拨，需要各部门紧密配合，加强协作，才能做到及时、准确、安全、经济。

合理存储：

(1) 选址合理。商品储存，离不开仓库，仓库建设要求布局合理。

(2) 储存量合理。储存量合理是指商品储存有合理的数量。在新的产品运到之前有一个正常的能保证供应的库存量。

(3) 储存结构合理。储存结构合理，就是指对不同品种、规格、型号的商品，根据消费的要求，在库存数量上，确定彼此之间有合理的比例关系。

(4) 储存时间合理。储存时间合理，就是每类商品要有恰当的储备保管天数。要求储备天数不能太长也不能太短，储备天数过长就会延长资金占用。

四、资料分析题（略）

五、社会实践题（略）

单元五　商业财务初步

一、判断题

1. 财务管理最综合的目标是追求企业利润的最大化。（　　）
2. 赢利企业给股东创造了价值，而亏损企业摧毁了股东财富。（　　）
3. 根据风险与收益对等原理，高风险项目必然带来高收益。（　　）
4. 企业在资金结构一定的情况下，提高资产报酬率可以使股东权益报酬率增大。（　　）
5. 通常情况下，资本结构比率的各种表达中：产权比率、资产负债率与权益乘数这三个指标的值越大表明企业的长期偿债能力越强。（　　）
6. 若一个企业的全部资金都是自有的权益性资金而没有借债。该企业未通过借钱经营，说明经营的方法很好。（　　）
7. 每股收益是指普通股每股所获得的股利。（　　）
8. 财务管理学中的每股收益就是指每股股利。（　　）
9. 因为每股股利就是每股收益，所以，股利收益率×市盈率＝1。（　　）
10. 应收账款周转天数（即平均收现期）越短越好。（　　）
11. 从股东的立场看，企业在全部资本利润率高于借款利息率时，负债比例越小越好，否则反之。（　　）
12. 市盈率指标主要用来估计股票的投资价值与风险。投资者为了选择投资价值高的行业，可以根据不同行业的市盈率选择投资对象。（　　）
13. 某企业目前的流动比率大于1，此时若赊购一批材料将会使其流动比率降低。（　　）
14. 本应贷记应付账款，却误贷记了应收账款，这种错误会导致速动比率比企业实际的速动比率低。（　　）
15. 本应借记应付账款，却误借记了应收账款，这种错误会导致速动比率比企业实际的速动比率高。（　　）
16. 存货的不同估价方法不构成对企业短期偿债能力的影响，因而在分析企业的短

期偿债能力时，不必考虑。　　　　　　　　　　　　　　　　　　　　（　　）

17. 在销售利润不变时，提高资产利用率可以提高资产周转率。　　　　　（　　）

18. 企业偿债能力的精确表述是：企业偿还全部到期债务的现金保证程度。
　　　　　　　　　　　　　　　　　　　　　　　　　　　　　　　　（　　）

19. 对企业赢利能力分析要考虑非正常营业状况给企业带来的收益或损失。
　　　　　　　　　　　　　　　　　　　　　　　　　　　　　　　　（　　）

20. 是以股东持有的股份和股票市场的价格来衡量的。　　　　　　　　　（　　）

二、选择题

1. 考虑风险因素的财务目标有_____。　　　　　　　　　　　　　　（　　）
   A. 每股盈余最大化　　　　　　　　B. 权益资本净利率最大化
   C. 利润最大化　　　　　　　　　　D. 股东财富最大化

2. 企业的核心目标是_____。　　　　　　　　　　　　　　　　　　（　　）
   A. 生存　　　　B. 发展　　　　C. 获利　　　　D. 竞争优势

3. 企业价值最大化目标强调的是企业的_____。　　　　　　　　　　（　　）
   A. 实际利润额　　B. 实际利润率　　C. 预期获利能力　　D. 生产能力

4. 能够较好地反映企业价值最大化目标实现程度的指标是_____。　　（　　）
   A. 税后净利润　　B. 净资产收益率　　C. 每股市价　　D. 剩余收益

5. 企业价值最大化的财务目标没有考虑的因素是_____。　　　　　　（　　）
   A. 资本利润率　　　　　　　　　　B. 资金使用的时间价值
   C. 资金使用的风险　　　　　　　　D. 企业账面净资产

6. 财务管理的核心工作环节为_____。　　　　　　　　　　　　　　（　　）
   A. 财务预测　　B. 财务决策　　C. 财务预算　　D. 财务控制

7. 下列属于通过采取激励方式协调股东与经营者矛盾的方法是_____。（　　）
   A. 股票选举权　　B. 解聘　　C. 接收　　D. 监督

8. 企业与政府间的财务关系体现为_____。　　　　　　　　　　　　（　　）
   A. 债权债务关系　　　　　　　　　B. 强制和无偿的分配关系
   C. 资金结算关系　　　　　　　　　D. 风险收益对等关系

9. 相对于股票筹资而言，银行借款筹资的缺点是_____。　　　　　　（　　）
   A. 筹资速度慢　　B. 筹资成本高　　C. 限制条款多　　D. 财务风险小

10. 债券持有者可以根据规定的价格转换为企业股票的债券叫作_____。（　　）
    A. 有担保债券　　B. 可转换债券　　C. 固定利率债券　　D. 一次到期债券

11. 下列不属于商业信用筹资的优点的是_____。　　　　　　　　　　（　　）
    A. 需要担保　　　　　　　　　　　B. 有一定的弹性
    C. 筹资方便　　　　　　　　　　　D. 不需要办理复杂的手续

12. 下列各项内容不属于债券筹资优点的是_____。　　　　　　　　　（　　）

A. 资金成本较低 B. 可利用财务杠杆
C. 财务风险较低 D. 保障公司控制权

13. 采用 ABC 法对存货进行控制时，应当重点控制的是_____。（　　）
A. 数量较多的存货 B. 占用资金较多的存货
C. 品种较多的存货 D. 库存时间较长的存货

14. 持有过量现金可能导致的不利后果是_____。（　　）
A. 财务风险加大 B. 收益水平下降
C. 偿债能力下降 D. 资产流动性下降

15. 在企业应收账款管理中，明确规定了信用期限、折扣期限和现金折扣率等内容的是_____。（ A ）
A. 客户资信程度　　B. 收账政策　　C. 信用等级　　D. 信用条件

三、简答题

1. 简述企业资金运动所形成的财务关系。
2. 简述企业财务管理目标（三大目标）的优缺点。
3. 简述普通股筹资的优缺点。
4. 简述债券筹资的优缺点。

四、案例分析题

案例一：

某汽车行业集团公司汽车技术改造项目，经专家、学者的反复论证被有关部门正式批准。这个项目的总投资额预计为4亿元，生产能力为4万台，明年动工。但项目资金不足，准备融资1亿元资金。有关人员（集团领导、财务顾问、研究中心人员）意见如下：

A：目前筹集的1亿元资金可发行5年期的债券筹集。

B：目前公司全部资产总额为10亿元，其中负债6亿元，可发行普通股股票或优先股股票筹集资金。

C：发行普通股的手续较为复杂，费用也较高，需要时间较长，可能会影响资金到位，建议向银行贷款。

D：目前我国经济正处于繁荣时期，央行刚刚调低准备金率，可考虑贷款。

E：宏观经济政策的调整应不会影响该公司的销售量，根据现行的经济政策，该公司的几种名牌汽车仍会畅销不衰。

根据案例，请回答：

1. 企业可以采取的融资方式有哪些？
2. 对于集团融资这一重大事项，应遵循的基本原则是什么？
3. 根据企业资本结构及其生产情况，你认为该企业该怎样进行融资？

案例二：

宏伟公司是一家从事IT产品开发的企业。由三位志同道合的朋友共同出资100万元，三人平分股权比例共同创立。企业发展初期，创始股东都以企业的长远发展为目标，关注企业的持续增长能力，所以，他们注重加大研发投入，不断开发新产品，这些措施有力地提高了企业的竞争力，使企业实现了营业收入的高速增长。在开始的几年间，销售业绩以年60%的递增速度提升。然而，随着利润的不断快速增长，三位创始股东开始在收益分配上产生了分歧。股东王力、张伟倾向于分红，而股东赵勇则认为应将企业取得的利益用于扩大再生产，以提高企业的持续发展能力，实现长远利益的最大化。由此产生的矛盾不断升级，最终导致坚持企业长期发展的赵勇被迫出让持有的1/3股份而离开企业。但是，此结果引起了与企业有密切联系的广大供应商和分销商的不满，因为他们许多人的业务发展壮大都与宏伟公司密切相关，他们深信宏伟公司的持续增长将为他们带来更多的机会。于是，他们威胁如果赵勇离开企业，他们将断绝与企业的业务往来。面对这一情况，其他两位股东提出他们可以离开，条件是赵勇必须收购他们的股份。赵勇的长期发展战略需要较多投资，这样做将导致企业陷入没有资金维持生产的境地。这时，众多供应商和分销商伸出了援助之手，他们或者主动延长应收账款的期限，或者预付货款，最终赵勇又重新回到了企业，成为公司的掌门人。

经历了股权变更的风波后，宏伟公司在赵勇的领导下，不断加大投入，实现了企业规模化发展，在同行业中处于领先地位，企业的竞争力和价值不断提升。

查阅资料，完成以下任务：

1. 赵勇坚持企业长远发展，而其他股东要求更多的分红，你认为赵勇的目标是否与股东财富最大化的目标相矛盾？

2. 拥有控制权的大股东与供应商和客户等利益相关者之间的利益是否矛盾，如何协调？

3. 像宏伟这样的公司，其所有权与经营权是合二为一的，这对企业的发展有什么利弊？

4. 重要利益相关者能否对企业的控制权产生影响？

习题答案

一、判断题

1. × 2. × 3. × 4. √ 5. × 6. × 7. × 8. × 9. × 10. × 11. ×
12. × 13. √ 14. √ 15. √ 16. × 17. √ 18. √ 19. √ 20. √

二、选择题

1. D 2. C 3. C 4. C 5. D 6. B 7. A 8. B 9. C 10. B 11. A 12. C 13. B
14. B 15. D

三、简答题

1. 企业资金运动所形成的财务关系：

（1）企业与投资者和受益者之间的财务关系；

（2）企业与债权人、债务人、往来客户之间的财务关系；

（3）企业与税务机关之间的关系；

（4）企业内部各单位之间的财务关系；

（5）企业与职工之间的财务关系。

2. （1）利润最大化原则。

优点：

①利润可以直接反映企业创造的剩余产品的大小；

②在自由竞争的资本市场中，资本的使用权最终属于获利最多的企业；

③只有每个企业都最大限度地创造利润，整个社会的财富才可能实现最大化，从而带来社会的进步和发展；

④有利于企业资源的合理配置，有利于企业整体经济效益的提高。

缺点：

①没有考虑利润实现时间和资金时间价值；

②没有考虑风险问题；

③没有反映创造的利润与投入资本之间的关系；

④可能导致企业短期财务决策倾向，影响企业长远发展。

（2）股东财富最大化原则。

优点：

①考虑了风险因素（股价对风险做出较敏感反应）；

②在一定程度上能避免企业追求短期行为；

③对上市公司而言，股东财富最大化目标比较容易量化，便于考核和奖惩。

缺点：

①非上市公司难于应用；

②股价受众多因素的影响，股价不能完全准确反映企业财务管理状况；

③它强调更多的是股东利益，而对其他相关者的利益重视不够。

(3) 企业价值最大化原则。

优点：

①考虑了取得报酬的时间，并用时间价值的原理进行了计量；

②考虑了风险与报酬的关系；

③将企业长期、稳定的发展和持续的获利能力放在首位，能克服企业在追求利润上的短期行为；

④用价值代替价格，克服了过多受外界市场因素的干扰，有效地规避了企业的短期行为。

缺点：

①企业的价值过于理论化，不易操作；

②对于非上市公司，只有对企业进行专门的评估才能确定其价值。而在评估企业的资产时，由于受评估标准和评估方式的影响，很难做到客观和准确。

3. 优点：

（1）普通股筹资没有固定的股利负担；

（2）普通股筹资无须还本；

（3）普通股筹资的风险小；

（4）普通股筹资能提升公司的信誉。

缺点：

（1）资本成本较高；

（2）可能会分散公司的控制权；

（3）新股东分享公司未发行新股前积累的盈余，会降低普通股的每股净收益，从而可能引发股价的下跌。

4. 优点：

（1）债券筹资成本低；

（2）债券筹资能够发挥财务杠杆的作用；

（3）债券筹资便于调整公司的资本结构。

缺点：

（1）债券筹资的财务风险较高；

（2）债券筹资的限制条件较多；

（3）债券筹资的数量有限。

四、案例分析题（略）

单元六 初探商业法规与企业社会责任

一、判断题

1. 合伙企业是依法设立,由法定数额的股东所组成,以营利为目的的企业法人。
（　　）

2. 企业财产所有权是商品所有权以及商品销售盈亏的归属问题。（　　）

3. 电子商务法律议题涉及税收、隐私权、信息安全、数字签名、电子证据等法律问题。（　　）

4. "数据电文"这一新型电子交易形式已在2005年4月1日开始实施《电子签名法》中首先得到确认。（　　）

5. 1994年7月,美国对中国开始为期6个月的"特殊301"调查,将中国从知识产权"重点国家"升为"重点观察国家"。（　　）

6. 申请注册的商标,只要有显著特征,便于识别,即可获得核准注册。（　　）

7. 县级以上的地名或者公众都知晓的外国地名不得注册为商标,但已经注册使用的继续有效,所以"青岛"啤酒的注册商标是违法的。（　　）

8. 上海晨铉智能科技发展有限公司于1999年1月18日注册safeguar D. com. cn域名并没有侵犯美国宝洁公司"safeguard/舒肤佳"的注册商标。（　　）

9. 商业秘密,是指不为公众所知悉、能为权利人带来经济利益的技术信息和经营信息。（　　）

10. 第三人明知或应知他人以不正当的手段获取商业秘密,却仍获取、使用或者披露他人的商业秘密,不视为侵犯商业秘密。（　　）

11. 利用本单位的物质技术条件所完成的发明创造,专利权均归属单位所有。
（　　）

12. 动植物品种的生产方法,可以依照专利法规定授予专利权。（　　）

13. 工程设计图、产品设计图、地图、示意图等图形作品和模型作品均属于著作权法的保护范围。（　　）

14. 历法、通用数表、通用表格和公式均属于著作权法的保护范围。（　　）

15. 复制权、发行权、出租权、展览权均属于著作权的财产权范畴。( )
16. 公民的作品的著作权财产权保护期为作品发表后五十年。( )
17. 以低于成本价销售鲜活商品属于倾销行为。( )
18. 成龙代言"霸王"洗发产品的行为涉嫌构成商业诽谤的不正当竞争行为。
( )
19. 对于消费者而言,良好的企业伦理是厂商需要确保产品品质、价格稳定。
( )

二、选择题
1. 合伙企业的特征有_____。( )
 A. 两个以上自然人、法人和其他组织   B. 订立合伙协议
 C. 共同出资、共享收益、共担风险   D. 经济组织
2. 下列关于经销商的说法正确的是_____。( )
 A. 以自己的名义买断厂商的产品或服务   B. 处理原厂商全部或部分之业务
 C. 在一定场所或一定区域   D. 以自己的经营活动获得独立利润
3. 下列属于电子商务的法律问题的是_____。( )
 A. 电子支付   B. 电子认证
 C. 信息安全   D. 数字签名
4. 甲经乙许可,将乙的小说改编成电影剧本,丙获该剧本手稿后,未征得甲和乙的同意,将该电影剧本改编为电视剧本并予以发表,下列对丙的行为的说法哪项是正确的? ( )
 A. 侵犯了甲的著作权,但未侵犯乙的著作权
 B. 侵犯了乙的著作权,但未侵犯甲的著作权
 C. 不构成侵权
 D. 同时侵犯了甲的著作权和乙的著作权
5. 根据我国的著作权取得制度,下列哪一选项的内容符合我国公民著作权产生的情况? ( )
 A. 随作品的发表而自动产生   B. 随作品的创作完成而自动产生
 C. 在作品上加注版权标记后自动产生   D. 在作品以一定的物质形态固定后产生
6. 下列选项中哪项不属于《专利法》所称的执行本单位的任务所完成的职务发明创造? ( )
 A. 在职人员在本单位所作的发明创造
 B. 在本职工作中所做出的发明创造
 C. 履行本单位交付的工作之外所作的发明创造
 D. 退休后作出的,与其在原单位承担的工作有关的发明创造
7. 某酒厂生产的"天下景"牌葡萄酒,其包装正面和两侧的图形、字体、色彩均

— 31 —

与已在我国注册的驰名商标"万宝路"牌卷烟的包装盒相似，其封口上印的标识也与"万宝路"卷烟封口相近似。该厂所在地的工商局发现后，责令该厂停止销售这种葡萄酒，收缴其全部外包装，并处以罚款。关于本案的以下意见，正确的是哪项？（　　）

A. 该厂使用的是商品装潢，不构成侵犯他人商标专用权

B. 葡萄酒与卷烟不是同类产品，故本案不存在侵权问题

C. "万宝路"是驰名商标，根据《保护工业产权巴黎公约》应扩大其保护范围

D. 本案在"万宝路"生产厂家未提出控告的情况下，工商行政管理机关报无权查处

8. 依我国著作权法规定，下列各项中不适用于著作权法保护的是_____。（　　）

A. 时事新闻　　　　　　　　B.《新闻学》一书

C. 新闻评论　　　　　　　　D.《新闻调查》节目

9. 甲在创作武侠小说《神腿》的过程中，乙提供了辅助活动。小说创作完成后，由出版社丙出版。该书的著作权应归属于_____。（　　）

A. 甲　　　　　　　　　　　B. 甲和乙

C. 丙　　　　　　　　　　　D. 甲和丙

10. 以下诸权利中，保护期受限制的有_____。（　　）

A. 署名权　　　　　　　　　B. 修改权

C. 发表权　　　　　　　　　D. 保护作品完整权

11. 张某经过努力创作出一篇学术论文，依我国著作权法的规定_____。（　　）

A. 张某只有在其论文发表后才能享有著作权

B. 张某的论文不论是否发表都能享有著作权

C. 张某的论文须经登记后才能享有著作权

D. 张某的论文须加注版权标记后才能享有著作权

12. 王某的长篇小说《东方之星》于1997年6月1日发表，第2年王某去世。王某的著作财产权将终止于_____。（　　）

A. 2047年6月1日　　　　　B. 2047年6月12日

C. 2047年12月31日　　　　D. 2048年12月31日

13. 下列有奖销售行为中属于不正当有奖销售行为的有_____。（　　）

A. 谎称有奖进行有奖销售

B. 故意让内定人员中奖进行有奖销售

C. 利用有奖销售的手段推销质次价高的商品

D. 抽奖式有奖销售的奖品为5000元的实物

14. 下列以低于成本的价格销售商品情形中不属于不正当竞争行为的有_____。（　　）

A. 销售鲜活商品　　　　　　　　B. 季节性降价

C. 处理有效期限即将到期的商品　　D. 处理积压商品

15. 擅自使用他人的企业名称或者姓名，引人误认为是他人的商品的行为属于_____。（　　）

A. 欺骗性交易行为　　　　　　　B. 虚假宣传行为

C. 侵犯商业秘密行为　　　　　　D. 诋毁商誉行为

16. 抽奖式的有奖销售，最高的金额不得超过_____元。（　　）

A. 3000　　　　　　　　　　　　B. 5000

C. 10000　　　　　　　　　　　 D. 50000

三、简答题

1. 画家创作了一幅美术作品，画家将美术作品原件出售给某甲。请回答下列问题，并说明理由：

（1）这幅美术作品的著作权属于画家还是属于某甲？

（2）该美术作品出版后，原件不慎损坏，画家是否还拥有该美术作品的著作权？

（3）如果画家将该美术作品的著作权转让给了某画院，是否需要将原件一并移交给画院？如果不移交，是否意味着著作权未转让？

2. 中国学者李某在 A 国完成一项产品发明。2009 年 12 月 3 日，李某在我国某学术研讨会上介绍了他的这项发明成果。2010 年 6 月 16 日，出席过这次研讨会的某工程师张某，将这项成果作为他自己的非职务发明，向中国专利局提出专利申请。2010 年 5 月 5 日，李某以这项成果在 A 国提出专利申请。2011 年 4 月 28 日，李某又以同一成果向中国专利局提出专利申请，同时要求优先权的书面声明，并提交了有关文件。已知，A 国与我国签订有相互承认优先权的协议。请问：

（1）什么是外国优先权？请先查阅资料回答问题。

（2）李某作为中国人是否享有外国优先权？

（3）李某的发明因在学术会议上被介绍，是否丧失新颖性？说明理由。

（4）张某先于李某在中国专利局提出该专利的申请，按照先申请原则，能否享有该发明专利的申请权？（请先查阅资料了解何为先申请原则。）

（5）如果张某为了科学研究和实验而使用李某的发明专利，是否构成对该专利的侵权？

四、资料分析题

中国游客赴日本疯狂抢购马桶座

春节长假是不少中国人与家人团聚的好机会，但也有不少人趁这个假期出国旅行。春节长假期间，中国游客"席卷"日本、新加坡、西班牙、洛杉矶等地，不仅带来

"购物潮",使一些商场销售额创下纪录,也使得不少宾馆和机场达到饱和状态。

日本《每日新闻》2月22日发表题为《"中国资金"春节期间席卷日本列岛》的文章称,百货店的销售额出乎预料地创新高,日本列岛因"中国资金"而沸腾,但酒店和机场的接待能力已经达到极限。

在家电方面,电饭煲等"招牌"商品依然畅销,今年人气大增的是温水洗净马桶盖。秋叶原一家大电器店销售人员说:"马桶盖几乎处于断货状态。"生产厂家骊住集团的工作人员说,面向海外市场的商品销售今年增长了一倍以上,现在扩大了生产。

另外,美国《华盛顿邮报》网站日前发文称,中国游客来到日本享受寿司和购物,但越来越多的中国人来这里也是为了享受一样金钱买不到的东西:新鲜空气。

日前,大批中国游客来到北海道首府札幌参加冰雪节。在这里,几乎在每一座冰雕和每一个拉面摊前都能听到讲汉语的声音。

常有人抱怨中国游客说话声音太大,不考虑周围人的感受。但一位不愿透露姓名的日本餐馆老板说:"如果没有中国游客,日本旅游业就无法生存,所以我们不想抱怨什么。"

三越百货公司东京银座店春节前3天免税品销售额同比增长2.4%,增加免税商品是原因之一。银座店员工说:"售价将近100万日元(约合5.3万元人民币)的首饰等高价商品销路很好。"

去年赴日本旅游的中国游客数量比前一年增加了83%,使中国大陆成为仅次于中国台湾和韩国的日本第三大旅游客源地。

作为全国政协委员的厉以宁,在经济界小组讨论会上表示,现在,中国的很多顾客老跑到国外去购物,这对于中国不是一个好现象。今年春节时,他看到一则新闻,说国内游客在日本旅游时,抢购当地的"马桶盖",后来才知道,这个马桶盖是浙江制造的,这家企业把产品销售到日本,而国人又不远万里把它买了回来。

他还举例,中国人买裘皮去意大利买,因为他们有知名的品牌,而我们的皮革的销路主要靠最近几年来,打开了俄罗斯市场。但是,去年起俄罗斯经济下滑,皮革市场也跟着不行。

所以,他最后建议,在经济新常态发展中,要转变思路,企业应该让产品更个性化,让服务更人性化。把品牌打到国外去,把顾客留到国内,这是我们应该做的,任重而道远。

(资料来源:中国网、中国青年网)

分析以上材料,将班级内同学分成小组,每组4~5人,组成调查小分队,完成以下任务:

1. 讨论以上资料涉及的社会现象,发表个人观点,形成小组意见,在班级展示。

2. 分析经济学家厉以宁教授的简单评价,并上网查阅资料,谈谈作为未来的职业人或者创业者,你认为应当持有怎样的人生价值观和社会责任?你将如何去做,形成小组的评价报告。

3. 作为未来的职业人，你将以怎样的态度对待日货？小组模拟成立创业公司，拟定一份创业规划。

五、社会实践题

清华治霾之风即将吹走穹顶之下的"柴氏雾霾"

自 2015 年 2 月 28 日柴静的穹顶之下引起了社会各界的广泛关注和环保大讨论，昨日有媒体爆出禁播令和第一财经员工泄密开除事件，又将人们再次带入柴氏雾霾之中。就在大家还在纷纷热议和揣测穹顶背后的这事那事之时，清华大学已然刮起一股强烈的治霾之风。

据悉在 3 月 12 日植树节当天清华大学将会举办一场以《穹顶下我们携手同行》为主题的针对治霾，斗霾的典型案例分享会，旨在促进和加快我国消除雾霾重现蓝天的步伐。有着 20 多年历史的清华大学绿色协会现任会长刘涛介绍说，清华大学绿色协会的学生们一直积极开展各项目环保实践活动，如广西红树林保护，台州市固体废弃物生态分析及保护母亲河等事项，分享会当天绿色协会还会组织进行"我为蓝天增新绿千名清华学子誓语树"活动。

在大学期间就开始从事环保行动，2014 年一年内对全国 15 个省 28 个城市 100 多个污染源进行排查的民间志愿者，环保组织自然大学空气项目负责人赵亮也会在分享会上为大家讲述他的治霾故事。为了让分享会能够更加丰富全面的展现社会各力量的治霾行动，将典型治霾案例立体化深刻化的展现出来，分享会讨论环节还特别邀请了中国首部环保纪录片《末未》和央视即将播出的大型纪录片《霾伏的真相》的青年导演李非凡作为嘉宾主持。

据了解届时还会有国内知名的油企，车企、环保节能及专门从事垃圾处理等企业到场分享，一直积极致力于建设智慧城市的中国联通公司也将派代表出席，国内各大媒体和 NGO 也都会参与清华之中，与学子们面对面沟通交流治霾，斗霾之举。相信在清华刮起的这场消除雾霾重塑蓝天，斗霾，治霾人人有责的正能量治霾之风定能吹走笼罩在我们穹顶之上的柴氏雾霾。本次活动的协办单位中国微米纳米技术学会和清华大学环境学也将派代表出席活动。

（资料来源：2015 年 03 月 07 日凤凰教育网）

分析以上材料，将班级内同学分成小组，每组 4~5 人，组成调查小分队，完成以下任务：

1. 小组成员认真观看央视离职记者柴静《穹顶之下》视频，形成小组评价报告。

2. 调查小分队对你所在的城市或生活、学习区域的大气污染情况通过各种途径收集资料，形成小组调查报告。

3. 调查小分队制订小组行动计划，内容以"抵制雾霾，我倡议、我行动"为主题。

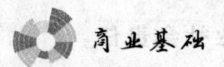

习题答案

一、判断题

1. × 2. × 3. √ 4. × 5. × 6. × 7. × 8. × 9. × 10. × 11. ×
12. × 13. √ 14. × 15. √ 16. × 17. × 18. × 19. √

二、选择题

1. ABCD 2. AD 3. ABCD 4. D 5. B 6. A 7. C 8. A 9. A 10. C 11. B
12. D 13. ABC 14. ABCD 15. A 16. B

三、简答题

1.（1）这幅美术作品的著作权仍属于画家。因为画家将美术作品原件出售给某甲时，只是将其美术作品原件的物权转让给了某甲，并未将其著作权一并转让，美术作品原件的转移不等于美术作品著作权的转移。

（2）画家仍享有该美术作品的著作权。因为该美术作品原件的灭失、损坏，不等于美术作品著作权的丧失，著作权的保护期是法定的，著作权的存在，不以作品原件物质载体的存在为前提。

（3）如果画家将该美术作品的著作权转让给画院，不一定应将美术作品原件一并移交给画院；不将美术作品原件移交给画院，不意味着著作权未转让。这是因为著作权的转移，并不一定是作品原件物权的转移，如同画家将美术作品原件出售给某甲后，其物权的转移不等于其著作权的转移一样。所以美术作品原件不移交，并非是著作权未转让。

2.（1）外国优先权是指申请人自发明或者实用新型在外国第一次提出专利申请之日起12个月内，或者自外观设计在外国第一次提出专利申请之日起6个月内，又向中国就相同的主题提出专利申请的，依照该国同中国签订的协议或者共同参与的国家条约，或者依照相互承认优先权的原则，可以享有优先权。该原则并没有对申请是否具有中国国籍做出限定，而李某提出该发明专利申请优先权的时间符合上述法律规定，理应享有优先权。

（2）李某享有外国优先权。

（3）李某的发明并不丧失新颖性。申请专利的发明在申请日以前6个月内，在规定的学术会议或者技术会议上首次发表的，不丧失新颖性。而享有优先权的专利申请人，专利申请日即首次提出专利申请日。

（4）张某不能享有该发明专利的申请权。虽然张某向中国专利局提出该发明专利申请的时间早于李某，但是因为李某对于该发明专利申请享有优先权，因此，李某提出申请的时间早于张某，按照先申请原则的规定，李某享有该发明专利的申请权。

（5）如果张某是为了科学研究而使用李某的发明专利，并不构成对该专利的侵权。因为张某的行为符合专利法规定不视为侵权的法定情形之一，即为了科学研究和实验而使用有关专利的不构成侵权。

四、资料分析题（略）

五、社会实践题（略）

单元七　探寻商业机会与创业

一、判断题

1. 客观地讲，一个商业机会从产生到消失的过程通常是短暂的。（　　）
2. 为了瞄准商业机会，商业经营者必须时刻盯住消费者需求，以便对各种信息了如指掌。（　　）
3. 商品机会的特点不包括客观性。（　　）
4. 在淘宝上开网店属于媒介服务型网络创业的经营模式。（　　）
5. 所有的商业机会都适合创业。（　　）
6. 创业与风险并存，有商机就有风险。（　　）
7. 选择项目时，创业者必须清楚，重要的是"我想干什么"。（　　）
8. 一个优秀的企业家，只要能拼命赚钱，别的都不重要。（　　）
9. 创业计划书一旦制定，就要严格执行，在行动中不能更改。（　　）
10. 市场分析主要了解消费者的情况，不需要了解竞争对手的情况。（　　）
11. 企业的经营目标是根据创业者的愿望来制定的。（　　）
12. 诚信不是企业宝贵的资源，人才是企业的宝贵资源。（　　）
13. 创业计划的周密性，与成功的可能性关系不大。（　　）
14. 企业危机就是企业的财务危机。（　　）

二、选择题

1. 商业机会的客观性表示商业机会是由生产与消费在数量、时间、空间上的哪一项而形成的？（　　）

　　A. 一致性　　　　B. 不一致性　　　C. 连续性　　　　D. 统一性

2. 良好的开始是成功的一半，创业者所选择项目必须是_____。（　　）

　　A. 最赚钱　　　　B. 别人成功的　　C. 朋友推荐的　　D. 适合自己的

3. 小王从自己和朋友每月要吃十多次小龙虾的现象中，萌生自己去做生意的念头，这是什么样的创业动机？（　　）

　　A. 向往发财致富　　　　　　　　　B. 偶尔发现商业机会

C. 展现个人才能 　　　　　　D. 受他人成功影响
4. 下列有关网络创业法规的叙述哪项是错误的？（　　）
A. 网络交易时应注意个人身份识别
B. 增值税法亦可适用于网上销售，故企业主无须负担税赋
C. 相同商品的文字、图片、摄影等著作权法应予以尊重，不可任意复制刊登
D. 消费者对网络购物不满意时，可于收受商品后七日内退回商品
5. 创业者的一切经济活动必须按照什么需求，遵循市场经济规律进行？（　　）
A. 顾客　　　　B. 市场　　　　C. 经济　　　　D. 社会
6. 下列哪项为资金对创业者的间接协助？（　　）
A. 租用办公大楼　　　　　　B. 商业聘请优良研发团队
C. 生产设备新颖　　　　　　D. 投资者信心
7. 在淘宝开网店，属于哪一种网络创业的经营模式？（　　）
A. 资讯提供型　B. 拍卖零售型　C. 媒介服务型　D. 零售购物型
8. 中国网络经营的模式中，百合网是属于何种类型？（　　）
A. 零售购物物型　B. 媒介服务型　C. 信息提供型　D. 拍卖零售型
9. 交通主干道上人与车的流量很大，应是开店经营的＿＿＿＿。（　　）
A. 理想地段　B. 稍差地段　C. 回避地段　D. 一般地段
10. 下列说话不正确的是＿＿＿＿。（　　）
A. 创业不可能一帆风顺　　　B. 创业能为国家和社会做出贡献
C. 创业有可见的收入　　　　D. 创业能实现自身价值
11. 成功创业离不开正确决策，而正确决策的前提是＿＿＿＿。（　　）
A. 闭门思考　B. 市场调研　C. 产生灵感　D. 群策群力
12. 交通便捷，客流量大，远离商业区和居住区的店铺不适合经营＿＿＿＿。
（　　）
A. 选择性商品　B. 必需品　　　C. 油盐　　　　D. 米面
13. 在创业初创阶段，创业者最主要需求首先是解决＿＿＿＿。（　　）
A. 资金　　　　B. 项目　　　　C. 生存　　　　D. 技术
14. 创业的基本条件是：创业意愿，创业项目，创业资金，经营场地，还有＿＿＿＿。（　　）
A. 人员　　　　B. 家庭支持　　C. 优惠政策　　D. 相关知识
15. 创业计划不仅仅是一份书面计划，而是一个实实在在的行动＿＿＿＿。
（　　）
A. 纲领　　　　B. 计划　　　　C. 目标　　　　D. 方向
16. 创业，对于创业者来说面临着＿＿＿＿。（　　）
A. 机遇　　　　B. 风险　　　　C. 机遇和风险并存　D. 获得大量利润

三、填空题

1. 商业机会客观存在于_____之中，是一种有利于_____的机会或偶然事件，是还没有实现的_____。

2. 商业机会的含义，第一，商业机会以_____为导向，第二，为了满足_____需求，第三，为了瞄准商业机会，商业经营者必须时刻盯住_____，以对商场信息了如指掌，把握市场的走势。

3. 商业机会的特点，分别为_____、_____、_____、_____。

4. 商业机会的来源，分别为_____、_____、_____、_____、_____。

5. 影响机会识别的因素是_____、_____、_____、_____。

6. 识别商业机会的方法主要有以下几种，市场细分法、_____、空白填补法、_____和_____。

7. 创业是指_____、_____、_____。

8. 创业精神具体体现在_____、_____、_____和_____。

9. 网络的商业运用包括：广告行销功能、_____功能、顾客维修功能，收单收款功能、举办_____的功能。

10. 网络营销规划初期应注意_____、_____、_____、_____。

11. 创业风险是指在创业过程中，由于创业环境的_____、创业机会与创业企业的_____、创业者创业团队的能力与实力的_____，而导致创业活动偏离预期目标的可能性及后果。

12. 创业风险的来源_____、_____、_____、_____。

四、简答题

1. 什么是商业机会的重要来源？为什么？
2. 创业企业常见的风险有哪几类？
3. 如何进行创业风险的事后防范？

五、资料分析题

即将毕业大学生王某按网上地址找到北京一家销售木纤维的加盟连锁公司，听了招商部经理对这种成本低、利润高且风险小的产品的推介，她心动了，把从亲戚那里借来的钱全部换成毛巾，并取得该公司河南省独家代理权。

头一个月，她兴冲冲跑遍了周边所有学校，没卖出一条毛巾。然后她又去居民小区推销，效果还是不好。后来她开始通过网络推销。结果两个月过去了，仍没有卖出一件产品。

记者调查发现，有小王这样遭遇的大学生不在少数。不少高校毕业生选择了加盟连锁的创业方式。他们从电视和网络等媒体了解到加盟连锁项目的丰厚条件，比如，企业总部提供免费指导，不收取任何加盟费用，进货达到一定额度就能获得额外奖金，低风险甚至无风险等，于是，就开始创业了。小王说，我们一无资金，二无经验，加盟连锁会让自己开店的风险降低很多。可结果却事与愿违。朋友同学打电话问我现在生意怎样,我不敢也不想跟他们说生意不好。小王很沮丧。

看完了小王的故事,请你分析以下问题:

1. 小王觉得一无资金,二无经验,所以选择加盟连锁这种创业方式,她的想法是否正确?

2. 她失败的原因是什么?

3. 如果是你,你首先应该做些什么?

六、社会实践题

将班级内同学分成小组,每组4～5人,然后去拜访一位创业者,并完成以下任务:

1. 调查一下创业者的主要性格特点是什么?这对其创业有什么帮助?

2. 你所调查的创业者做的是什么生意?从什么时候开始自己做生意的?

3. 他们当时注意到周围存在着哪些需求和机会?

4. 他们在做生意过程中遇到最困难的事是什么?

5. 他们的创业经历对你有什么启示?

6. 调查小组将收集到的信息形成报告,在班级内展示。

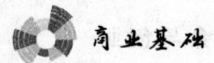

习题答案

一、判断题

1. √ 2. × 3. × 4. × 5. × 6. √ 7. × 8. × 9. × 10. × 11. ×
12. × 13. × 14. ×

二、选择题

1. A 2. D 3. B 4. B 5. B 6. C 7. D 8. B 9. C 10. C 11. B 12. A 13. C
14. D 15. A 16. C

三、填空题

1. 市场过程　企业发展　必然性

2. 市场或需求　新需求或潜在的需求　　市场

3. 客观性　适时性　利益性　风险性　主体性

4. 问题　变化　竞争　新产品　新技术

5. 先前经验　认知因素　社会关系网络　创造性

6. 需求挖掘法　市场预测法　技术创新法

7. 创设　创造　创新职业或者企业

8. 创新　自信　诚信　执着

9. 产品服务　虚拟活动

10. 申请简单易记的网店名称　页面美观要素齐全　主流网络媒体的推广　新兴社交媒体推广　竞价排名

11. 不确定性　复杂性　有限性

12. 融资缺口　研究缺口　信息和信任缺口　资源缺口　管理缺口

四、简答题

1. 变化是商业机会的重要来源。因为没有变化就没有商业机会，像产业结构变化、消费结构升级、城市化加速、人们观念改变、政府改革等这些变化中，都蕴藏着大量的商机，关键要善于发现和利用。

2. 行业风险、市场风险、技术风险、资金风险、管理风险、环境风险、操作风险、法律责任风险。

3. （1）自力救济，即充分发挥自己的主观能动性，找准风险的源头，及时调整引发风险释放的各种主客观因素，充分依靠合作伙伴、企业员工，在周围形成一股凝聚力，全身心投入风险救济。

（2）法律救济，以运用法律武器向故意或非故意侵害人要求赔偿，最大限度地挽回损失，维护自己的合法权益。

（3）进行投保后的索赔。

五、资料分析题

分析要点：首先确定小王的想法是正确的。刚开始创业可以选择加盟连锁这种创业模式。

但是，选择这种加盟连锁创业，一定要充分了解该企业的可信度，因为现在一些所谓加盟连锁企业深世谙学生创业心理，已为他们准备好连环套：品牌在国外已有十几年甚至几十年的成功运营史，实际已死无对证。生产基地在某发达省市，可是路途遥远不方便去看。带你去看的其他加盟店，实际或许是托。更重要的是，投资成本非常小，且风险几乎没有，这些看似优厚的条件，或许是不真实的。

所以我们在加盟创业时，首先要了解品牌产品情况，比如，品牌知名度，品牌总部的规模大小等。另外，要了解本地市场情况。最后的关键是自己要有创业能力。

六、社会实践题（略）

国家中等职业教育改革发展示范学校鲁台职业教育交流对接特色课程规划系列

商 业 基 础

速记达人

主　编　郑金萍　孙中升
副主编　裴雅青　谢永强

中国财富出版社

商业基础

◎ 单元一　认识商业　/ 1

◎ 单元二　识别商业业态　/ 5

◎ 单元三　商业现代化　/ 10

◎ 单元四　体验商业经营　/ 14

◎ 单元五　商业财务初步　/ 21

◎ 单元六　初探商业法规与企业社会责任　/ 25

◎ 单元七　探寻商业机会与创业　/ 29

商业基础

- 单元一 认识商业 /1
- 单元二 识别商业业态 /5
- 单元三 商业现代化 /10
- 单元四 体验商业经营 /14
- 单元五 商业服务礼仪 /21
- 单元六 明察商业法规与商业社会责任 /25
- 单元七 探寻商业和谐与创业 /29

单元一　认识商业

 **重点回顾**

一、名词解释

（一）商业

1. 狭义的商业是指以营利为目的，通过直接或间接的方法向生产者（供给者）"买"进货品，或是将商品直接"卖"给其他商人或消费者的行为过程。

2. 广义的商业是指以营利为目的的交易活动，但其商业并不局限于实际的产品，也包括无实体、虚拟的服务以及法定承认的货币。因此凡以营利为目的的一切经济行为，皆可涵盖于广义的商业活动中。

（二）百货商店

百货商店是指经营服装、鞋帽、首饰、化妆品、装饰品、家电、家庭用品等众多种类商品的大型零售商店。

（三）超级市场

超级市场指采取自选销售方式，以销售食品、生鲜食品、副食品和生活用品为主，满足顾客每日生活需求的零售业态。

（四）大型综合超市

大型综合超市是指采取自选销售方式，以销售大众化实用品为主，满足顾客一次性购足需求的零售业态。

（五）便利店

便利店是满足顾客便利性需求为主要目的的零售业态。

（六）购物中心

购物中心是指多种零售店铺、服务设施集中在由企业有计划地开发、管理、运营的一个建筑物内或一个区域内，向消费者提供综合性服务的商业集合体。

（七）仓储式商场

仓储式商场也称仓储会员店、仓储超市。是在大型综合超市经营的商品基础上，筛选大众化实用品销售，实行库存和销售合一、批零兼营、价格很低、提供有限服务为主要特征的、以会员制为基础、采取自选方式销售的零售业态。

（八）网络商店

网络商店是互联网世界里的一种商业业态模式。

（九）批发商业

批发商业是指向商品销售的中间商、政府、企事业及个人用户销售批量商品和服务的商业。

（十）零售商业

零售商业是指将商品或劳务直接出售给最终消费者用作生活消费的交易活动。

（十一）国内商业

国内商业是指买方与卖方皆在同一国家的领域内所进行的商业活动。

（十二）国际商业

国际商业是指当买方与卖方分别处于不同的国家，彼此之间的贸易活动。

（十三）学习型组织

学习型组织是指能督促其所属成员不断学习与转化，以引起知识、信念与行为改变，利用学习效果的运用，进而强化组织成长与创新能力。

（十四）供应链

供应链是指由供应商、制造商、批发商、零售商等所构成的物品流动网络，也可称为物流网络。

（十五）客户关系管理

客户关系管理就是导入信息系统，以规范企业与客户来往的一切互动行为与信息，为有效管理企业的客户关系，应针对所有的客户进行分层化区隔与差异化服务，并建立信息架构，企业等级的 CRM（客户关系管理）系统，通常包括"营销管理""销售管理""客户管理"三大功能。

（十六）研发管理

研发管理就是在研发体系结构设计的基础之上，借助信息平台对研发进行的团队建设、流程设计、绩效管理、风险管理、成本管理、项目管理和知识管理等活动。

二、商业的起源

商业的起源：①满足欲望；②交易资源与劳务；③交通工具；④赚取利益。

三、商业的分类

1. 以商业业种分类。商业业种包括零售业、住宿业、餐饮业、居民服务业、教育培训业、中介服务业、其他商业服务业。

2. 以商业业态分类。商业业态包括百货商店、超级市场、大型综合超市、便利店、购物中心、仓储式商场和网络商店 7 种形式。

3. 以流通阶段进行分类。按商品流通所处的阶段进行的分类，可将商业划分为批发商业和零售商业。

4. 以流通范围进行分类。按商品流通的空间范围进行分类，可将商业划分为国内商业与国际商业。

四、商业的基本要素及功能

（一）商业的基本要素

1. 资本。商业经营的资本主要可分为自有资本和外来资本。

2. 商品。商业活动的产生是因人类的欲望不断增长而造成其自身无法满足对物品的需求。

3. 劳务。由商业主或其所雇佣的员工们所提供的体力、经验、才能、人际关系等许多有形及无形的劳务。

4. 企业组织。

5. 商业信用。商业信用也就是我们常说的"商誉"，是一种无形的资产。

（二）商业的功能

1. 繁荣社会经济，促进世界和平。

2. 增加货物效用，促进产业发展。

3. 调节货物供需，平衡各地物价。

4. 促进产业专业化，增进社会生产、生活知识的教育与传播。

5. 提高生活水准，促进文化交流。

五、商业的特点

1. 设备与技术快速发展。

2. 企业组织架构更加完整。

3. 营销方式不断创新。

4. 强大的销售渠道整合能力。

5. 商品生产更趋专业化。

6. 经营管理信息化。

六、企业在现代化社会中的角色

1. 对个人方面：①满足各自需求；②增加选择机会；③提高个人所得。

2. 对社会方面：①促进社会繁荣，安定社会经济；②调剂商品供需，平衡各地物价。

3. 对国家方面：①繁荣经济活动，提高国家地位；②拓展国际贸易，累积国家实力。

4. 对世界方面：①促进国际分工，提升生活水准；②促进文化交流，突破国界隔阂。

七、企业的社区任务

1. 举办企业相关课程。
2. 参与慈善公益活动。
3. 提升社区生活品质。
4. 注重社区环保工作。

八、未来商业的发展趋势

1. 空间布局垂直化。
2. 功能组合复合化。
3. 服务设施人本化。
4. 业态发展多元化。
5. 经营战略多元化。
6. 商业管理数据化。
7. 建设格局科学化。
8. 科学技术现代化。

九、未来商业的经营策略

1. 改革组织管理。
2. 优化人力资源管理。
3. 采用先进的供应链管理。
4. 建立先进的客户关系管理系统。
5. 注重研发管理。

单元二　识别商业业态

 **重点回顾**

一、名词解释

（一）商品交易方式

商品交易方式是指商品经营者实现商品（含服务）的价值，转移商品的使用价值的形式和手段。

（二）批发业

所谓批发业就是指向再销售者，产业和事业用户销售商品和服务的商业。概括地说，批发商业是相对于零售而言的面向大批量购买者开展经营活动的一种商业形态。

（三）零售

零售（Retail）是指将商品和相关服务直接销售给最终消费者，从而实现商品和服务的价值的一种商业活动。

（四）零售商

零售商（Retailer）是指以零售活动为基本职能的独立中间商，介于制造商、批发商与消费者之间，以盈利为目的从事零售活动的组织。

（五）零售业态

零售业态（Retail Formats）是指零售企业为满足不同的消费需求而形成的不同的经营形态。

（六）O2O

O2O 即 Online To Offline（在线离线/线上到线下），是一种将线上电子商务模式与线下实体经济相融合，通过互联网将线上商务模式延伸到线下实体经济，或者将线下资源推送给线上用户，使互联网成为线下交易的前台的一种商业模式。

二、商品交易方式的特点与类型

（一）商品交易方式的特点

1. 多样性。
2. 阶段性。
3. 复杂性。
4. 互补性。
5. 系统性。

（二）商品交易方式的类型

1. 按商品交易量和交易对象划分商品交易方式可以分为批发交易和零售交易两种形式。
2. 按商品交易完成的时间跨度差异划分商品交易方式可以分为即期交易、远期合同交易和期货交易三种形式。
3. 按付款方式划分商品交易方式可以分为现金交易和商业信用交易两种形式。
4. 按交易过程中商品所有权是否转移划分商品交易方式可以分为自主交易（经销）和信托交易两种形式。
5. 按具体交易条件中有无专门特殊规定划分商品交易方式可以分为专项特殊规定的交易方式和一般交易方式。

三、批发业的经营特点与职能

（一）批发业的经营特点

1. 批量交易与批量作价。
2. 批发业交易的商品仍停留在流通领域。
3. 批发业交易双方购销关系相对稳定。
4. 批发业交易范围比较广。
5. 批发业朝着专业化方向发展。

（二）批发业的职能

1. 集散商品。
2. 调节供求。
3. 商品加工。
4. 融通资金。
5. 传递信息。
6. 承担风险。

四、批发商的类型

1. 按批发商性质不同可分为独立批发商、制造批发商、共同批发商、批兼零批发商与连锁批发商五类。
2. 按批发交易经营商品的范围不同可分为普通批发商与专业批发商两类。
3. 按商品流通环节的不同可分为一次批发商、二次批发商与三次批发商三类。

五、我国批发业的发展趋势

1. 组织化。
2. 信息化。
3. 物流化。
4. 专业化。

六、零售业态的类型

（一）便利店

便利店是一种采用现代科学经营方式经营的旧式小店铺。它的主要特点是为广大消费者提供购物在地点和时间上的便利。便利店店址一般选择在居民住宅区内，营业时间很长，通常营业到深夜甚至通宵营业，而且节假日都不休息，使顾客随时都能买到商品。

（二）折扣店

折扣店（Discount Store）以销售自有品牌和周转快的商品为主，限定销售品种，并以有限的经营面积、店铺装修简单、有限的服务和低廉的经营成本，向消费者提供期"物有所值"的商品为主要目的的零售业态。折扣店卖场面积一般在1000平方米以下。以非耐用消耗品为主力商品，通常将6~7折的全国知名品牌商品与自有品牌商品组合在一起。

（三）超市

超市，又称超级市场（Supermarket），是指采取自选销售方式，以经营食品、副食品和日用生活品为主，满足顾客一站式购买需要的零售业态。

（四）大型超市

大型超市（Hypermarket）首先是在法国兴起的，在中国也称大型综合超市和大卖场，是采取自选销售方式，以销售大众化实用品为主，并将超市和折扣店的经营优势结合为一体的，品种齐全，满足顾客一次性购齐的零售业态。

（五）仓储会员店

仓储会员店（Warehouse Club）也称仓储式商场、仓储超市。是在大型综合超市经营的商品基础上，筛选大众化实用品销售，实行库存和销售合一、批零兼营、价格很低、提供有限服务为主要特征的、以会员制为基础、采取自选方式销售的零售业态。

（六）百货店

百货店即百货商店（Department Store）是指经营包括服装、鞋帽、首饰、化妆品、装饰品、家电、家庭用品等众多种类商品的大型零售商店。它是在一个大建筑物内，根据不同商品部门设销售区，采取柜台销售和开架面售方式，注重服务功能，满足目标顾客追求生活时尚和品位需求的零售业态。

（七）专业店与专卖店

专业店（Specialty Store）是指经营某一大类商品为主，并且具备丰富专业知识的

销售人员和提供适当售后服务的零售业态。专业商店专门销售一个商品系列，它能够提供某一系列具有丰富的花色品种的商品，具有专门的经营知识，消费者在那里具有较大的选择余地。

专卖店（Exclusive Shop）也称为专营店，是指专门经营或经授权经营制造商品牌，适应消费者对品牌选择需求和中间商品牌的零售业态。专卖店销售单一品种或单一品牌商品，规格齐全、款式多样、货物充足、服务周到，商品质量有保证。如：海尔电器专卖店、李宁体育用品专卖店、格力空调专卖店等。

（八）购物中心

购物中心（Shopping Mall）是指多种零售店铺，服务设施集中在由企业有计划地开发、管理、运营的一个建筑物内或一个区域内，向消费者提供综合性服务的商业集合体。通常包括一个或多个大的核心商店，并有众多小商店环绕其间；有庞大的停车场设施，其位置靠近马路，顾客购物来去便利。

（九）厂家直销中心

厂家直销中心（Factory Direct Sales Center）是指由生产商直接设立或独立经营者设立，专门经营企业品牌商品，并且多个品牌集中在一出销售的零售业态。如早期的奥特莱斯（Outlets）就是"工厂直销店"专门处理工厂尾货。

（十）网络商店

网络商店（Network Shop），从字面意义上看，是互联网世界里的一种商业业态模式。通常是指建立在第三方提供的电子商务平台上的、由商家（企业、组织或者个人）通过互联网将商品或服务信息传达给特定的用户，客户通过互联网下订单，采取一定的付款和送货方式，最终完成交易的一种电子商务形式。如淘宝网、京东商城等。

七、零售业的四次业态革命

次数	年份	业态	革命内容
第一次革命	1852年	百货商店革命	业态创新
第二次革命	20世纪初期	连锁商店革命	组织形式变革
第三次革命	1930年8月	超级市场革命	业态创新
第四次革命	20世纪90年代	网络零售	业态创新

八、O2O电子商务模式的分类

1. 团购网站模式。

2. 二维码模式。

3. 线上线下同步模式。

4. 营销推广模式四种。

九、O2O 电子商务模式的优势与劣势

（一）O2O 电子商务模式的优势

1. 对于用户而言。O2O 可以带给他们更丰富、全面的商家服务信息，能够让用户方便快捷地订购相应的产品和服务，还能够获得相对于线下直接消费更便宜的价格。

2. 对于 O2O 服务提供商而言。这种商业模式可以为他们带来大规模，高黏度的用户，帮助他们获得商家资源以及充沛的资金流。

3. 对于商家而言。O2O 能够给予他们更多的宣传和展示机会，而且其宣传效果容易测量，推广效果可查询，每笔交易也可以跟踪。在线预订的模式能帮助商家更合理地安排经营、控制成本，还能帮助商家摆脱对黄金地段的依赖，降低租金支出，而对于新品新店的推广有很大的效果。

（二）O2O 电子商务模式的劣势

1. 诚信机制不健全。团购网站暴露出付款后卷款走人、网上货品描述与实际不符、额外消费多、高标底价等诚信问题。

2. 商户审核机制不严格。为了获得商家资源，O2O 经营者降低对商家的资质审核，无法保证产品和服务的质量，造成很多损害消费者利益的不良后果。

3. 创新能力不足、消费者黏度低。团购模式只是 O2O 模式的一种，但很多 O2O 网站依旧按照团购模式的机制运营，缺乏本质上的认知和改革。平台订购方式单一，服务大同小异，经营过程中注重规模，没有提供多元化服务，线下商户的服务与线上不对等，造成消费者对网站的黏度低。

十、O2O 电子商务模式的未来发展趋势

1. O2O 经营模式将更多元化。

2. O2O 经营者应考虑挖掘新的业务模式。

3. 强调消费者的线下体验。

单元三 商业现代化

 重点回顾

一、认识商业现代化

（一）商业现代化的目的

1. 整合上、中、下游通路，通过收银机与信息网络等进行交易，掌握商品流向及消费倾向。

2. 利用自动化设备，简化仓储作业，加快进出货速度，缩短商品物流配送时间，以便掌握商机、降低成本、减少库存。

（二）商业现代化的基本要素

1. 商业自动化。

2. 商业发展。

3. 商业研究与计划。

4. 商业人才。

5. 商业服务。

6. 商业升级。

二、实现商业现代化的途径

（一）商业自动化

1. 含义：运用自动化机械与电脑辅助人工作业，使生产作业流程更加流畅，同时提高工作效率及管理效能，进而提升服务品质与促进升级。

2. 商业自动化涵盖范围关系表。

缺乏竞争力		→	商品销售自动化
服务品质差	→	→	商品流通自动化
劳资关系改变	→	商业自动化 →	商品选配自动化
连锁体系不健全		→	信息流通标准化
		→	会计记账标准化

— 10 —

（二）商业信息化

含义：利用电脑的储存及处理能力，降低人为处理所造成的作业错误；使用资料自动收集而增加工作效率；将大量收集的资料经过整理与分析，转换为供决策者参考的信息资料。

三、实现商业自动化的工具

（一）商品条码

1. 含义：是由一组按一定规则排列的条、空及对应字符（阿拉伯数字）所组成的用于表示商店自动销售管理系统的信息标记或者对商品分类编码进行表示的标记。

2. 结构：前缀部分、制造厂商代码、商品代码、效验码。

（二）电子数据交换（EDI）

1. 含义：将商业或行政事务按一个公认的标准，形成结构化的事务处理或文档数据格式，从计算机到计算机的电子传输方法。

2. 特点：

（1）EDI 使用电子方法传递信息和处理数据的；

（2）EDI 是采用统一标准编制数据信息的；

（3）EDI 是计算机应用程序之间的连接；

（4）EDI 系统采用加密防伪手段。

3. 构成三要素：

（1）EDI 软件和硬件；

（2）通信网络；

（3）数据标准化。

（三）销售点系统

1. 定义：通过自动读取设备在销售商品时直接读取商品销售信息，并通过通信网络和计算机系统传送至有关部门进行分析加工以提高经营效率的系统。

2. 使用原理：通过读卡器读取银行卡上的持卡人磁条信息，由 POS 操作人员输入交易金额，持卡人输入个人识别信息，POS 把这些信息通过银联中心，上送发卡银行系统，完成联机交易，给出成功与否的信息，并打印相应的票据。

3. 机型分类：

（1）手持 POS 机；

（2）台式 POS 机；

（3）移动手机 POS 机。

（四）电子订货系统（EOS）

1. 定义：指将批发、零售商场所发生的订货数据输入计算机，即通过计算机通信网络连接的方式将资料传送至总公司、批发商、商品供货商或制造商处。

2. 构成要素：

（1）供应商；

（2）零售商；

（3）网络；

（4）计算机系统。

3. 特点：

（1）商业企业内部计算机网络应用功能完善，能及时产生订货信息；

（2）EOS 系统必须搭配 POS 系统与 EDI 系统，才能发挥最大功效；

（3）满足零售商和供应商之间的信息传递；

（4）通过网络传输信息订货；

（5）信息传递及时、准确；

（6）EOS 是许多零售商和供应商之间的整体运作系统，而不是单个零售店和单个供应商之间的系统。

四、浅析商流

（一）定义

物品在流通中发生形态变化的过程，即由货币形态转化为商品形态，以及由商品形态转化为货币形态的过程，随着买卖关系的发生，商品所有权发生转移。

（二）商流的类型

1. 开放性商流。以广且长的流通通路进行商品销售，采用开放性商流的目的在于通过距离消费者最近的零售点来进行商品流通。

2. 选择性商流。以窄且短的流通通路进行商品销售。

五、浅析物流

（一）定义

物品从供应地向接收地的实体流动过程。根据实际需要，将运输、存储、装卸、搬运、包装、流通加工、配送和信息处理等基本功能实施有机结合。

（二）物流的初步认识

物流是由"物"和"流"两个基本要素组成。

（三）生活中的物流

从生产地到消费地，大米的物流经过了运输、装卸、储存、搬运等环节，有些超市的大米还要经过包装、流通加工、配送等环节，有些大型粮食批发市场的大米物流还要经过信息处理环节。

（四）物流的构成要素

1. 包装。

2. 装卸、搬运。

3. 运输。

4. 储存。

5. 流通加工。

6. 配送。

7. 信息处理。

（五）绿色物流

定义：绿色物流是指在物流过程中抑制物流对环境造成危害的同时，实现对物流环境的净化，使物流资源得到充分利用。

六、浅析金流

（一）定义

在商业活动中，买卖双方在发生交易行为之后，资金便开始流通，商品所有权也随之变换。这种资金流通的现象就是所谓的金流活动。

（二）使用工具

1. 传统货币（现金、支票）。

2. 传统银行交易（转账、汇款）。

3. 接触式塑胶货币（储蓄卡、信用卡等）。

4. 网络银行（支付宝、余额宝等）。

七、浅析信息流

（一）定义

随着商品或服务的交易与提供，许多相关资讯信息也由此产生，这些信息的流通称为信息流。

（二）功能

通过商品订单发送、商品出货、货物清款、付款以及询问商品等过程，明确掌握各种信息的交换，使商品或服务的销售、邮寄、收取货款等工作能够迅速、有效且正确地执行。

（三）效益

1. 提高各项作业效率。

2. 健全决策依据。

3. 确保掌握顾客需求。

4. 掌握优势提升竞争能力。

单元四　体验商业经营

 **重点回顾**

一、名词解释

（一）商品采购

商品采购是指物流企业为实现企业销售目标，在充分了解市场要求的情况下，根据企业的经营能力，运动适当的采购策略和方法，通过等价交换，取得适销对路的商品的经济活动过程。

（二）以需定进

以需定进是指根据目标市场的商品需求状况来决定商品的购进。针对零售企业而言，买与卖的关系不是买入什么商品就可以卖出什么商品，而是市场需求什么商品，什么商品容易卖出去，才采购什么商品。

（三）勤进快销

勤进快销是指零售企业进货时坚持小批量、多品种、短周期的原则。

（四）以进促销

以进促销是指零售业采购商品时，广开进货门路，扩大进货渠道，购进新商品、新品种，以商品来促进、拉动顾客消费。

（五）储存保销

储存保销是指零售企业要保持一定的商品库存量，以保证商品的及时供给，防止脱销而影响正常经营。

（六）商品销售

商品销售是指商品所有者经过出卖把商品让渡给购买者，使商品转变为货币，实现商品的价值形态转化的经济活动。

（七）产品

1. 一般意义的产品。一般意义的产品是指具有某种物质形状，能提供某种用途的物质实体。

2. 整体意义的产品。现代市场营销理论认为，整体意义上的产品包括实质产品、形式产品、附加产品和心理产品四个层次，即营销理论中产品的整体概念。

（八）产品组合

产品组合也叫产品搭配，是指一个企业提供给市场的全部产品的大类项目组合。

（九）产品组合的宽度

产品组合的宽度是指企业生产和经营频现的数量，及有多少产品大类。企业的产品线众多，可以称作宽产品线；反之，称为窄产品线。

（十）产品组合的长度

产品组合的长度是指企业每一产品线中产品项目的数量。企业某一产品线中产品的项目较多，就以为这其组合较长；相反，则意味着产品组合较短。

（十一）产品组合的关联度

产品组合的关联度是指各生产线的最终用途、生产条件、分销渠道等方面相互关联的程度。

（十二）产品组合策略

产品组合策略是指企业根据市场需要及自身条件，选择适当的产品组合宽度、长度和关联度来确定经营规模和范畴的策略。

（十三）价格

1. 经济学中的价格。从经济学角度看，价格是商品的交换价值在流通过程中所取得的转化形式。价格与利润的关系十分紧密，具有数据上的逻辑性。即：价格＝总成本＋利润。

2. 市场营销活动中的价格。从市场营销角度看，价格是非常活跃的因素，可以随时适应营销活动的需要而变动。

（十四）渗透定价策略

渗透定价策略是指企业在新产品投放市场的初期，将产品价格定得相对较低，以吸引大量购买者，获得较多的销量和市场占有率。

（十五）满意定价策略

满意定价策略是一种介于去指定价和参透定价之间的折中定价策略，其新产品的价格水平适中，同时兼顾生产企业、购买者和中间商的利益，能较好的使各方面接受。

（十六）分销渠道

分销渠道是指某种产品或服务从生产者向消费者转移过程中，取得这种产品或服务的所有权或帮助其所有权转移的所有企业和个人。

（十七）分销渠道的长度结构

渠道的长度结构又称为层级结构，是指流通环节中渠道中间商的层级递进关系。

（十八）密集分销

密集分销也称广泛性分销渠道或叫普遍性分销渠道，是指生产企业通过尽可能多的中间商来销售产品，把销售网点广泛地分布在市场各个角落。

（十九）促销

促销是指企业通过人员推销或非人员推销的方式向目标顾客传递商品或劳务的存在及其性能、特征等信息，帮助消费者认识商品或劳务带给购买者的利益，从而引起消费者的兴趣，激发消费者的购买欲望及购买行为的活动。

（二十）商品运输

商品运输是指通过动力实现商品在地区之间转移的活动。它是链接生产和消费、链接城市和乡村的枢纽，是商品流通过程中的一个重要环节。

（二十一）储存

储存是指商品在从生产地向消费地的转移过程中，在一定地点、一定场所、一定时间的停滞。

（二十二）储存结构合理

储存结构合理，就是指对不同品种、规格、型号的商品，根据消费的要求，在库存数量上，确定彼此之间有合理的比例关系，它反映了库存商品的齐备性、配套性、全面性和供应的保证性。

二、商品采购原则

1. 以需定进。
2. 勤进快销。
3. 以进促销。
4. 储存保销。
5. 文明经商。
6. 信守合同。

三、商品采购渠道的种类

商业系统批发企业、生产企业、批发交易市场、商品配送中心。

四、商品采购程序

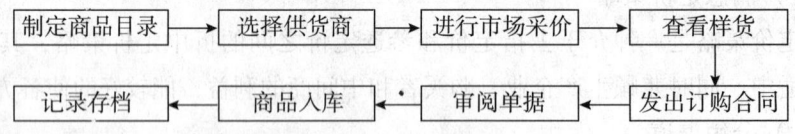

五、商品采购方式的优缺点及适合业

采购方式	优点	缺点	适用企业
集中统一进货	节省成本，由少数人员负责全店采购。统一使用资金，节约费用。防止进货渠道过于分散，有大批量进货的折扣优势。有利于各商品部集中精力做好商品销售工作	进货与销售脱节、商品脱销、增加内部手续、不利于商品内部流通	中小型零售企业

续 表

采购方式	优点	缺点	适用企业
分散独立进货	各商品部了解本部门销售动态，了解消费者的偏好，因而有利于及时组织适销对路的商品，节省时间；有利于加快资金周转速度，提高经营效率；充分发挥各商品部及营业员的工作主动性和积极性	增加了营业员的进货负担，不利于统一管理；要使用较多的人力、运力和财力，增加了营业员的进货负担，不利于提高服务质量	适合规模较大、就近采购的零售企业
集中与分散相结合进货	有利于零售企业集中统一使用资金和组织采购人员，还可以充分调动各商品部的积极性	在采购时计划性和衔接性相对较弱	大型零售企业
委托进货	降低人力和财力支出，提高资金利用率	规模相对较小，所购商品种类较多而批量较小，加上手续复杂，没有专人负责进货	中小型零售企业

六、商品采购策略

（一）买方市场下的采购策略

将主要精力放在商品销售方面，坚持以销定进、以需定进、勤进快销的采购原则，加快资金周转，节省采购成本，提高销售利润。

（二）卖方市场下的采购策略

广开进货渠道，联系多家供应商；生产企业联合，为其提供资金、设备等帮助；生产商或供货商提供优惠，如由商店补助运输津贴、上门提货、提供广告援助等。

（三）不同生命周期的采购策略

试销期商品可以少量进货，待其市场看好再决定批量进货；成长期商品属畅销货，应积极扩大进货数量，利用广告进行促销；成熟期商品在前期市场还继续被看好，可组织大量进货；后期逐渐疲软，被新商品代替，应有计划的逐渐淘汰；衰退期的商品不应进货，或根据市场需求少量进货，并有计划的用其他商品代替，使顾客主动接受代替商品，从而淘汰衰退期商品。

七、商品采购谈判需要做的工作

1. 谈判前充分做好准备；

2. 谈判中突出重点；

3. 谈判后要注重效果。

八、零售采购员的职责

1. 确保商品采购供应，随时了解各商品部销售状况，为商品采购供应做准备；

2. 拟定商品采购计划；

3. 商品业务管理；

4. 具体采购；

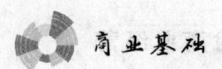

5. 服务人员的培训；

6. 协助商品销售。

九、成交过程五步骤

步骤一，善用前30秒与顾客建立良好的关系。

步骤二，主动促成成交。首先要掌握接近顾客的最佳时机。

步骤三，处理顾客异议。遇到顾客对所介绍商品提出异议时，要明确异议原因。

步骤四，成交。当顾客选取商品后，营业员对照商品逐项填写一式三联的销售单。

步骤五，跟进与道别。有礼貌的询问顾客是否需要相关配套的商品，或其他商品。

十、产品组合策略

1. 扩大产品组合策略。

2. 缩小产品组合策略。

3. 产品延伸策略。

十一、产品生命周期各阶段营销策略

（一）介绍期营销策略

根据这一阶段的特点，企业应努力做到"快"字当先。

（二）成长期营销策略

在成长期，企业应努力做到"好"字当先。可采用的策略有：改革产品，吸引不同需求的顾客；开发新的目标市场；加大产品促销力度，刺激销量的回升。

（三）成熟期的营销策略

成熟期营销策略的基本原则是"防守"为主，"攻取"为辅，即防守已有的市场占有率，稳住现有的市场地位，尽力寻求有利的增长点，设法将成熟期延长。

（四）衰退期营销策略

对于衰退期的产品，企业应该做到"变"字当先。可以采取的策略有：集中策略，把企业能力和资源集中在最有利的细分市场和分销渠道上；维持策略，继续沿用过去的营销策略，知道这种产品完全退出市场；收缩策略，抛弃无希望的顾客群体，尽量减少促销费用，以增加目前的利润；放弃策略，对于衰退比较迅速的产品，应该当机立断，放弃经营。

十二、分销渠道选择的影响因素

1. 产品因素。

2. 市场因素。

3. 企业因素。

4. 环境因素。

十三、促销的方式

1. 广告。

2. 人员推销。

3. 营业推广。

4. 公共关系。

十四、商品运输的原则

1. 及时。

2. 准确。

3. 安全。

4. 经济。

十五、影响合理运输的因素

1. 运输距离。

2. 运输环节。

3. 运输工具。

4. 运输时间。

5. 运输费用。

十六、不合理运输的表现

（一）对流运输

对流运输指同一种商品，或可代用的商品，在同一运输线或平行线作相对方向的运输与对方的全部或一部分商品发生重叠的现象。

（二）迂回运输

迂回运输指商品运输绕道而行的现象。

（三）重复运输

重复运输指可直达运输的产品由于批发机构或商业仓库设置不当，或计划不周而在路途停留，又重复装运的不合理现象。

（四）倒流运输

倒流运输指商品从消费地向生产地回流的一种不合理运输现象。

（五）过远运输

过远运输指舍近求远的运输现象。

十七、合理运输的方法

1. 分区产销合理运输；

2. 直达、直线运输；

3. "四就"直拨运输。"四就"直拨，即就厂直拨、就站直拨、就库直拨和就船过载。"四就"直拨，需要各部门紧密配合，加强协作，才能做到及时、准确、安全、经济。

十八、储存的功能

1. 调节功能。

2. 检验功能。

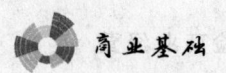

3. 集散功能。

4. 配送功能。

十九、合理储存

1. 选址合理。

2. 储存量合理。

3. 储存结构合理。

4. 储存时间合理。

单元五　商业财务初步

 **重点回顾**

一、名词解释

（一）财务管理

财务管理（Financial Management）是指有关商业企业营运过程中各项资金收支的管理活动，是在一定的整体目标下，关于资产的购置（投资），资本的融通（筹资）和经营中现金流量（营运资金）以及利润分配的管理。财务管理是商业企业管理的一个组成部分，它是根据财经法规制度，按照财务管理的原则，组织商业企业财务活动，处理财务关系的一项经济管理活动。

（二）营运资金

营运资金是指在商业企业经营活动中占用在流动资产上的资金。本书所讲的营运资金是指流动资产减去流动负债后的余额，是狭义的营运资金的概念。

（三）现金

公司资产中现金是流动性最高的资产，是指在经营活动过程中以货币形态存在的现金，包括库存现金、银行存款和其他货币资金等。

（四）流动负债

流动负债又称短期负债，是指在一年或超过一年的一个营业周期内必须偿还的债务，其特点是成本低、偿还时间短，比如企业向银行借入的流动资金贷款（短期借款）、应付尚未支付的货款（应付账款）、应交但尚未缴纳的税费（应交税费）以及应付但尚未支付的职工工资和福利费（应付职工薪酬）等。

（五）短期借款

短期借款是指企业为了维持正常的生产经营所需资金或者为了抵偿债务而向银行或其他金融机构借入的、偿还期限在一年以下（含一年）的借款。短期借款的优点是灵活、便捷，缺点是归还时间短，有可能会附带附加条件。

（六）短期融资券

在我国，短期融资券是指企业依照《银行间债券市场非金融企业债务融资工具管理办法》的条件和程序，在银行间债券市场发行和交易并约定在一定期限内还本付息的有价证券，是企业筹措短期资金（一年以内）的直接融资方式，它是由企业发行的无担保短期本票。

（七）商业信用

商业信用是指商业企业在商品或劳务交易中，以延期付款或预收货款方式进行购销活动而形成的借贷关系，是企业之间的直接信用行为，也是企业短期资金的重要来源。

（八）融资租赁

融资租赁也称为资本租赁或财务租赁，是指商业企业与租赁公司签订租赁合同，从租赁公司取得租赁物资，通过对租赁物资的占有取得资金的筹资方式。融资租赁是债务筹资的方式之一。

（九）财务分析

财务分析以商业企业财务报告及其他相关资料为主要依据，对企业的财务状况和经营成果进行分析评价和剖析，反映企业在经营过程中的利弊得失和发展趋势，从而为改进企业财务管理工作和优化经济决策提供重要财务信息。

（十）财务报表

财务报表是对企业财务状况、经营成果和现金流量的结构性表述。一套完整的财务报表至少应当包括资产负债表、利润表、现金流量表、所有者权益（或股东权益）变动表以及附注。

（十一）财务比率

财务比率也称为财务指标，是通过财务报表数据的相对关系来揭示商业企业经营管理的各方面问题，是最主要的财务分析方法。基本的财务报表分析内容包括偿债能力分析、营运能力分析、盈利能力分析、发展能力分析和现金流量分析五个方面。

（十二）偿债能力分析

偿债能力是指商业企业偿还本身所欠债务的能力。偿债能力分析按时间长短分为短期偿债能力分析和长期偿债能力分析。

（十三）营运能力分析

营运能力主要指资产运用、循环的效率高低。营运能力指标是通过投入与产出（主要是指收入）之间的关系反映。反映营运能力分析的指标主要有应收账款周转率、存货周转率、流动资产周转率、固定资产周转率和总资产周转率等。

（十四）赢利能力分析

包含销售毛利率、销售净利率、总资产净利率和净资产收益率等。

（十五）发展能力分析

包含销售收入增长率、总资产增长率、营业利润增长率、资本保值增值率和资本积累率等。

（十六）现金流量分析

现金流量分析指标主要有：销售现金比率、每股营业现金净流量、全部资产现金回收率等。

二、认识财务管理

（一）财务管理的意义

（二）财务管理的目标

1. 利润最大化。

2. 股东财富最大化。

3. 企业价值最大化。

4. 相关者利益最大化。

三、营运资金管理

（一）营运资金的概念和特点

1. 营运资金的概念。

2. 营运资金的特点。

（二）流动资产管理

1. 现金管理。

2. 应收账款管理。

3. 存货管理。

（三）流动负债管理

1. 短期借款。

2. 短期融资券。

3. 商业信用。

四、筹资

（一）筹资管理的内容

1. 科学预计资金需要量。

2. 合理安排筹资渠道，选择筹资方式。

3. 降低资本成本、控制财务风险。

（二）筹资方式

1. 吸收直接投资。

2. 发行股票。

3. 留存收益。

4. 向金融机构借款。

5. 商业信用。

6. 发行债券。

7. 融资租赁。

（三）债务投资和股权投资比较

（四）筹资管理的原则

五、财务分析

（一）财务分析的主要内容

（二）基本的财务报表分析

1. 偿债能力分析。

2. 营运能力分析。

3. 赢利能力分析。

4. 发展能力分析。

5. 现金流量分析。

单元六 初探商业法规与企业社会责任

重点回顾

一、名词解释

（一）企业财产所有权

企业财产所有权，是指企业资金及法人的财产权利之归属，出资人向企业出资后，企业对出资的不动产和动产及其他财产权利享有企业财产所有权。

（二）个人独资企业

个人独资企业：是指由一个自然人投资，财产为投资者个人所有，并以个人财产对企业债务承担无限责任的经济组织。

（三）合伙企业

合伙企业：由两个以上自然人、法人和其他组织订立合伙协议，共同出资、共享收益、共担风险的经济组织。

（四）公司制企业

公司制企业：是依法设立，由法定数额的股东所组成，以营利为目的的企业法人。

（五）经销权

经销权是商品所有权以及商品销售盈亏的归属问题；而企业财产所有权则是指拥有企业体整体资产分配的权利。

（六）商标

商标是指任何能够将自然人、法人或者其他组织的商品与他人的商品区别开的标志，包括文字、图形、字母、数字、三维标志、颜色组合和声音等，以及上述要素的组合。

（七）商业秘密

商业秘密，是指不为公众所知悉、能为权利人带来经济利益、具有实用性并经权

利人采取保密措施的技术信息和经营信息。

（八）专利

专利就是指的专利权人对他作出的发明创造享有的独占的权利。专利一种专有权，这种权利具有独占的排他性。

（九）不正当竞争

不正当竞争，是指经营者违反法律规定，损害其他经营者的合法权益，扰乱社会经济秩序的行为。

（十）企业伦理

企业伦理是指监督企业经营管理人员或组织群体行为的一个标准或规则，简单地说，也就是分辨行为好与坏、对或错的准则。

二、电子商务法律现状

1. 电子商务出现于20世纪90年代，目前产生的一系列新的问题，涉及税收、电子支付、电子认证、知识产权、隐私权、信息安全、数字签名、电子证据等法律问题。

2. 国外立法：联合国国际贸易法委员会于1996年通过了《电子商务示范法》。国内立法目前在新颁布的《合同法》中已经确认了"数据电文"这一新型电子交易形式，2005年4月1日开始实施《电子签名法》。

三、电子商务的法律议题

1. 隐私权。

2. 知识产权。

3. 税务问题。

4. 网络犯罪。

5. 电子签名的法律效力。

四、商标的规定

申请注册的商标，应当有显著特征，便于识别，并不得与他人在先取得的合法权利相冲突。商标注册人有权标明"注册商标"或者注册标记。

五、商标的限制

1. 不得使用中华人民共和国的国旗、国徽、国歌、军旗、军徽等象征国家的标志；

2. 不得外国国家的象征性标志；

3. 政府间国际组织的象征标志不得运用；

4. 不得使用"红新月""红十字"标志或者类似标志；

5. 带有欺骗性质的容易误导消费者的标志不得注册为商标；

6. 不得使用带有民族歧视标志；

7. 不得使用有害于社会道德风尚的标志。

除此之外，县级以上的地名或者公众都知晓的外国地名不得注册为商标，但已经注册使用的继续有效。

六、商业秘密的要素

1. 应是企业的技术信息或者经营信息；
2. 不为公众所知悉，即具有秘密性；
3. 该信息必须能为权利人带来经济利益，即具有实用性；
4. 该信息必须采用了合理的保密措施，即具有保密性。

七、商业秘密的保护

任何人不得采取不正当手段，获取、使用、披露或者允许他人使用权利人的商业秘密，给商业秘密的权利人造成重大损失的行为。

八、专利权的范围

我国《专利法》中规定的发明创造是指发明、实用新型和外观设计。

九、专利权的限制

授予专利权的发明和实用新型，应当具备新颖性、创造性和实用性。不授予专利权的情形有：①科学发现；②智力活动的规则和方法；③疾病的诊断和治疗方法；④动物和植物品种；⑤用原子核变换方法获得的物质；⑥对平面印刷品的图案、色彩或者两者的结合作出的主要起标识作用的设计。

十、著作权的保护对象

著作权法保护的作品具体种类包括：①文字作品；②口述作品；③音乐、戏剧、曲艺、舞蹈、杂技艺术作品；④美术、建筑作品；⑤摄影作品；⑥电影作品和以类似摄制电影的方法创作的作品；⑦工程设计图、产品设计图、地图、示意图等图形作品和模型作品；⑧计算机软件；⑨法律、行政法规规定的其他作品。

不属于著作权保护的范围：①法律法规；②国家机关的决议、决定、命令和其他具有立法、行政、司法性质的文件及其官方正式译文；③时事新闻；④历法、通用数表、通用表格和公式。

十一、著作权的相关内容

著作权包括下列人身权和财产权。著作人身权包括：①发表权，即决定作品是否公之于众的权利；②署名权，即表明作者身份，在作品上署名的权利；③修改权，即修改或者授权他人修改作品的权利；④保护作品完整权，即保护作品不受歪曲、篡改的权利。

著作权的财产权的范围包括：复制权、发行权、出租权、展览权、表演权、放映权、广播权、信息网络传播权、摄制权、改编权、翻译权、汇编权、应当由著作权人享有的其他权利。

十二、不正当竞争行为的种类

①欺骗性交易行为；②限购排挤行为；③滥用行政权力限制竞争的行为；④商业贿赂行为；⑤虚假的宣传行为；⑥侵犯商业秘密行为，指经营者以不正当的手段获取

商业秘密的行为；⑦倾销行为；⑧搭售商品或者附有其他不合理交易条件的行为；⑨不正当的有奖销售行为；⑩商业诽谤行为；⑪不正当的招标、投标行为。

十三、企业中不道德行为对经营的影响

对于消费者而言：要做到良好的企业伦理，厂商需要确保产品品质、价格稳定。

对企业的劳动者而言，双方应建立互信、互重的态度，员工认真工作，经营者尽到劳动保护责任，提供适宜的福利。

企业与供应商之间则应信守合约，并且对产品质量严格负责，严守产品质量标准。

十四、企业的准则

华为公司核心价值观包括：①追求；②员工；③技术；④精神；⑤利益；⑥社会责任。

十五、企业的社会责任项目

企业应负担的社会责任包括下列七项：

1. 制造产品上的责任：制造安全。可信赖及高品质的产品。
2. 营销活动中的责任：做城市的广告。
3. 员工教育培训的责任：对现任员工提供在职训练以代替解雇员工。
4. 环境保护的责任：研发新技术、更新生产设备已减少环境污染。
5. 员工福利的责任：让员工有工作满足感、提供舒适安全的工作环境。
6. 提供平等雇用的机会：雇用员工时没有性别歧视或种族歧视。
7. 支援社会慈善活动的责任：例如：赞助教育、艺术、文化活动，或弱势族群、社区发展计划等。

单元七　探寻商业机会与创业

 **重点回顾**

一、名词解释

（一）商业机会

是指客观存在于市场过程中，能够给企业及其他营利性活动组织或个人提供销售（服务）对象，并带来盈利可能性的市场需求。

（二）创业

创业是指创设、创造、创新职业或者企业。创业需要整合和运用社会资源，是一种有意识、有目的地组织和主动的实践活动，但是具有一定的风险性。

（三）创业风险

创业风险是指在创业过程中，由于创业环境的不确定性，创业机会与创业企业的复杂性，创业者、创业团队的能力与实力的有限性，而导致创业活动偏离预期目标的可能性及后果。

二、商业机会的含义特点与来源

（一）商业机会的含义

1. 商业机会以市场或需求为导向，并且这种需求是目前还没有得到满足的需求，包括已经出现的新的需求和潜在的需求。

2. 为了满足新需求或潜在的需求，经营者必须提供新的商品或新的服务。

3. 为了瞄准商业机会，商业经营者必须时刻盯住市场，以对商场信息了如指掌，把握市场的走势。

（二）商业机会的特点

1. 客观性。

2. 适时性。

3. 利益性。

4. 风险性。

5. 主体性。

（三）商业机会的来源

1. 问题。

2. 变化。

3. 竞争。

4. 新知识。

5. 新技术。

三、识别商业机会

（一）影响商业机会识别的因素

1. 先前经验。

2. 认知因素。

3. 社会关系网络。

4. 创造性。

（二）识别商业机会的方法

1. 市场细分法。

2. 需求挖掘法。

3. 空白填补法。

4. 市场预测法。

5. 技术创新法。

四、走进创业

（一）创业意识

1. 创造梦想、发现机遇的意识。

2. 学习新知、进取提升的意识。

3. 突破陈规、创新创造的意识。

（二）创业精神

创新、自信、诚信、执着。

（三）创业流程

五、了解创业政策

六、了解创业模式

1. 网络创业。

2. 加盟创业（直营）。

3. 兼职创业。

4. 团队创业。

5. 大赛创业。

6. 概念创业。

7. 内部创业。

七、网上开店

(一) 网店创业盈利模式

1. 零售购物型。

2. 信息提供型。

3. 媒介服务型。

4. 下载服务型。

5. 拍卖零售型。

(二) 网店初期营销注意的事项

1. 申请简单易记的网店名称。

2. 页面美观、要素齐全。

3. 主流网络媒体的推广。

4. 新兴社交媒体的推广。

5. 竞价排名。

(三) 网络创业相关法规

1. 须负担税负。

2. 尊重著作权。

3. 遵循《消费者权益保护法》。

4. 网上个人身份识别。

八、创业风险的来源

1. 融资缺口。

2. 研究缺口。

3. 信息和信任缺口。

4. 资源缺口。

5. 管理缺口。

九、创业风险的分类

1. 行业风险。

2. 市场风险。

3. 技术风险。

4. 资金风险。

5. 管理风险。

6. 环境风险。

7. 操作风险。

8. 法律责任风险。

十、识别创业风险的方法和步骤

（一）基本方法

信息源调查法、数据对照法、资产损失分析法、环境扫描法、风险树分析法、情景分析法、风险清单法。

（二）实施步骤

1. 信息收集。

2. 风险识别。

3. 重点评估。

4. 拟定计划。

（三）实施中要注意的问题

1. 信息收集要全面。

2. 因素罗列要全面。

3. 最终分析要进行综合。

十一、管理创业风险的措施

1. 树立风险意识。

2. 防范决策失误风险。

3. 防范团队风险。

4. 防范资金风险。

5. 防范技术风险。

ISBN 978-7-5047-6038-8

定价：48.00元